t.

TRAUNER VERLAG
UNIVERSITÄT

Linzer Schriften zu Gender und Recht
63

Elisabeth Greif ■ Silvia Ulrich (Hrsg)

Hass im Netz – Grenzen digitaler Freiheit

Herausgegeben von
Ursula Flossmann
Silvia Ulrich
Karin Neuwirth
Elisabeth Greif

Impressum

Linzer Schriften zu Gender und Recht

Herausgegeben von Ursula Flossmann ■ Silvia Ulrich ■ Karin Neuwirth ■ Elisabeth Greif

Elisabeth Greif ■ Silvia Ulrich (Hrsg)

Hass im Netz – Grenzen digitaler Freiheit

Gedruckt mit Unterstützung von:
Land Oberösterreich
Stadt Linz

Kommissionsverlag:
TRAUNER Verlag + Buchservice GmbH,
Köglstraße 14, 4020 Linz
Österreich/Austria

Herstellung:
X-FILES Druck-, Consulting- und Produktionsagentur GmbH
Gewerbezeile 14, 4040 Linz/Lichtenberg
Österreich/Austria

Klimaneutral produziert von
X FILES PRINT UP YOUR LIFE
Climate Partner ID: 11696-1502-1001

Gedruckt auf PEFC-zertifiziertem Papier

ISBN 978-3-99062-679-5
www.trauner.at

Das Institut für Legal Gender Studies veranstaltete im November 2018 an der JKU die Fachtagung „*Hass im Netz – Grenzen digitaler Freiheit*", auf der Hate Speech und der Schutz vor Persönlichkeitseingriffen im Internet aus interdisziplinärer Perspektive beleuchtet wurden. Unter anderem wurde thematisiert, welche Erscheinungsformen Intoleranz und Rassismus im Internet annehmen, welche Instrumente die Rechtsordnung zum Schutz vor Persönlichkeitseingriffen bereitstellt und welche Pflichten den Staat zur Sicherung der Menschenrechte gerade auch im Internet treffen.

Hate Speech („Hassrede") zählt zu den häufigsten Formen von Intoleranz und Rassismus in Europa. Fast die Hälfte aller Vorfälle von Hate Speech ereignet sich mittlerweile im Internet. Zu den Gruppen, die am stärksten von Hass im Netz betroffen sind, gehören Muslime, LGBTIQ-Personen und Frauen. Während auch Meinungen, die schockieren oder verstören, rechtlich geschützt sein können, genießt Hassrede nicht den Schutz der Meinungsfreiheit. Rassismus und Sexismus im Internet sowie Aufrufe zu Hass und Gewalt gegen LGBTIQ-Personen sind keine legitimen Meinungsäußerungen: Sie stellen eine Diskriminierung dar und bedrohen universelle Menschenrechte ebenso wie das demokratische Zusammenleben in der Gesellschaft.

Der vorliegende Sammelband thematisiert das Problemfeld in großer Breite. Es war uns ein Anliegen, die interdisziplinäre Perspektive in der Publikation noch weiter auszubauen: Der Band dokumentiert daher nicht nur die Vorträge der Fachtagung, sondern wurde um weitere juristische und empirische Beiträge ergänzt.

Liriam Sponholz analysiert die unterschiedlichen Bedeutungsebenen von Hate Speech aus kommunikations- und medienwissenschaftlicher Sicht. *Ingrid Brodnig* benennt eine Reihe von Faktoren, die Hate Speech als „toxische Enthemmung" begünstigen und vermittelt eine Reihe von Strategien, die jede und jeder anwenden kann, um Hass im Netz zu begegnen. *Sabine Mandl, Dina Nachbaur, Roland Hosner* und *Anna Müller-Funk* präsentieren die wichtigsten Erkenntnisse der Studie „Gewalt im Netz gegen Frauen und Mädchen in Österreich", an der sie als Studienautor_innen mitgewirkt haben.

In den weiteren Beiträgen werden die Grenzen digitaler Freiheit aus juristischer Perspektive beleuchtet: *Matthias Kettemann* und *Katharina Mosene* befassen sich mit den grundrechtlichen Schranken der Ausübung von Meinungsfreiheit im Internet, *Katharina Beclin* und *Isabel Haider* analysieren die strafrechtlichen und kriminologischen Implikationen von Hate Speech und *Tanja Marktler* und *Wolfgang Steiner* untersuchen, inwieweit auch das Verwaltungsstrafrecht einen Beitrag zur Bekämpfung von Übergriffen im Netz leisten kann. *Bernhard Glaeser* stellt abschließend das Projekt „Dialog statt Hass“ vor, das der Verein NEU**START** 2018 im Rahmen der Bewährungshilfe erfolgreich durchgeführt hat. Mit Unterstützung des Justizministeriums konnte das Programm 2019 bereits an allen Standorten von NEU**START** durchgeführt werden.

Der vorliegende Band möchte mit seinem interdisziplinären Ansatz einen fundierten Einblick in die komplexen Zusammenhänge des Phänomens Hate Speech eröffnen und einen Beitrag zu den laufenden Reformdiskussionen leisten.

Linz, im Dezember 2019

Silvia Ulrich, Elisabeth Greif

Inhaltsverzeichnis

Abkürzungsverzeichnis

aaO	am angeführten Ort
AAVE	African American Vernacular English
AB	Ausschussbericht
ABGB	Allgemeines Bürgerliches Gesetzbuch
ABl	Amtsblatt
Abs	Absatz
AEMR	Allgemeine Erklärung der Menschenrechte
aF	alte Fassung
AG	Arbeitsgruppe
AI	Artificial Intelligence
Anm	Anmerkung
APuZ	Aus Politik und Zeitgeschichte – Beilage zur Wochenzeitung „Das Parlament“
Art	Artikel
AT	Allgemeiner Teil (des Strafrechts)
Aufl	Auflage
AVG	Allgemeines Verwaltungsverfahrensgesetz
BDIMR	Büro für demokratische Institutionen und Menschenrechte
BewHG	Bewährungshilfegesetz
BG	Bezirksgericht
BGBl	Bundesgesetzblatt
BGH	(deutscher) Bundesgerichtshof
BH	Bezirkshauptmannschaft
BKA	Bundeskanzleramt
Blgd	Burgenland, burgenländisch(es)
BlgNR	Beilagen zu den Stenografischen Protokollen des Nationalrats

BlgOöLT	Beilagen zu den Stenografischen Protokollen des Oberösterreichischen Landtags
bspw	beispielsweise
BT	Besonderer Teil (des Strafrechts)
BVerfG	(deutsches) Bundesverfassungsgericht
B-VG	Bundes-Verfassungsgesetz
BVG	Bundesverfassungsgesetz(e)
Bw	Berufungswerber_in
BWH	Bewährungshilfe
bzw	beziehungsweise
ca	circa (ungefähr)
CCC	Chaos Computer Club
CEDAW	Convention on the Elimination of All Forms of Discrimination Against Women
CERD	Convention on the Elimination of All Forms of Racial Discrimination
DAG	Zeitschrift für das ärztliche Gutachten
dgl	der_sgleichen
dh	das heißt
E	Entscheidung
EBRV	Erläuternde Bemerkungen zur Regierungsvorlage
ECG	E-Commerce-Gesetz
ecolex	Fachzeitschrift für Wirtschaftsrecht
Ed(s)	Editor(s) (Herausgeber_in_nen)
EGMR	Europäischer Gerichtshof für Menschenrechte
EGVG	Einführungsgesetz zu den Verwaltungsverfahrensgesetzen
EMRK	Europäische Menschenrechtskonvention
engl	englisch
EO	Exekutionsordnung
Erläut	Erläuternde Bemerkungen

et al	et alii / et aliae (und andere)
etc	et cetera
EU	Europäische Union
EuGH	Europäischer Gerichtshof
EÜH	Elektronisch überwachter Hausarrest
eV	eingetragener Verein
f	und der_die fortfolgende
ff	und der_die fortfolgenden
FN	Fußnote
FRA	Agency for Fundamental Rights (Europäische Agentur für Grundrechte)
G	Gesetz
GG	(deutsches) Grundgesetz
gem	gemäß
ggf	gegebenenfalls
GP	Gesetzgebungsperiode
grds	grundsätzlich
GRUR-Prax	Praxis im Immaterialgüter- und Wettbewerbsrecht
GZ	Geschäftszahl
hA	(nach) herrschender Ansicht
Hg / Hrsg	Herausgeber_in_nen
ibid	ibidem (ebenda)
idF	in der Fassung (von)
idR	in der Regel
iSd	im Sinn der_s
iVm	in Verbindung mit
iwS	im weitesten Sinn
iZm	im_n Zusammenhang mit
JSt	Journal für Strafrecht
JZ	JuristenZeitung

K&R	Kommunikation & Recht
LGBl	Landesgesetzblatt
LH	Landeshauptmann
LT	Landtag
LVwG	Landesverwaltungsgericht
ME	Ministerialentwurf
MMR	MultiMedia und Recht
mwN	mit weiteren Nachweisen
n	Fallzahl
nd	no date (ohne Jahresangabe)
NetzDG	(deutsches) Netzwerkdurchsetzungsgesetz
No(s)	Number(s)
NÖ	Niederösterreich(isch)
Nr	Nummer
ODIHR	Office for Democratic Institutions and Human Rights
OGH	Oberster Gerichtshof
OHCHR	Office of the United Nations High Commissioner for Human Rights
OÖ	Oberösterreich(isch)
OSZE	Organisation für Sicherheit und Zusammenarbeit in Europa
p	probability (Überschreitungswahrscheinlichkeit)
par	paragraph
PolStG	Polizeistrafgesetz
RGBl	Reichsgesetzblatt
Rn	Randnummer
Rsp	Rechtsprechung
RV	Regierungsvorlage
Rz	Randziffer
S	Seite

SN	Stellungnahme
SPG	Sicherheitspolizeigesetz
StGB	Strafgesetzbuch
StPO	Strafprozessordnung
StRÄG	Strafrechtsänderungsgesetz
Tir	Tirol(erisch)
ua	und andere
usw	und so weiter
UN	United Nations
UVS	Unabhängiger Verwaltungssenat
vgl	vergleiche
vs	versus (gegen)
VfGH	Verfassungsgerichtshof
VfSlg	Sammlung der Erkenntnisse und wichtigsten Beschlüsse des VfGH
vgl	vergleiche
Vlbg	Vorarlberg(erisch)
Vol	Volume (Band)
VStG	Verwaltungsstrafgesetz
VVDStRL	Veröffentlichungen der Vereinigung der Deutschen Staatsrechtslehrer
VwGG	Verwaltungsgerichtshofgesetz
VwSen	(Unabhängiger) Verwaltungssenat
VwGH	Verwaltungsgerichtshof
VwSlg	Sammlung der Erkenntnisse und wichtigsten Beschlüsse des VwGH
WK	Wiener Kommentar (zum Strafgesetzbuch)
Wr	Wien(erisch)
WV	Wiederverlautbarung
Z	Ziffer
zB	zum Beispiel

ZFMR	Zeitschrift für Menschenrechte
ZRP	Zeitschrift für Rechtspolitik
ZUM	Zeitschrift für Urheber- und Medienrecht
ZVG	Zeitschrift der Verwaltungsgerichtsbarkeit

Autor_innenverzeichnis

Katharina Beclin ist Assistenzprofessorin für Kriminologie am Institut für Strafrecht und Kriminologie der Universität Wien. Ihre Forschungsschwerpunkte liegen im Bereich Gender Studies in der Kriminologie, insbesondere Gewalt im Sozialen Nahraum und Menschenhandel, sowie Jugendkriminalität und Rechtstatsachenforschung. Sie leitete unter anderem das wissenschaftliche Projekt zur Evaluierung der Anti-Stalking-Regelungen im Auftrag des BMJ.

Ingrid Brodnig ist Journalistin und Autorin. Im September 2019 erschien ihr neues Buch „Übermacht im Netz. Warum wir für ein gerechtes Internet kämpfen müssen". In ihrer Arbeit beschreibt sie den gesellschaftlichen und politischen Einfluss digitaler Medien. Zur digitalen Debattenkultur hat sie auch die Bücher „Hass im Netz" und „Lügen im Netz" verfasst. Für das österreichische Nachrichtenmagazin Profil schreibt sie die IT-Kolumne. 2017 wurde sie zum Digital Champion Österreichs ernannt, eine unabhängige Funktion zur Förderung des Bewusstseins über die Digitalisierung. Ihre Arbeit wurde mit mehreren Preisen ausgezeichnet, beispielsweise erhielt sie für „Hass im Netz. Was wir gegen Hetze, Mobbing und Lügen tun können" den Bruno-Kreisky-Sonderpreis für das politische Buch. Mehr Infos: brodnig.org.

Bernhard Glaeser ist Leiter des Zentralbereichs Sozialarbeit im Verein NEU**START**. Er war Projektleiter des von NEU**START** im Jahr 2018 durchgeführten Modellprojekts „Dialog statt Hass". In seiner Funktion ist er ua auch für die Leistungen Tatausgleich, gemeinnützige Leistungen, Schulsozialarbeit, Suchtprävention, Prozessbegleitung für Opfer sowie die Koordination der Betreuung radikalisierter Klientinnen und Klienten verantwortlich.

Isabel Haider ist Universitätsassistentin am Institut für Strafrecht und Kriminologie der Universität Wien. Sie hat Rechtswissenschaften an der Universität Wien und Criminal Justice an der Queen Mary University of London studiert. Sie forscht in den Bereichen Hate Crime, Hate Speech und geschlechtsbedingte Kriminalität. Ihre Dissertation verfasst sie zum Thema „Erfassung und Verfolgung von Hate Crimes in Österreich – eine empirische Verlaufsstudie von polizeilich erfassten Fällen des Jahres 2017".

Roland Hosner ist Soziologe und wissenschaftlicher Mitarbeiter am Deutschen Zentrum für Integrations- und Migrationsforschung (DeZIM) in Berlin. Sein Schwerpunkt liegt aktuell auf der Erforschung irregulärer Migration. Für ICMPD hat er von 2016–2019 die FIMAS-Arbeitsmarktsurveys unter Geflüchteten in Österreich umgesetzt, eine kombinierte Quer- und Längsschnittbefragung von Asylberechtigten und subsidiär Schutzberechtigten. Seine methodischen Schwerpunkte umfassen ua Umfragedesign sowie multivariate Datenanalyse.

Matthias C. Kettemann ist Forschungsprogrammleiter am Leibniz-Institut für Medienforschung | Hans-Bredow-Institut (HBI), Hamburg, und Assoziierter Forscher am Humboldt-Institut für Internet und Gesellschaft, Berlin, und dem Exzellenzcluster „Normative Ordnungen" der Goethe-Universität Frankfurt, wo er sich 2018 mit einer Arbeit über die normative Ordnung des Internets habilitierte. Er forscht vor allem zur Rolle von Normen in der Entwicklung von Online-Kommunikationsräumen, zu Internetvölkerrecht und zur Internet Governance.

Sabine Mandl (Politologin) ist Senior Researcher am Ludwig Boltzmann Institut für Menschenrechte in Wien. Sie hat langjährige Expertise in der Gewaltforschung und verfolgt einen intersektionalen Ansatz, um multiple Ungleichheitskategorien, wie Gender, Alter, Behinderung, Herkunft in den Blick zu bekommen. In zahlreichen empirisch angelegten Forschungsprojekten ist ihr wichtig, dass Betroffene selbst im Forschungsprozess zu Wort kommen bzw im Sinne eines partizipativen Ansatzes substantiell beteiligt werden.

Tanja Marktler ist juristische Referentin in der Direktion Verfassungsdienst des Amtes der Oö Landesregierung. Ihre Tätigkeitsschwerpunkte bilden das Europarecht, die Sicherheitsverwaltung sowie die örtliche Sicherheits- und Sittlichkeitspolizei. Dienstzuteilungen zum Verfassungsgerichtshof (Wien), zur Bezirkshauptmannschaft Linz-Land (Sicherheitsabteilung) sowie in leitender Funktion zur Abteilung Soziales des Amtes der Oö Landesregierung. Vor dem Landesdienst war sie wissenschaftliche Mitarbeiterin an den Instituten für Europarecht und Völkerrecht an der Johannes Kepler Universität Linz.

Katharina Mosene ist Politikwissenschaftlerin (MA) und verantwortet am Leibniz-Institut für Medienforschung | Hans-Bredow-Institut (HBI), Hamburg, den Bereich Forschungs- und Veranstaltungskooperationen. Darüber hinaus ist sie am TUM Medical Education Center der TU München im Bereich Digitale Bildung/eLearning assoziiert. Für den *Deutschland sicher im Netz eV* führt sie im Bereich Verbraucherschutz Workshops zu Internet-Sicherheitsthemen durch. Sie ist außerdem Gründungsmitglied von *netzforma* eV – Verein für feministische Netzpolitik*, dort beschäftigt sie sich mit Themen wie dem Fördern eines gleichberechtigten Zugangs zum Internet und zu digitalen Inhalten, Schutz vor Gewalt im Netz und dem Recht auf Privatsphäre.

Anna Müller-Funk (Studium der Internationalen Beziehungen) war zwischen 2015 und 2018 wissenschaftliche Koordinatorin des Forschungszentrums Menschenrechte an der Universität Wien. Sie unterrichtete an der Universität Wien, der Diplomatischen Akademie und der Donau-Universität Krems sowie in diversen Sommerschulen. Sie hat an zahlreichen internationalen, europäischen und österreichischen Forschungsprojekten mitgewirkt. Darüber hinaus unternahm sie Expert_inneneinsätze in europaübergreifenden TWINNING Projekten im Bereich der Menschenrechte unter anderem in Nordmazedonien, Serbien, Marokko und dem Kosovo.

Dina Nachbaur (Juristin und Soziologin) ist Geschäftsführerin der Opferhilfe-Einrichtung WEISSER RING. Sie vertritt Interessen von Verbrechensopfern in interministeriellen Gremien und ist als Trainerin in der Ausbildung für die juristische und psychosoziale Prozessbegleitung tätig. Praktische Erfahrungen auch am Opfer-Notruf 0800 112 112 fließen ein in ihre zahlreichen Publikationen zu Opferrechten und -bedürfnissen. Einer ihrer Arbeitsschwerpunkte bezieht sich auf Vorurteilskriminalität online und offline.

Liriam Sponholz ist wissenschaftliche Mitarbeiterin am Institut für Kommunikationswissenschaft und Medienforschung an der Ludwig-Maximilians-Universität München. Sie schloss ihre Promotion 2007 über journalistische Objektivität an der Universität Leipzig ab und habilitierte 2018 zum Thema „Hate Speech in den Massenmedien" an der Alpen-Adria-Universität Klagenfurt. Schwerpunkte ihrer Forschung sind Agenda Building, politische Kommunikation und *identity issues*.

Wolfgang Steiner ist Landtagsdirektor des Oö Landtags und Leiter der Direktion Verfassungsdienst im Amt der Oö Landesregierung; davor war er bis Ende 2009 Präsident des UVS OÖ, bis 2004 Mitarbeiter im Verfassungsdienst und in der Oö Landtagsdirektion, 1994/1995 dienstzugeteilt zum Bundeskanzleramt-Verfassungsdienst, bis 1991 Univ-Ass am Institut für Verwaltungsrecht und Verwaltungslehre der JKU Linz. Er ist Mitglied der Österreichischen Juristenkommission; Ersatzmitglied des Menschenrechtsbeirats der Volksanwaltschaft, Hon-Prof der JKU Linz und Fachkundiger Laienrichter beim BVwG und LVwG OÖ.

HATE SPEECH: VIEL MEHR ALS BÖSE WÖRTER

Liriam Sponholz

Hate Speech besteht aus der öffentlichen Kommunikation bewusster und/oder intentionaler Äußerungen oder Botschaften mit diskriminierenden Inhalten (Brown, 2017; Delgado & Stefancic, 2004; Matsuda, 1989; Nockleby, 2000; Sponholz, 2018; Weber, 2009). Durch *Hate Speech* wird menschliche Minderwertigkeit kommunikativ hergestellt. Dabei werden bewusst und/oder intentional Antinomien aktiviert, in denen unterschiedliche Gruppen von Menschen als ungleichwertige und exklusive Gegensätze definiert werden (Sponholz, 2018, 48). Solche „Gruppen" bestehen zudem aus Minderheiten und/oder haben eine ungünstige politische/soziale Position im gesellschaftlichen Machtgefüge inne (Matsuda, 1989; Stone, 2000).

Durch die Debatte um „Hass im Netz" hat der Begriff, der Ende der 80er Jahre in den USA entstanden ist, erneut Konjunktur. Gleichzeitig ist diese Debatte von einer begrifflichen Unschärfe geprägt, die sowohl die Identifikation der Probleme als auch die Entwicklung der passenden Lösungen wesentlich erschwert. Welches sind die Ursachen für „Hass im Netz"? Wie groß bzw wie real ist das Problem eigentlich? Sollte man gewisse Inhalte verbieten oder sind sie sogar schon verboten? Wer oder was soll bestraft werden? Keine von diesen Fragen kann beantwortet werden, wenn alle möglichen Konflikte auf digitalen Plattformen als „Hassrede" bezeichnet werden.

Bei der Online-Version von *Hate Speech* geht es aber nicht nur um die Definition. Wie auch bei anderen Formen von „Hass im Netz" bzw *Online Harassment* werden Konflikte um *Hate Speech* in dieser Umgebung nicht nur durch die KommunikationspartnerInnen ausgelöst, sondern auch durch die Medienlogik der digitalen Plattformen aktiv mitgestaltet (vgl dazu van Dijck & Poell, 2013). So werden „Anne Frank Nudes“ nicht nur durch UserInnen-Aktivitäten, sondern in einem technisch vorgegebenen Rahmen durch eine algorithmisch gesteuerte Auswahl verbreitet. Aus den Interaktionen mit dieser Auswahl entstehen Netzwerke, die dann gepflegt, erhalten und erweitert werden können. Anstiftungen zur Diskriminierung, zu Hass oder Gewalt gegen eine Gruppe müssen nicht einmal von realen UserInnen verbreitet werden, wie der Fall der *Social Bots* illustriert. Anders formuliert: *Online Hate Speech* ist eine soziotechnische Frage (vgl dazu Milan, 2015a). An der Konfliktdynamik kommt also keine Debatte über die Regulierung von *Online Hate Speech* vorbei.

Seit ihrem Anfang beschäftigt sich die *Hate Speech*-Forschung überwiegend mit der Regulierungsfrage (Brown, 2015; Delgado & Stefancic, 2004; Gelber, 2002; Hare & Weinstein, 2009; Matsuda, 1989; Mendel, 2012; Tsesis, 2013). Spätestens aber das Aufkommen von *Online Hate Speech* zwingt zu einer Erweiterung der Perspektive, von der juristischen Frage der Konfliktregulierung hin zu einer Frage der Konfliktdynamik. Während die Regulierungsfrage bei JuristInnen angesiedelt ist, liegt der Blick auf *Hate Speech* aus der Sicht der medialen Konfliktdynamik im Aufgabenbereich der Medien- und Kommunikationswissenschaft.

Ziel dieses Aufsatzes ist es darzulegen, was *Online Hate Speech* aus einer solchen Perspektive ausmacht und aufzuzeigen, wie fruchtbar die Analyse der Konfliktdynamik für die Konfliktregulierung sein kann. Dieser Artikel ist wie folgt strukturiert: Zuerst widmet sich die Analyse dem Begriff selbst, seinen Wesensmerkmalen und der Abgrenzung zu benachbarten Begriffen wie *Cyberbullying*, *Online Misogyny* oder *Online Incivility*. Danach wird der Paradigmenwechsel innerhalb der *Hate Speech*-Forschung von den *Law Studies* hin zu einer interdisziplinären Perspektive, von der Konfliktregulierung zur Konfliktdynamik dargestellt. In dieser Betrachtungsweise ist *Hate Speech* ein Konfliktstoff. Die durch *Hate Speech* angestoßenen Konflikte bekommen zudem durch die Computervermittelte Kommunikation eine eigene Dynamik. Abschließend werden die Schlussfolgerungen gezogen.

I. Was ist eigentlich Hate Speech?

Hate Speech hat physische und psychische Folgen für die betroffenen Individuen (Anderson, 2013; Bennett, Wolin, Robinson, Fowler, & Edwards, 2005; Eisenberg, Neumark-Sztainer, & Story, 2003; Harris, Fogal, & Moss, 2017; Meyer, 2003). Es schüchtert ein und verhindert dadurch, dass ein/e jede/r am öffentlichen Leben ohne Angst und gleichberechtigt teilnehmen kann (Amnesty International, 2017; Delgado & Stefancic, 2004; Matsuda, 1989). *Hate Speech* streut zudem Misstrauen und stiftet Feindlichkeit zwischen gesellschaftlichen Gruppen (Benesch, 2011, 2014a), führt zur Verdrossenheit in politischen Deliberationsprozessen (Russmann, 2015) und kann physische, offene Gewalt gegen Gruppen anstiften (Gichuhi Kimotho & Nyaga, 2016), legitimieren (Leader Maynard & Benesch, 2016) und/oder koordinieren (Frère, 2010; Straus, 2007; Yanagizawa-Drott, 2014).

Es handelt sich also zweifelsohne um eine gesellschaftliche Herausforderung, deren Bewältigung ganzheitliche Ansätze verlangt, angefangen von der politischen Bildung über die Medienkompetenz bis hin zur Gesetzgebung und Gesetzesdurchsetzung (OHCHR, 2012). Ein Blick auf die *Hate Speech*-Forschung zeigt aber, dass die Herausforderung in der Bekämpfung dieses Problems bei der Definition anfängt und nicht etwa bei der Erfassung und Regulierungsmöglichkeiten von *Hate Speech* im Internet. Beides – Erfassung und Regulierung – setzen Identifizierung voraus, was wiederum eine Definition verlangt (Opp, 2014; Potthof, 2017).

Die Internationale Anti-Rassismus-Konvention (CERD) machte es sich zur Aufgabe, eine Form von *Hate Speech* – rassistisches *Hate Speech* – zu definieren und fasst in ihrer *General Recommendation* 35 aus dem Jahr 2013 folgende Sachverhalte darunter:

a) „All dissemination of ideas based on racial or ethnic superiority or hatred, by whatever means;
b) Incitement to hatred, contempt or discrimination against members of a group on grounds of their race, colour, descent, or national or ethnic origin;
c) Threats or incitement to violence against persons or groups on the grounds in above;
d) Expression of insults, ridicule or slander of persons or groups or justification of hatred, contempt or discrimination on the grounds in (b)

above, when it clearly amounts to incitement to hatred or discrimination;

e) Participation in organizations and activities which promote and incite racial discrimination;

f) (…) public denials or attempts to justify crimes of genocide and crimes against humanity, as defined by international law." (CERD, 2013)

Den Versuch *Hate Speech* anhand seiner Erscheinungsformen zu definieren, wie es auch in der Wissenschaft mitunter erfolgt, zeigt, dass es sich um einen Oberbegriff für unterschiedliche Formen symbolischer Diskriminierung handelt. Das führte dazu, dass der Jurist Alexander Brown *Hate Speech* als eine Frage der Familienähnlichkeit einordnete:

> „One distinctive feature of family resemblances concepts is the fact that everything that falls under the concept shares at least one similar quality, feature, or descriptive property with at least one other thing that falls under the concept, even if there is no single quality, feature, or descriptive property that is common to all things that fall under the concept." (Brown, 2017, 596)

Die Einordnung von *Hate Speech* als ein Familienähnlichkeitsbegriff bringt aber Vor- und Nachteile mit sich. Bezüglich der Vorteile erklärt Brown (2017), dass es sein Hauptziel war, aufzuzeigen, dass eingrenzende Definitionen nicht notwendig sind, um zu wissen, worüber man redet. Dadurch werden jenseits juristischer Begriffsbestimmungen auch andere Definitionen von *Hate Speech* als gültig angesehen.

Das Wesen von *Hate Speech* als Familienähnlichkeit ermöglicht zudem, Formen zu erkennen, die bisher nicht als solche erkannt wurden, weil sie eine Palette von Kriterien oder Bedingungen nicht erfüllten. Aus der juristischen Perspektive führte das zu einer Erweiterung des Blickes. Es ermöglicht zB zu vermitteln, warum *Hate Speech* nicht nur bzw nicht unbedingt eine Frage Kategoriebezogener Beschimpfungen (zu denen *Racial Slurs* gehören), offener Drohungen oder von Aufrufen zur Gewalt ist. Das ist wichtig, denn nicht einmal in offenen ethnischen Konflikten (wie zB auch in Genoziden) sind diese die am häufigsten beobachteten Formen (Benesch, 2004; Straus, 2007). Aus erkenntnistheoretischer Sicht birgt eine solche Zuordnung aber auch eine Reihe von Gefahren, wie die der Mehrdeutigkeit bzw Ambiguität:

> „Dass ein gegebener Begriff ein Familienbegriff ist, lässt sich nachweisen, indem man zeigt, dass wir für die Anwendung des Begriffes unter verschiedenen Umständen verschiedene Kriterien benutzen. Dass der Begriff kein Familienbegriff ist, lässt sich nachweisen, in dem man zeigt, dass man unter allen Umständen dasselbe Kriterium für diesen Begriff verwendet." (Wennerberg, 1998, 64)

Brown (2017) selbst verwendet den Begriff kohärent als Pendant zu *Group Libel/Group Defamation*. *Hate Speech* zu einer Frage der Familienähnlichkeit zu erklären bedeutet in letzter Konsequenz aber, dass der Begriff je nach verwendetem Kontext beliebig „angepasst" werden kann. Ein solcher Umgang öffnet damit Tür und Tor für eine politische Instrumentalisierung, inklusive in Gesetzesform (vgl dazu Goldberg, 2015).

Hate Speech-Gesetze können mitunter verwendet werden, um die Meinungsfreiheit einzuschränken. Auch kann sich deren Auslegung gegen die durch *Hate Speech* zu schützenden Gruppen wenden. So warnt Benesch (2014a) am Beispiel der Roma in Ungarn davor, dass *Hate Speech*-Gesetze auch benutzt werden können, um Minderheiten anzugreifen, statt sie zu beschützen:

> „Most existing hate speech laws – including international, regional and national ones – are dangerously vague, in ways that are often used to restrict the freedom of speech of minorities, including preventing them from expressing legtimate grievances." (Benesch, 2014a, 22)

Gagliardone et al (2015, 31) zeigen ebenfalls, dass *Hate Speech*-Gesetze zur Zeit der Apartheid in Südafrika verwendet wurden, um KritikerInnen des Systems zu kriminalisieren.

Die *Hate Speech*-Forschung selbst wird von Begriffsinflation und Mehrdeutigkeit geprägt (Mendel, 2012). Gibt es aber in der Tat keine Definition von *Hate Speech*? Oder liegt das Problem an der Uneinheitlichkeit? Was ist überhaupt *Hate Speech*?

Begriffe entstehen nicht im leeren Raum (Thielmann, 2004). In diesem Zusammenhang weist Skinner (1969, 55) darauf hin, dass Begriffe nicht nur eine Frage von Wörtern, Bedeutungen und Sachen sind. Vielmehr umfassen sie auch die sozialen AkteurInnen, die diese bilden und/oder verwenden (*Agents*), die Situationen, in denen sie das tun und die Intentionen, welche hinter deren

Verwendung stehen. Auch durch sie wird den Begriffen Bedeutung verliehen. Berücksichtigt man das, zeigt sich, dass, auch wenn es keine einheitlich verwendete Definition von *Hate Speech* gibt, sich in unterschiedlichen Auffassungen immer wieder die gleichen Merkmale beobachten lassen. Solche (Wesens-)merkmale machen die Intension des Begriffes aus, während die verschiedenen Situationen, in denen diese auftreten, die Extension des Begriffes beschreiben (Potthof, 2017; vgl dazu Sartori, 1984).

A. Wesensmerkmale von Hate Speech

Der US-amerikanische Jurist John Nockleby definiert zB *Hate Speech* als „communication of animosity or disparagement of an individual or a group on account of a group characteristic such as race, color, national origin, sex, disability, religion, or sexual orientation.“ (Nockleby, 2000, 1277). In der Empfehlung 97 (20) des Ministerkomitees des Europarats wird „Hassrede“ (in der deutschen Übersetzung von *Hate Speech*) definiert als: „jegliche Ausdrucksformen, welche Rassenhass, Fremdenfeindlichkeit, Antisemitismus oder andere Formen von Hass, die auf Intoleranz gründen, propagieren, dazu anstiften, sie fördern oder rechtfertigen, einschließlich der Intoleranz, die sich in Form eines aggressiven Nationalismus und Ethnozentrismus, einer Diskriminierung und Feindseligkeit gegenüber Minderheiten, Einwanderern und der Einwanderung entstammenden Personen ausdrückt.“ (Weber, 2009, 3)

Das Aufkommen von Online-Netzwerkplattformen ändert den Begriff nicht wesentlich. Deren BetreiberInnen gehen von den gleichen Merkmalen aus. So wird auf der digitalen Netzwerkplattform Facebook auf die Uneinheitlichkeit des Begriffes Bezug genommen, aber gleichzeitig eine Definition auf Basis der gleichen Merkmale angeboten: „While there is no universally accepted definition of hate speech, as a platform we define the term to mean direct and serious attacks on any protected category of people based on their race, ethnicity, national origin, religion, sex, gender, sexual orientation, disability or disease.“ (Controversial, Harmful and Hateful Speech on Facebook, 2013)

In den Twitter-Regeln oder den Terms and Conditions kommt der Begriff gar nicht vor. Es wird aber auf diesen in der Hateful conduct policy wie folgt Bezug genommen: „Hateful conduct: You may not promote violence against or directly attack or threaten other people on the basis of race, ethnicity, national origin, sexual orientation, gender, gender identity, religious affiliation, age, disability, or serious disease. We also do not allow accounts whose primary purpose is inciting harm towards others on the basis of these categories." (Hateful conduct policy, nd)

Diese Auswahl lässt Diskriminierung und Kommunikation als Wesensmerkmale von *Hate Speech* erkennen. Diskriminierung als Wesensmerkmal bedeutet, dass *Hate Speech* immer auf eine Kategorie von Menschen Bezug nimmt (zum Begriff von Diskriminierung, siehe Scherr, Mafaalani, & Yüksel, 2017). Durch Kategorisierung werden diese Menschen zu einer „Gruppe" (Sponholz, 2018). Es lässt sich also festhalten, dass *Hate Speech* immer gruppenbezogen ist. Nicht jede Kategorie eignet sich jedoch für *Hate Speech*, sondern nur diejenige, die auf Menschen, die sich in einer (schlechten) Position innerhalb des gesellschaftlichen Machtgefüges befinden, verweist (Stone, 2000, 1056). Daher kann schon definitorisch nicht jeder zur Zielscheibe von *Hate Speech* werden.

Die betroffene Gruppe wird durch *Hate Speech* aufgrund dieser Kategorie symbolisch ausgegrenzt, abgewertet oder zur Zielscheibe von Drohungen oder von Aufrufen zur Gewalt und zur Diskriminierung (vgl Committee on the Elimination of Racial Discrimination 2013). Das heißt, dass diese symbolische Form von Diskriminierung über Stereotypisierung hinausgeht. Bei Stereotypen geht es um *Misrepresentation*, bei *Hate Speech* um *Hostility* (Weston-Scheuber, 2013).

Weder Hass noch Rede bzw Sprache sind für diesen Begriff konstitutiv. *Hate Speech* muss nicht affektuell sein, sondern kann (mindestens zweck-)rational verwendet werden (Benesch, 2014b; Sponholz, 2018). Das „*Hate*" im Namen bezieht sich nicht auf eine Emotion, sondern stellt eine Analogie dar, wie dies auch bei *Hate Crimes* erfolgt (Brown, 2017; Sponholz, 2018; Waldron, 2010). Solche Straftaten werden so genannt, nicht weil sie aus Affekten heraus entstehen, sondern weil sie entweder von Vorurteilen getrieben sind oder die Opfer aufgrund einer Kategorie ausgewählt wurden (Weston-Scheuber, 2013, 147).

Bezüglich der Sprache ist diese symbolische Form der Diskriminierung nicht nur bzw nicht unbedingt anhand des Inhalts bzw der Struktur der Botschaft zu erkennen. Zugespitzt formuliert: Jenseits davon, ein Hakenkreuz auf eine Wand zu sprühen oder auf Facebook zu posten, gibt es eine Vielzahl von Möglichkeiten, Menschen herabzuwürdigen, denn:

> „Most hate speakers are only too aware of hate speech laws or regulations and sometimes prefix their utterances with 'I honestly don't hate x, but…' in an attempt (probably misguided) to insulate themselves from prosecution. Therefore, it is important to recognise that hate-laden speech can take implicit forms, such as when people express their hatred of certain groups in subtle, careful, tendentious, disguised or dissembling ways (without ever explicitly saying, 'I hate…')." (Brown, 2017, 449–450)

So beobachteten Gerstenfeld, Grant und Chiang (2003, 40), dass rechtsextreme Websites absichtlich Hakenkreuze und andere rassistische Symbole vermeiden, um ihr Image zu verbessern.

Für die Identifikation von *Hate Speech* heißt das, dass die Herabgesetzten weder beschimpft noch ausdrücklich ausgesprochen werden müssen. So werden in Aussagen wie „Hitler hätte seine Arbeit zu Ende bringen sollen" (vgl Waldron, 2010) die Opfer des Holocausts nicht direkt ausgesprochen, aber durchaus in die Botschaft selbst miteinbezogen. Auch in der Kommunikation von US-amerikanischen *White Nationalism*-Gruppen auf Twitter ist das Hauptthema auf deren Twitter-Accounts der Slogan und der Hashtag *#whitegenocide* (Berger, 2018).

Regulierungsansätze, die sich auf sprachliche Ausdrücke reduzieren, werden aus diesem Grund nicht zum Ziel führen. Ansätze, die auf der Struktur der Botschaft basieren, reichen nur dazu aus, *Hateful Speech* bzw Hasserfüllte Rede (Brown, 2017; Matsuda, 1989; Sponholz, 2018), nicht aber *Hatred Inciting Speech* zu erfassen.

Bestimmend für *Hate Speech* ist aber zuerst a) ein Bezug auf eine Kategorie (Geschlecht, Hautfarbe, Religion, Herkunft etc), wodurch b) Gruppen, die historisch unterdrückt wurden und/oder sich in einer benachteiligten Machtposition befinden, als Ziele markiert werden. Entscheidend für *Hate Speech* ist also nicht das Zeichensystem, sondern die Aktivierung einer Antinomie, durch die Menschen aufgrund einer Kategorie herabgesetzt werden (Sponholz, 2018). Eine solche Aktivierung erfolgt wiederum durch Kommunikation, dh durch den Handlungszusammenhang, in dem eine Botschaft einen Sinn bekommt (Switalla, 1973). Die Kommunikation holt Konflikte aus einer parasitären Rolle heraus (Bergmann, 1997, 17), indem sie solche Antinomien aktiviert. Darum ist das zweite Wesensmerkmal nicht Sprache, sondern Kommunikation.

Hate Speech bezieht sich auf Handlungen, die durch Kommunikation vollzogen werden, wie zB: Anstiftung, Drohung, Verspottung, Rechtfertigung, Verharmlosung (zu einem Überblick siehe Tabelle 1). Solche Handlungen können nicht allein anhand des Inhalts bzw der Struktur der Botschaft identifiziert werden. Vielmehr verlangt es, die SprecherInnen, „HörerInnen" und den Handlungszusammenhang, in dem sie vollzogen werden, zu analysieren. So lässt sich *Hatred Inciting Speech* (auch *Hate Mongering*) (Brown, 2017; Sponholz, 2018; Waldron, 2010) erst durch die Berücksichtigung des Profils der SprecherInnen, des Mediums und der Audienz identifizieren.

Tabelle 1: Hate Speech als Handlung durch Kommunikation

Handlung	**Ziel oder Folge**	**Zielscheibe: Kategorie**
Verbreitung	Hass	Geschlecht
Anstiftung	Verachtung	Religion
Drohung	Ausgrenzung	Herkunft
Verharmlosung	Gewalt	Sexuelle Orientierung
Rechtfertigung	Benachteiligung	Phänotyp ua

Quelle: eigene Darstellung in Anlehnung an General Recommendation Nr 35 CERD

Neben Diskriminierung und Kommunikation kann ein drittes Merkmal bei der Intension dieses Begriffes identifiziert werden: Öffentlichkeit. Dieses Merkmal offenbart sich, wenn AgentInnen und Situationen mitberücksichtigt werden.

Auch wenn das Phänomen *Hate Speech* bereits während der Zeit des Nationalsozialismus beobachtet werden konnte (Leader Maynard & Benesch, 2016; Tsesis, 2002; Yanagizawa-Drott, 2014), ist der Ausdruck *Hate Speech* relativ neu. Er taucht zuerst in den Studien von US-amerikanischen JuristInnen Ende der 1980er Jahre im Rahmen der sogenannten *Critical Race Theory* auf. Sie waren also die AgentInnen hinter diesem Begriff.

Der Begriff entstand als Reaktion auf die Verbreitung einer nicht-medialen Form von *Hate Speech* – dem *Campus Hate Speech*. Insbesondere in den 1990er Jahren erlebten US-amerikanische Universitäten eine Epidemie rassistischer Anfeindungen, die StudentInnen aber auch ProfessorInnen trafen (Matsuda, 1989; Matsuda, Lawrence III, Delgado, & Crenshaw, 1993). Diese rassistischen Vorfälle beschränkten sich jedoch nicht nur auf den Campus, sondern betrafen auch verschiedene Bereiche des sozialen Lebens. Ku-Klux-Klan-Symbole sorgten in manchen Wohngegenden dafür, dass afro-amerikanische Familien abgeschreckt wurden und aufgaben, sich Wohnungen in diesen Stadtteilen zu suchen. Cafégäste bekamen Karten mit „Schöne Grüße vom KKK“, sobald sie sich in bestimmten Lokalen an einen Tisch setzten, KommilitonInnen wurden auf dem Campus als N***er oder als F***ot öffentlich beschimpft, Bürotüren von ProfessorInnen wurden mit den Initialen des Ku-Klux-Klans beschmiert, asiatische StudentInnen öffentlich erniedrigt (Delgado & Stefancic, 2009; Matsuda, 1989).

Diese Fälle illustrieren die Situation, in der der Begriff entstand und auf die er sich bezog: das öffentliche Anprangern von Menschen aufgrund einer Kategorie, die anhand eines Merkmals kategorisiert und als solche einer Gruppe zugeordnet wurden, wodurch sie automatisch in eine unterprivilegierte Position geraten. Durch *Hate Speech* wird die Teilhabe von Menschen am öffentlichen Leben allein aufgrund einer Kategorie massiv beeinträchtigt (Delgado & Stefancic, 2009; Matsuda et al, 1993).

B. Was ist kein Hate Speech?

Die Folgen einer Definition von *Hate Speech* anhand der Familienähnlichkeit lassen sich derzeit in der öffentlichen Debatte um „Hasspostings“ bzw „Hass im Netz“ erkennen. Darunter werden alle möglichen Formen von abusivem Verhalten im Netz bzw von *Online Harassment* verstanden (vgl Blackwell, 2018). Als *Online Harassment* werden neben *Online Hate speech*, *Online Incivility*, *Cyberbullying*, *Online Misogyny* ua mitgezählt.

Cyberbullying kennzeichnet sich als *Online Harassment* dadurch, dass es auf Individuen abzielt, repetitiv, intentional und aggressiv ist. Die Herabsetzung erfolgt aber hierbei nicht unbedingt aufgrund einer Kategorie, wie im Fall von *Hate Speech* (Saleem, Dillon, Benesch, & Ruths, 2016).

Bei *Online Misogyny* handelt es sich um *Online Harassment* aufgrund des Geschlechts (Moloney & Love, 2018; Richardson-Self, 2018). Diese Form von *Online Harassment* unterscheidet sich von *Hate Speech* dadurch, dass es sich ausschließlich auf die Kategorie Geschlecht bezieht und Formen annimmt, die nicht unbedingt öffentlich sind, wie zB Belästigung auf Messenger-Diensten bzw *Gender Trolling* auf Whatsapp.

Als *Hate Speech* trägt *Online Misogyny* ebenfalls eigene Züge, wie zB eine intradivisionale Qualität. Dadurch werden Frauen nicht als Gruppe adressiert, wie dies bei religiösen oder ethnischen Gruppen geschieht, sondern in Unterkategorien unterteilt. So werden Frauen aufgrund sexueller Freizügigkeit oder aufgrund ihrer sexuellen Anziehungskraft unterteilt. Getroffen bzw damit „diszipliniert" werden aber Frauen allgemein (vgl dazu Richardson-Self, 2018).

Online Incivility entspricht eher der deutschen Konstruktion „Hasspostings" und bezieht sich auf das Verhalten der DiskutantInnen/politischen AntagonistInnen, welche einen freien und respektvollen Austausch von Ideen in politischen Deliberationsprozessen konterkarieren (Stryker, Conway, & Danielson, 2016). Dazu gehören zum Beispiel abwertende Spitznamen, die Verwendung eines vulgären Wortschatzes sowie intentionale Behauptungen von Unwahrheiten (Coe, Kenski, & Rains, 2014; Papacharissi, 2004; Rowe, 2014).

Der Begriff entstand im Rahmen der Theorie der deliberativen Demokratie (Massaro & Stryker, 2012) und beschränkt sich in ihrer Online-Version hauptsächlich auf die Analyse von Kommentaren in der Online-Kommunikation (Coe et al., 2014; Naab & Kalch, 2017; Oz, Zheng, & Chen, 2017; Rowe, 2014; Su et al, 2018). Diese können allgemein a) als Unhöflichkeit, b) als Bedrohungen der Demokratie oder individueller Rechte oder c) als Stereotypisierung typisiert werden (Papacharissi, 2004; Rowe, 2014).

Incivility überschneidet sich mit *Hate Speech* im Fall kategoriebezogener Beschimpfungen (*Hateful Speech*). Gruppenbezug ist aber kein Wesensmerkmal von *Incivility*. Auf der anderen Seite beschränkt sich *Hate Speech* nicht auf Kommentare und kann durchaus zivile Formen annehmen. Anders als *Incivility* ist *Hate Speech* keine Frage der Form einer Botschaft (Brown, 2017; Sponholz, 2018).

Tabelle 2: Typen von Online Harassment

	Merkmale		
	Diskriminierung	**Kommunikation**	**Öffentlichkeit**
Online Incivility	Möglich	Ja	Ja
Cyberbullying	Möglich	Ja	Möglich
Online Misogyny	Ja (Gender)	Ja	Möglich
Online Hate Speech	Ja	Ja	Ja

Durch die irreführende Gleichsetzung mit *Online Incivility* entsteht aber der Eindruck, dass *Hate Speech* jeden treffen kann, allgegenwärtig vorhanden ist und daher kaum in den Griff zu bekommen sei. Dabei zeigt sich in den Studien zu *Online Incivility*, dass *Uncivil Comments* oder Hasspostings nicht die Mehrheit der Kommentare ausmachen (Coe et al, 2014; Oz et al, 2017; Rowe, 2014; Su et al, 2018). Weiterhin stellen die meisten unzivilisierten Kommentare eine Frage der Höflichkeit dar und beinhalten keine demokratiefeindlichen Inhalte, geschweige denn *Hate Speech* (Oz et al, 2017; Papacharissi, 2004; Rowe, 2014). *Hateful Speech* (die einzige Form von *Hate Speech*, die der *Incivility*-Ansatz indirekt, etwa durch Stereotypisierung, erfassen kann) ist zudem das Werk weniger, organisierter, hochaktiver Accounts auf Online-Netzwerkplattformen (Kreisel, Ebner, Urban, & Guhl, 2018).

Aus der Perspektive von *Online Incivility* ist *Hateful Speech* eine Ausnahme. Für die *Hate Speech*-Forschung ist wiederum *Hateful Speech* nur ein Teil des Problems. Mehr als das: Die meisten „Hassposter" sind UserInnen in einer schwachen sozialen Position (Vargo & Hopp, 2016), so dass es naheliegt, dass hier affektuelle Handlungen (wie zB Empörung) vorliegen, die nicht unbedingt durch Gruppenbezogene Menschenfeindlichkeit motiviert sind.

Den Begriff *Hate Speech* für andere Formen von *Online Harassment* zu verwenden, die nicht auf einer Kategorisierung und Diskriminierung beruhen, stimmt nicht mit der Intension des Begriffes überein. Es gibt auch nicht die Intention seiner SchöpferInnen wieder. Diese haben den Begriff geschaffen, um etwas zu benennen und zu bekämpfen, etwas, dem bis zu diesem Zeitpunkt kaum Aufmerksamkeit geschenkt wurde: Die öffentliche Herabwürdigung von Menschen aufgrund einer Kategorie in einer unterprivilegierten

Machtposition (Matsuda, 1989; Matsuda et al, 1993). Diese Unterscheidung hat zudem weitgehende Folgen für die Konfliktregulierung, denn unterschiedliche Formen von *Online Harassment* werden auch unterschiedlich gesetzlich geregelt (etwa als Verleumdung oder als Volksverhetzung). Die öffentliche Wahrnehmung und Debatte um Regulierung wird ebenfalls davon beeinflusst. So bezieht sich das deutsche Netzwerkdurchsetzungsgesetz auf verschiedene Straftaten, davon betrifft nur eine die *Hate Speech*-Problematik (Volksverhetzung).

II. Von der Konfliktregulierung zur Konfliktdynamik

Das Pendant zu dem US-amerikanischen Begriff *Hate Speech* im deutschsprachigen Raum ist der juristische Begriff der Volksverhetzung (vgl Goldberg, 2015), der im deutschen Strafgesetzbuch, § 130, wie folgt definiert wird:

> „(1) Wer in einer Weise, die geeignet ist, den öffentlichen Frieden zu stören,
>
> 1. gegen eine nationale, rassische, religiöse oder durch ihre ethnische Herkunft bestimmte Gruppe, gegen Teile der Bevölkerung oder gegen einen Einzelnen wegen seiner Zugehörigkeit zu einer vorbezeichneten Gruppe oder zu einem Teil der Bevölkerung zum Hass aufstachelt, zu Gewalt- oder Willkürmaßnahmen auffordert oder
>
> 2. die Menschenwürde anderer dadurch angreift, dass er eine vorbezeichnete Gruppe, Teile der Bevölkerung oder einen Einzelnen wegen seiner Zugehörigkeit zu einer vorbezeichneten Gruppe oder zu einem Teil der Bevölkerung beschimpft, böswillig verächtlich macht oder verleumdet, wird mit Freiheitsstrafe von drei Monaten bis zu fünf Jahren bestraft.
>
> (2) Mit Freiheitsstrafe bis zu drei Jahren oder mit Geldstrafe wird bestraft, wer
>
> 1. Schriften (§ 11 Absatz 3), die zum Hass gegen eine vorbezeichnete Gruppe, Teile der Bevölkerung oder gegen einen Einzelnen wegen seiner Zugehörigkeit zu einer vorbezeichneten Gruppe oder zu einem Teil der Bevölkerung aufstacheln, zu Gewalt- oder Willkürmaßnahmen gegen sie auffordern oder ihre Menschenwürde dadurch angreifen, dass sie beschimpft, böswillig verächtlich gemacht oder verleumdet werden,
>
> a) verbreitet,

b) öffentlich ausstellt, anschlägt, vorführt oder sonst zugänglich macht,

c) einer Person unter achtzehn Jahren anbietet, überlässt oder zugänglich macht oder

d) herstellt, bezieht, liefert, vorrätig hält, anbietet, ankündigt, anpreist, einzuführen oder auszuführen unternimmt, um sie oder aus ihnen gewonnene Stücke im Sinne der Buchstaben a bis c zu verwenden oder einem anderen eine solche Verwendung zu ermöglichen, oder

2. eine Darbietung des in Nummer 1 bezeichneten Inhalts durch Rundfunk, Medien- oder Teledienste verbreitet. (…)" (Strafgesetzbuch § 130)

Hate Speech ist im deutschsprachigen Raum daher weniger ein politischer, sondern vor allem auch ein juristischer Begriff. Mehr als das: Das deutsche Pendant zu *Hate Speech* – Volksverhetzung – gilt seit Jahrzehnten als beispielgebendes Vorbild für angloamerikanische JuristInnen (Cohen-Almagor, 2013; Waldron, 2010).

Trotz ihres intellektuellen Hintergrundes und ihrer Intentionen stellten die PionierInnen der *Hate Speech*-Forschung jedoch von Anfang an klar, dass es dabei nicht allein um eine juristische Frage geht bzw dass der juristische Weg nur eine mögliche Antwort darauf darstellt. So schreibt Mari Matsuda 1989 in ihrer Schrift, in der der Begriff eingeführt wurde (Brown, 2017, 424), explizit, dass gesetzliche Regulierungen prinzipiell nur einen kleinen Teil des Phänomens abdecken können. Für Matsuda (1989) soll *Hate Speech* reguliert werden, wenn (und nur wenn):

a) The message is of racial inferiority.
b) The message is directed against a historically oppressed group.
c) The message is persecutorial, hateful and degrading (Matsuda, 1989, 2357).

Matsudas Regulierungskriterien ziehen zudem Grenzen zwischen *Racist Hate Speech* und *Racist Speech*: Symbolische Formen von Rassismus können zB allein aus der Stereotypisierung bestehen, für *Hate Speech* reicht das aber nicht aus. *Racist Hate Speech* besteht aus Beschimpfungen, Herabsetzungen, Aufrufen zu Diskriminierung, Verachtung oder Gewalt und Drohungen.

Ende der 90er Jahre wächst die Interdisziplinarität in der Forschung zu diesem Thema, wie die Zahlen illustrieren: In der Core Collection der Datenbank

Web of Science wurden zwischen 1990 und 2018 404 englischsprachige Zeitschriftenaufsätze zum Thema *Hate Speech* veröffentlicht. Während in den 1990er beinahe jeder zweite Aufsatz (48 %) aus den Federn von JuristInnen stammte, kehrte sich diese Situation in den 2010er Jahren um: 70 % der Artikel, die zwischen 2010 und 2018 in den Journals aus der Core Collection veröffentlicht wurden, entstammen anderen Fachgebieten, von der Politikwissenschaft bis hin zur Informatik.

Der zweite Fachbereich, der sich nach diesem Indikator am meisten mit dem Thema beschäftigt, ist die Kommunikationswissenschaft. Während JuristInnen sich aber bereits ab 1990 dem Thema widmen, beschäftigen sich die KommunikationswissenschaftlerInnen erst ab Ende der 1990er Jahre damit, 77 % der Studien aus diesem Fachbereich entstanden sogar erst in den letzten acht Jahren, also nach dem Aufkommen der Online-Netzwerkplattformen in den 2000er Jahren.

Grafik 1: Anzahl der Artikel mit der Erwähnung des Begriffes Hate Speech im Web of Knowledge im Zeitverlauf nach Fachbereichen, N = 404

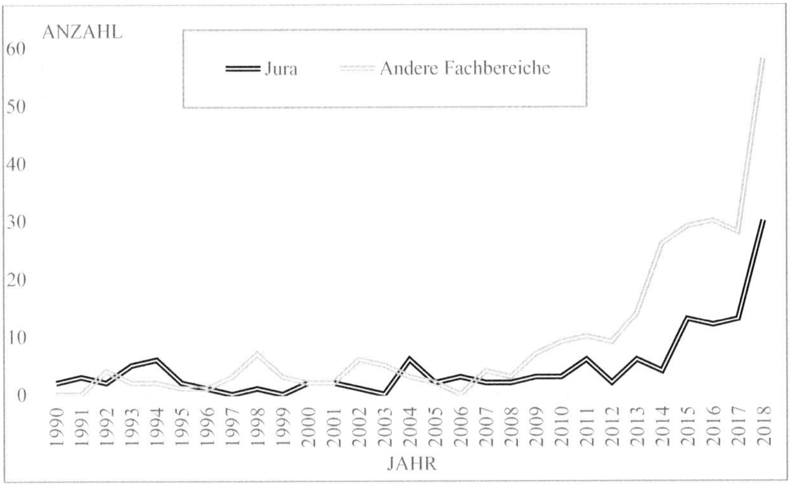

Mit der wachsenden Interdisziplinarität verlässt der Begriff *Hate Speech* die juristischen Kreise. Seitdem lässt sich der Sachverhalt auch nicht mehr allein auf eine Frage der Regulierung bzw auf eine Frage von Verbot und Bestrafung reduzieren.

A. Hate Speech als Konfliktstoff

Aus medien- und kommunikationswissenschaftlicher Sicht ist *Hate Speech* nicht nur eine Form öffentlicher Kommunikation von Diskriminierung, sondern auch ein Konfliktstoff.

Konflikte sind prinzipiell eine Form der Interaktion (Neuberger, 2014), ein „Kampf um Werte und um Anrechte, um Macht und Mittel, ein Kampf, um zuwiderlaufende Interessen entweder zu neutralisieren oder zu ändern oder ganz auszuschalten" (Coser, 1964, 8).

Diese stellen jedoch nur einen Modus von Interaktion dar. Hinzu kommen Konkurrenz und Kooperation. Im Fall von Kooperation verfolgen die Akteure ein gemeinsames Ziel und vertrauen darauf, dass der andere entsprechend dieser Vorbedingungen handelt. Im Falle einer Konkurrenz verfolgen die Teilnehmenden das gleiche Ziel, was aber inkompatibel ist, und im Fall des Konflikts haben sie kein gemeinsames Ziel (Neuberger, 2014, 573). Interaktion ist sowohl Kommunikationskonflikten als auch sozialen Konflikten gemein. Gestritten wird dabei um materielle oder symbolische Ressourcen. Während aber sozialen Konflikten eine Interaktionsmodalität zugrunde liegt, die aus dem Kampf um Ressourcen (Coser, 1964) oder Knappheit entsteht (Cobb & Elder, 1972), bestehen Kommunikationskonflikte aus geäußertem Widerspruch (Luhmann, 2015, 530).

Konflikte müssen jedoch nicht nur bzw nicht unbedingt in Zusammenhang mit Kommunikation definiert werden. Sie können auch als eine Form des Unterlassens von Kommunikation bestimmt werden (Coser, 1964). Konflikte allgemein können innerlich oder äußerlich, individuell oder kollektiv, vermittelt oder direkt (Face-to-Face) sein (Cobb & Elder, 1972). Kommunikationskonflikte können dagegen prinzipiell nicht nur innerlich ausgetragen werden, da sie aus Äußerungen bestehen.

Für einen Kommunikationskonflikt reicht es also nicht aus, dass unterschiedliche Positionen möglich sind oder auch tatsächlich existieren, wie im Fall eines Kampfes um Ressourcen. Sie müssen auch geäußert werden. Geäußerte, unterschiedliche Positionen reichen aber für das Entstehen eines Konfliktes nicht aus. Geäußerte Positionen müssen sich zudem auch gegenseitig widersprechen (Luhmann, 2015). Kommunikationskonflikte sind daher an einen Inhalt gebunden. *Hate Speech* stellt in diesem Kontext einen Stoff oder einen Gegenstand symbolischer Konflikte dar.

In der medialen Kommunikation kommt noch ein weiteres mitbestimmendes Element hinzu: das Medium. In den Massenmedien ist der Konfliktstoff *Hate Speech* eine Streitfrage. Eine (medien-)öffentliche Streitfrage (*Issue*) ist eine problematisierte Situation, zu der öffentliche SprecherInnen widersprechende Positionen (in den Medien) äußern. Als mediale Streitfrage ist *Hate Speech* dadurch gekennzeichnet, dass eine Konsensbildung nur unter der Bedingung der prinzipiellen Ausgrenzung einer „Gruppe" als gleichberechtigte Diskussionspartnerin funktionieren kann. Das ist der Grund, warum das Motto „the best remedy against hate speech is more speech" oder seine Variation „Das beste Argument gewinnt" – wie die Theorie des kommunikativen Handels von Jürgen Habermas es nahelegt – bei *Hate Speech* nicht funktioniert.

Kommunikatives Handeln im Sinn von Habermas setzt voraus, dass der Austausch von Argumenten vor dem gleichen Hintergrund erfolgt. Um einen Konsens zu erreichen, müssen sich die gleichberechtigten KommunikationspartnerInnen um Verständigung bemühen. Sie müssen also kommunikativ handeln, und nicht nur durch Kommunikation handeln: „Beim kommunikativen Handeln wird sogar der Ausgang der Interaktion selbst davon abhängig gemacht, ob sich die Beteiligten untereinander auf eine intersubjektiv gültige Beurteilung ihrer Weltbezüge einigen können. Diesem Handlungsmodell zufolge kann eine Interaktion nur in der Weise gelingen, dass die Beteiligten miteinander zu einem Konsens gelangen." (Habermas, 1981, 157)

Da es sich bei *Hate Speech* in erster Linie um Konflikt handelt und nicht um Kooperation, ist die Interaktion von Anfang her dadurch gekennzeichnet, dass kein gemeinsames Ziel besteht. *Hate Speech*-Streitfragen wie „Sind Weiber Menschen" (vgl dazu Gössmann, 1996) oder „Vermehren sich Muslime wie Ratten?" (Fallaci, 2002) stellen schon per se die Gleichberechtigung der KommunikationspartnerInnen in Frage. Hier wird menschliche Minderwertigkeit durch die Ausgangsfrage kommunikativ hergestellt bzw eine Antinomie aktiviert, in denen unterschiedliche Gruppen von Menschen als ungleichwertige und exklusive Gegensätze definiert werden. Eine gleiche „intersubjektiv gültige Beurteilung ihrer Weltbezüge" ist nur unter der Bedingung des Ausschließens der Herabgesetzten (wenn überhaupt) möglich. Das Äußern von Pro- und Contra-Meinungen dient hierbei nicht der Konsensfindung, sondern bewirkt allein eine Aktivierung einer hierarchischen, ausgrenzenden Antinomie zwischen Menschen aufgrund einer Kategorie in der Öffentlichkeit (Sponholz, 2018, 48).

B. Die Konfliktdynamik um Online Hate Speech

Bei mediatisierten Kommunikationskonflikten bestimmen Medien die Konfliktdynamik mit. Das heißt wiederum, dass *Hate Speech* – als Konfliktgegenstand – in Online-Medien, insbesondere in sozialen Medien, einer anderen Dynamik unterliegt, als dies bei den Massenmedien der Fall ist. Als soziale Medien werden digitale Plattformen bezeichnet, die es ermöglichen, soziale Netzwerke durch Computervermittelte Kommunikation (CMC) aufrechtzuerhalten, zu pflegen und zu erweitern (Boyd & Ellison, 2007; Schmidt, 2018).

Um soziale Kontakte in Online-Netzwerkplattformen zu pflegen und zu erhalten, brauchen UserInnen einen Inhalt bzw eine Repräsentation, durch die sie miteinander interagieren. In Online-Netzwerkplattformen wie Facebook oder Twitter stehen Profile, Posts/Tweets und Kommentare, dh die sichtbare Oberfläche auf dem Computermonitor, stellvertretend für Inhalte (Schmidt, 2018). Die User produzieren solche Repräsentationen, indem sie sich selbst darstellen und dabei etwas von sich selbst preisgeben. Um soziale Netzwerke auf Online-Plattformen zu pflegen und zu erhalten, werden die UserInnen ständig dazu aufgerufen, auf Inhalte bzw Repräsentationen zu reagieren, in dem sie sich positionieren bzw Farbe bekennen, sei es durch Posten, Liken, Teilen oder Kommentieren.

In einer solchen kommunikativen Umgebung kann *Hate Speech* nicht nur als Inhalt bzw Streitfrage verstanden werden, sondern ergibt sich im Rahmen der Interaktion der UserInnen. Die interaktionsbasierte Bildung von sozialen Netzwerken auf diesen Plattformen um Inhalte (Boyd & Ellison, 2007; Schmidt, 2018) wirkt konfliktfördernd. Die Medienlogik sozialer Medien bringt soziale AkteurInnen in Kontakt, die weder das gleiche Ziel haben (Kooperation) noch um das gleiche Ziel kämpfen (Konkurrenz).

Es handelt sich dabei nicht einmal um eine Interaktion zwischen realen Personen, sondern zwischen Computern anhand von Repräsentationen. Solche Repräsentationen können, müssen jedoch nicht, dem/der KommunikationspartnerIn entsprechen. Auf der anderen Seite des Computers muss noch nicht einmal eine reale Person sitzen, wie dies bei *Social Bots* der Fall ist.

In Online-Debatten kann also nicht vorausgesetzt werden, dass die SprecherInnen vor dem gleichen Horizont argumentieren. Ohne diese Grundvoraussetzung führen Argumentationsprozesse in die Leere, da eine Konsensfindung von Anfang her nicht angestrebt wird und möglicherweise sogar ausgeschlossen ist. Daher funktioniert auch hier die kommunikative Rationalität im Sinne von Habermas, so wie bei den Massenmedien, nicht. In den Massenmedien versagt sie aufgrund der Streitfrage, in den sozialen Medien zusätzlich aufgrund einer Medienlogik, die Interaktion und damit auch Konflikte befördert.

Sozialmediale Kommunikation unterscheidet sich wesentlich von massenmedialer Kommunikation. In massenmedialer Kommunikation entscheiden die MedienproduzentInnen, wer Zugang zu den Massenmedien erhält (vgl Gerhards & Neidhardt, 1991). In sozialmedialer Kommunikation kann jede Person zu einer/m SprecherIn werden (indem man zB ein Facebook-Profil erstellt). Das wiederum vervielfältigt das Profil der potentiellen „Hater" und damit die Ursache bzw Motivation dazu.

Neben öffentlichen AkteurInnen erhalten auch nicht-öffentliche Personen über soziale Medien Zugang zur Öffentlichkeit. Diese betreiben mitunter *Hateful Speech* auch aus mangelnder Medienkompetenz. Sowohl das Profil der *Hate Speaker* als auch deren Motivation legt unterschiedliche Regulierungsansätze nahe.

Durch die Möglichkeit, dass jede/r selbst Inhalte produziert und gleichzeitig konsumiert (user-generated-content) verschmelzen sich das „wer" und das „zu wem" (Ouirdi, El Ouirdi, Segers, & Henderickx, 2014). Die Rollen von SprecherInnen und „HörerInnen" werden nicht nur leichter zugänglich, sondern auch variabler kombinierbar. Inhalte eines/r gewissen Urhebers/in können von anderen geteilt werden, die auf diese Weise selbst von der Rolle der „HörerInnen" in die Rolle von „SprecherInnen" wechseln. Im Fall von strafbaren Formen von *Hate Speech* stellt sich daher die Frage: Wer ist UrheberIn, wer ist EmpfängerIn, wer ist AnbieterIn solcher Inhalte?

In der massenmedialen Kommunikation gehen Sichtbarkeit und Popularität Hand in Hand: Diejenigen, die in der Tagesschau oder in Die Zeit im Bild zu sehen sind, erweitern dadurch gleichzeitig ihre Sichtbarkeit, die durch die Sendung, den Sender und das Medium verliehen wird. Eine Facebook-Seite dagegen macht jemanden sichtbar, aber noch lange nicht populär. Sozialmediale Popularität muss anders erworben werden. Das heißt zuerst, dass soziale Medien ihre eigenen Prominenten produzieren können, was auch auf den Begriff „Person des öffentlichen Lebens" Auswirkungen zeitigt.

Popularität auf solchen Plattformen ergibt sich aber nicht nur aus sozialen, sondern auch aus technischen Prozessen, die durch die Plattform selbst gesteuert werden, wie zB das Trending Topics auf Twitter (van Dijck & Poell, 2013). Solche technischen Prozesse weisen darauf hin, dass Computervermittelte Kommunikation in den sozialen Medien nicht nur von KommunikationspartnerInnen oder den UserInnen, sondern auch von der Medienlogik der Plattformen mitbestimmt wird. Inhalte und Infrastruktur sind dicht verlinkt, so dass diese Plattformen keine bloßen Behälter für Inhalte darstellen. Vielmehr transformieren, „übersetzen" und verändern diese Plattformen die Inhalte und die damit geknüpften Beziehungen (Langlois & Elmer, 2013; Milan, 2015b; van Dijck & Poell, 2013). Es handelt sich also nicht nur um einen sozialen, sondern um einen soziotechnischen Prozess (Milan, 2015a).

Computervermittelte Kommunikation (CMC) erfolgt zudem nicht anhand dessen, was auf dem Bildschirm zu sehen ist. Anlass für die Interaktion in den sozialen Medien ist der Austausch von Inhalten oder Contents. CMC beruht aber prinzipiell nicht auf *Content Objects*, sondern auf *Digital Objects* (Langlois & Elmer, 2013, 11). Worin liegt der Unterschied? Ein *Content Object* besteht aus den Textelementen, die in einem User Interface zu einem bestimmten Zeitpunkt sichtbar sind. Bei *Digital Objects* dagegen ist der Inhalt nur der Spitze des Eisbergs.

Im Kontext sozialer Medien bestehen *Digital Objects* aus den Elementen, die Online-Netzwerkplattformen in ihrem Kontext anbieten. Beispiele dafür sind Hashtags. In den sozialen Medien werden diese als personalisierte Empfehlungen für die UserInnen sichtbar. *Digital Objects* dienen vor allem der Vernetzung durch Verlinkung verschiedener Repräsentationen (KommunikationspartnerInnen) und Inhalte durch unsichtbare Prozesse der Datenverarbeitung. Darum liegt der Unterschied zwischen dem Ausdruck „Guten Tag" und dem Link www.gutentag.de nicht nur an den verwendeten Zeichen bzw der „Sprache". Für die Regulierung heißt das, dass ein bedeutender Teil des Kommunikationsprozesses nur den Plattformen zugänglich ist. Darum kann die Regulierung von *Online Hate Speech* nicht allein auf die UserInnen abzielen.

Digital Objects unterscheiden sich von anderen Wissens-Repräsentationen, wie zB Zeitungsartikeln oder traditionellen Fotos durch *Editability*, *Interactivity*, *Openness* und *Distributedness* (Kallinikos, Aaltonen, & Marton, 2010).

Editability bedeutet, dass ein *Digital Object* durch dessen HerausgeberInnen immer wieder aktualisiert, geändert, ergänzt, neu zugeordnet oder gelöscht werden kann. Für die Konfliktregulierung heißt das, dass strafbare Inhalte nach der Veröffentlichung gelöscht oder modifiziert werden können. Nicht gelöscht wird jedoch die Handlung, die damit vollzogen wurde, denn Dank der Datenverarbeitung zirkulieren solche Inhalte in der Online-Umgebung weiter.

Openness oder Umprogrammierung bedeutet, dass *Digital Objects* verändert werden können und zwar nicht nur durch die HerausgeberInnen oder durch analoge Methoden. Dadurch können Inhalte aus ihrem ursprünglichen Kontext gerissen werden, indem zB das gleiche rassistische Symbol auf unterschiedlichen Facebook-Seiten geteilt und dabei umgedeutet wird, etwa als Mahnung oder Kritik an einer antirassistischen Seite.

Die Möglichkeiten der Umprogrammierung betreffen aber auch die Repräsentationen der KommunikationpartnerInnen selbst. Durch *Websites Hacking* oder *Hijacking* können digitale Inhalte anderen UrheberInnen untergeschoben werden. Mit Umprogrammierung eröffnet sich also eine weitere Herausforderung für die Regulierung.

Digital Objects sind interaktiv, dh sie bieten neben dem Inhalt auch Verlinkungsmöglichkeiten an, die eine neue Anordnung der Inhalte ermöglichen (Kallinikos et al, 2010). Außerdem können *Hate Speech*-Handlungen wie Anstiftung oder Herabsetzung von Menschen aufgrund einer Kategorie oder Verbreitung solcher Botschaften durch die Anwendung der *Affordances*, die eine Online-Netzwerkplattform anbietet, entstehen.

Als Ergebnisse von *Interactivity* und *Opennness* verfügen *Digital Objects* über eine ganz eigene Verteilungsdynamik (*Distributedness*). „In this sense, digital objects are no more than temporary assemblies made up of functions, information items or components spread over information infrastructures and the Internet" (Kallinikos et al, 2010). *Digital Objects* in sozialen Medien umfassen unterschiedliche Dimensionen: das *Media Object* (der Inhalt), das *Network Object* (Angebote oder *Affordances* wie zB der Like-Botton) und das *Phatic Object* (Reaktionen der UserInnen, auf denen Interaktionen aufbauen, wie zB *Liking* oder *Sharing*) (Langlois & Elmer, 2013, 12).

Welche Unterschiede gibt es, wenn *Hate Speech* als *Digital Object* und nicht nur als *Content Object* betrachtet wird, lässt sich am Beispiel der Hashtags illustrieren. Durch Hashtags werden Inhalte nach Themen strukturiert, so dass die AkteurInnen, die danach suchen, ohne großen Aufwand Zugang dazu bekommen. Sollten UserInnen einmal mit solchen Inhalten interagiert haben, sorgen Plattformen mitunter selbst dafür, dass sie noch mehr davon bekommen, etwa durch Angebote wie „Das könnte Sie auch interessieren". Aus den Interaktionen mit diesem Inhalt entstehen durch die von den Plattformen gesammelten Daten Netzwerke von AkteurInnen. Diese können sogar von den Plattformen selbst vorgeschlagen werden, etwa als „Personen, die sie vielleicht kennen".

Das Hashtag *#whitegenocide* ist in diesem Kontext also nicht nur ein Inhalt (*White Genocide*), sondern auch ein Treffpunkt, der durch UserInnen und Plattformen Netzwerke generiert, erhält, pflegt und erweitert. So kann die Anstiftung zur Diskriminierung, Verachtung oder sogar Gewalt in der Online-Umgebung Gestalt annehmen. Ein Verständnis dieser komplexen Dynamik ist für jede effektive Konfliktregulierung unerlässlich. Eine solche Effektivität kann nicht nur bzw nicht unbedingt durch die Löschung von „bösen Worten" in den Kommentaren der UserInnen geleistet werden. Vielmehr müssen die Plattformen und deren Medienlogik einbezogen werden.

III. Schlussfolgerung

Welche Folgen hat die Konfliktdynamik für die Konfliktregulierung von *Hate Speech*? *Hate Speech* aus der Sicht der Konfliktdynamik zu betrachten, erweitert den Blick und eröffnet neue, eventuell effektivere Möglichkeiten für eine Regulierung. *Hate Speech* stellt zuerst aufgrund der Begriffsinflation und Mehrdeutigkeit des Begriffes eine Herausforderung dar. Diesbezüglich ist sowohl eine Erweiterung als auch eine Fokussierung des Blickes notwendig.

Als die US-amerikanische Juristin Mari Matsuda Ende der 1980er Jahre diesen Begriff prägte, bezog sie sich auf Alltagssituationen im öffentlichen Raum. Es handelt sich seit seinem Ursprung um einen Oberbegriff für eine Reihe unterschiedlicher Situationen, die aber einen gemeinsamen Kern haben. Dieser Kern – die Intension des Begriffes – besteht aus Diskriminierung, Kommunikation und Öffentlichkeit. Weder Hass noch Rede gehören zu den unerlässlichen Merkmalen, die eine Situation aufweisen muss, um diesem Begriff zugeordnet werden zu können. Als Pendant zu *Hate Speech* existiert im deutschsprachigen Raum der Begriff der Volksverhetzung.

Auch wenn der Begriff *Hate Speech* in juristischen Kreisen entstanden ist, handelt es sich hierbei nicht nur bzw nicht unbedingt um eine juristische Frage. Entscheidend ist vielmehr die Aktivierung einer Antinomie anhand einer Kategorie, wodurch benachteiligte oder historisch unterdrückte Gruppen von Menschen als ungleichwertige und exklusive Gegensätze definiert werden. Eine solche Aktivierung erfolgt durch Kommunikation. Dabei müssen diese Gruppen weder beschimpft noch explizit angesprochen werden. *Hate Speech* als Kommunikation zu betrachten eröffnet die Möglichkeit, Situationen als solche zu erkennen, die übersehen werden können, obwohl sie die Wesensmerkmale dieses Problems aufweisen, etwa, weil die kommunizierten Inhalte keine „bösen Wörter" oder diskriminierende Symbole enthalten.

Hate Speech als eine öffentliche Kommunikationsform von Diskriminierung zu betrachten ermöglicht zudem, dieses Problem von anderen zu unterscheiden. Das ist insbesondere im Kontext von Online *Hate Speech* wichtig, da die aktuelle Debatte um „Hass im Netz" (*Online Harassment*) derzeit dazu beiträgt, die Mehrdeutigkeit zu steigern. *Hate Speech* ist aber nicht das geeignete Label für alle möglichen Kommunikationskonflikte, die in Online-Medien existieren oder durch diese ermöglicht werden (*Online Harassment*). *Cyberbullying*, *Online Misogyny* oder *Online Incivility* besitzen andere Wesensmerkmale. Diese Unterscheidung ist unerlässlich, um das Problem sowohl gesellschaftlich als auch juristisch zu verorten und zu bewältigen. Wie die Forschung über *Online Incivility* zeigt, hat *Hate Speech* mit „Hasspostings" oft nichts zu tun. Wenn überhaupt, stellen solche UserInnen-Kommentare nur die Spitze des Eisberges dar.

Die Konfliktdynamik von Online *Hate Speech* bringt neue Herausforderungen mit sich, die die Effektivität der Regulierungsansätze beeinflussen. Als Konfliktstoff unterscheidet es sich nicht wesentlich von seiner analogen Version: Hier gelten weiterhin die gleichen Wesensmerkmale. Das gilt aber nicht für die Konfliktdynamik. Vor allem im Hinblick auf Online-Netzwerkplattformen eröffnet diese neue Form öffentlicher, diskriminierender Kommunikation neue Problemfelder. Der Grund hierfür ist eine strukturelle Änderung der Interaktionen, weg von einem rein sozialen hin zu einem soziotechnischen Prozess. Konflikte werden dadurch nicht nur durch soziale Akteure (UserInnen), sondern auch von den Online-Netzwerkplattformen selbst gesteuert. Die ganze Kommunikationssituation ändert sich hierbei. Mit Blick auf die UserInnen lässt sich sagen, dass sich die Rollen von SprecherInnen und „HörerInnen", von UrheberInnen und AnbieterInnen vermischen, was im Fall von strafbarem *Hate Speech* konkrete Folgen bei der Identifizierung von

TäterInnen zeitigen kann. Hinzu kommt, dass die Formen und die Verteilung der (diskriminierenden) Botschaften durch die Medienlogik der Online-Plattformen vorgegeben und mitunter sogar gefördert werden. So werden aus Inhalten Treff- und Vernetzungspunkte für *Hate Speaker* und diskriminierende Weltanschauungen wie Rassismus, Sexismus, Antisemitismus usw.

Diese Umstände erfordern für eine effektive Konfliktregulierung nicht nur die UserInnen, sondern auch die Plattformen bei den Regulierungsansätzen zu berücksichtigen. Mehr als das: Die JuristInnen müssen nicht nur die Plattformen als AkteurInnen in den Blick nehmen, sondern auch die Online-Konfliktdynamik, die dazu führt, dass Hass, Verachtung, Ausgrenzung, Benachteiligung gegen Menschen aufgrund von Hautfarbe, Geschlecht, Religion, Herkunft ua in der Öffentlichkeit angestiftet, angedroht, verharmlost oder gerechtfertigt wird.

IV. Literatur

Amnesty International. (2017). Amnesty-Umfrage stellt bei Frauen alarmierende Folgen fest: Online-Missbrauch: Stress, Angstzustände, Panikattacken. Verfügbar über https://www.amnesty.ch/de/themen/frauenrechte/dok/2017/umfrage-online-missbrauch

Anderson, K. F. (2013). Diagnosing Discrimination: Stress from Perceived Racism and the Mental and Physical Health Effects. Sociological Inquiry, 83(1), 55–81

Benesch, S. (2004). Inciting Genocide, Pleading Free Speech. World Policy Journal, 21(2), 62–69

Benesch, S. (2011). Election-Related Violence: The Role of Dangerous Speech. Proceedings of the Annual Meeting (American Society of International Law), 105, 389–391

Benesch, S. (2014a). Countering Dangerous Speech to Prevent Mass Violence during Kenya's 2013 Elections. Verfügbar über https://www.ushmm.org/m/pdfs/20140212-benesch-kenya.pdf

Benesch, S. (2014b). Defining and Diminishing Hate Speech. In *P. Grant* (Ed), State of the World's Minorities and Indigenous Peoples 2014 (19–25). Verfügbar über http://minorityrights.org/wp-content/uploads/old-site-downloads/mrg-state-of-the-worlds-minorities-2014-chapter02.pdf

Bennett, G. G., Wolin, K. Y., Robinson, E. L., Fowler, S., & Edwards, C. L. (2005). Perceived Racial/Ethnic Harassment and Tobacco Use among African American Young Adults. American Journal of Public Health, 95(2), 238–240

Berger, J. M. (2018). Nazis vs. ISIS on Twitter. A Comparative Study of White Nationalist and ISIS Online Social Media Networks. Verfügbar über https://cchs.gwu.edu/sites/g/files/zaxdzs2371/f/downloads/Nazis%20v.%20 ISIS%20Final_0.pdf

Bergmann, W. (1997). Antisemitismus in öffentlichen Konflikten: Kollektives Lernen in der politischen Kultur der Bundesrepublik 1949–1989. Frankfurt/Main: Campus-Verlag

Boyd, D., & Ellison, N. B. (2007). Social Network Sites: Definition, History, and Scholarship. Journal of Computer-Mediated Communication, 13(1), 210–230

Brown, A. (2015). Hate Speech Law: A Philosophical Examination. Routledge Studies in Contemporary Philosophy. Hoboken: Taylor and Francis

Brown, A. (2017). What is Hate Speech? Part 1: The Myth of Hate. Law and Philosophy, 419–468

CERD Committee on the Elimination of Racial Discrimination (2013). Communication No. 48/2010. Verfügbar über http://www2.ohchr.org/English/bodies/cerd/docs/CERD-C-82-D-48-2010-English.pdf

Cobb, R. W., & Elder, C. D. (1972). Participation in American Politics: The Dynamics of Agenda Building. Boston: Allyn and Bacon

Coe, K., Kenski, K., & Rains, S. A. (2014). Online and Uncivil? Patterns and Determinants of Incivility in Newspaper Website Comments. Journal of Communication, 64(4), 658–679

Cohen-Almagor, R. (2013). Freedom of Expression v. Social Responsibility: Holocaust Denial in Canada. Journal of Mass Media Ethics, 28(1), 42–56

(2013). Controversial, Harmful and Hateful Speech on Facebook. Verfügbar über https://www.facebook.com/notes/facebook-safety/controversial-harmful-and-hateful-speech-on-facebook/574430655911054/

Coser, L. A. (1964). The Functions of Social Conflict: An Examination of the Concept of Social Conflict and its Use in Empirical Sociological Research. New York, London: The Free Press; Collier-MacMillan Limited

Delgado, R., & Stefancic, J. (2004). Understanding Words that Wound. Boulder Colo., Oxford: Westview Press

Delgado, R., & Stefancic, J. (2009). Four Observations About Hate Speech. Wake Forest Law Review, 44, 353–370. Verfügbar über https://papers.ssrn.com/sol3/papers.cfm?abstract_id=2401935

Eisenberg, M. E., Neumark-Sztainer, D., & Story, M. (2003). Associations of Weight-based Teasing and Emotional Well-being among Adolescents. Archives of Pediatrics & Adolescent Medicine, 157(8), 733–738

Fallaci, O. (2002). Die Wut und der Stolz (5. Aufl.). München: List

Frère, M.-S. (2010). After the Hate Media: Regulation in the DRC, Burundi and Rwanda. Global Media and Communication, 5(3), 327–352

Gagliardone, I., Gal, D., Alves, T., & Martínez, G. (2015). Countering Online Hate Speech. UNESCO Series on Internet Freedom. Verfügbar über http://unesdoc.unesco.org/images/0023/002332/233231e.pdf

Gelber, K. (2002). Speaking Back: The Free Speech versus Hate Speech Debate. Amsterdam: Benjamins

Gerhards, J., & Neidhardt, F. (1991). Strukturen und Funktionen moderner Öffentlichkeit: Fragestellungen und Ansätze. In *S. Müller-Doohm* (Ed), Studien zur Soziologie und Politikwissenschaft. Öffentlichkeit, Kultur, Massenkommunikation: Beiträge zur Medien- und Kommunikationssoziologie (31–89). Oldenburg: BIS Verlag

Gerstenfeld, P. B., Grant, D. R., & Chiang, C.-P. (2003). Hate Online: A Content Analysis of Extremist Internet Sites. Analyses of Social Issues and Public Policy, 3(1), 29–44

Gichuhi Kimotho, S., & Nyaga, R. N. (2016). Digitized Ethnic Hate Speech: Understanding Effects of Digital Media Hate Speech on Citizen Journalism in Kenya. Advances in Language and Literary Studies, 7(3), 189–200

Goldberg, A. (2015). Hate Speech and Identity Politics in Germany, 1848–1914. Central European History, 48(04), 480–497

Gössmann, E. (1996). Ob die Weiber Menschen seyn, oder nicht? (2., überarbeitete u erweiterte Aufl.). Archiv für philosophie- und theologiegeschichtliche Frauenforschung: Vol 4. München: iudicium

Habermas, J. (1981). Theorie des kommunikativen Handelns: Handlungsrationalität und gesellschaftliche Rationalisierung (Vol 1). Frankfurt am Main: Suhrkamp

Hare, I., & Weinstein, J. (Eds). (2009). Extreme Speech and Democracy. Oxford, New York: Oxford University Press

Harris, D., Fogal, D., & Moss, M. (Eds). (2017). New Work on Speech Acts. New York: Oxford University Press

(nd). Hateful conduct policy. Verfügbar über https://help.twitter.com/en/rules-and-policies/hateful-conduct-policy

Kallinikos, J., Aaltonen, A., & Marton, A. (2010). A Theory of Digital Objects. First Monday, 15(6). https://doi.org/10.5210/fm.v15i6.3033

Kreisel, P., Ebner, J., Urban, A., & Guhl, J. (2018). Hass auf Knopfdruck: Rechtsextreme Trollfabriken und das Ökosystem koordinierter Hasskampagnen im Netz. Verfügbar über https://www.isdglobal.org/wp-content/uploads/2018/07/ISD_Ich_Bin_Hier_2.pdf

Langlois, G., & Elmer, G. (2013). The Research Politics of Social Media Platforms. 14. Culture machine. (14), 1–17

Leader Maynard, J., & Benesch, S. (2016). Dangerous Speech and Dangerous Ideology: An Integrated Model for Monitoring and Prevention. Genocide Studies and Prevention, 9(3), 70–95

Luhmann, N. (2015). Soziale Systeme: Grundriß einer allgemeinen Theorie (16. Auflage). Suhrkamp-Taschenbuch Wissenschaft. Frankfurt am Main: Suhrkamp

Massaro, T. M., & Stryker, R. (2012). Freedom of Speech, Liberal Democracy, and Emerging Evidence on Civility and Effective Democratic Engagement. Arizona Law Review, 54, 375–441

Matsuda, M. J. (1989). Public Response to Racist Speech: Considering the Victim's Story. Michigan Law Review, 87(8), 2320

Matsuda, M. J., Lawrence III, C. R., Delgado, R., & Crenshaw, K. W. (Eds). (1993). Words that Wound: Critical Race Theory, Assaultive Speech, and the First Amendment. Boulder: Westview Press

Mendel, T. (2012). Does International Law Provide for Consistent Rules on Hate Speech? In *M. E. Herz & P. Molnár* (Eds), The Content and Context of Hate Speech: Rethinking Regulation and Responses (417–429). Cambridge: Cambridge Univ. Press

Meyer, I. H. (2003). Prejudice, Social Stress, and Mental Health in Lesbian, Gay, and Bisexual Populations: Conceptual Issues and Research Evidence. Psychological Bulletin, 129(5), 674–697

Milan, S. (2015a). Mobilizing in Times of Social Media. From a Politics of Identity to a Politics of Visibility. SSRN Electronic Journal. Advance online publication

Milan, S. (2015b). When Algorithms Shape Collective Action: Social Media and the Dynamics of Cloud Protesting. Social Media + Society, 1(2), 205630511562248. https://doi.org/10.1177/2056305115622481

Moloney, M. E., & Love, T. P. (2018). Assessing online misogyny: Perspectives from sociology and feminist media studies. Sociology Compass, 12(5)

Naab, T. K., & Kalch, A. (2017). Replying, Evaluating, Flagging: How Users Engage With Uncivil and Impolite Comments on News Sites. Annual Conference of the International Communication Association, San Diego, USA

Neuberger, C. (2014). Konflikt, Konkurrenz und Kooperation: Interaktionsmodi in einer Theorie der dynamischen Netzwerköffentlichkeit. Medien & Kommunikationswissenschaft, 62(4), 567–587

Nockleby, J. (2000). Hate Speech. In *L. W. Levy* (Ed), Encyclopedia of the American Constitution (1277–1278). New York, NY: Macmillan

OHCHR. (2012). Rabat Plan of Action on the prohibition of advocacy. Verfügbar über http://www.ohchr.org/Documents/Issues/Opinion/Seminar Rabat/Rabat_draft_outcome.pdf

Opp, K.-D. (2014). Methodologie der Sozialwissenschaften. Wiesbaden: Springer Fachmedien Wiesbaden

Ouirdi, M. E., El Ouirdi, A., Segers, J., & Henderickx, E. (2014). Social Media Conceptualization and Taxonomy. Journal of Creative Communications, 9(2), 107–126

Oz, M., Zheng, P., & Chen, G. M. (2017). Twitter versus Facebook: Comparing incivility, impoliteness, and deliberative attributes. New Media & Society, 20(9), 3400–3419

Papacharissi, Z. (2004). Democracy online: Civility, politeness, and the democratic potential of online political discussion groups. New Media & Society, 6(2), 259–283

Potthof, M. (2017). Probleme von Begriffsbildung und -verwendung in der Kommunikationswissenschaft. Studies in Communication | Media, 6(2), 95–127

Richardson-Self, L. (2018). Woman-Hating: On Misogyny, Sexism, and Hate Speech. Hypatia, 33(2), 256–272

Rowe, I. (2014). Civility 2.0: A Comparative Analysis of Incivility in Online Political Discussion. Information, Communication & Society, 18(2), 121–138

Russmann, U. (2015). Die Qualität politischer Online-Diskussionen. In *K. Imhof* (Ed), Mediensymposium. Demokratisierung durch Social Media? Mediensymposium 2012 (177–195). Wiesbaden: Springer VS

Saleem, H. M., Dillon, K. P., Benesch, S., & Ruths, D. (2016). A Web of Hate: Tackling Hateful Speech in Online Social Spaces. European Language Resources Association (ELRA). First Workshop on Text Analytics for Cybersecurity and Online Safety (TA-COS 2016), Portorož, Slovenia. Verfügbar über http://www.ta-cos.org/sites/ta-cos.org/files/tacos2016_Saleem DillionBeneschRuths.pdf

Sartori, G. (Ed). (1984). Social Science Concepts: A Systematic Analysis. Beverly Hills, Calif.: Sage. Verfügbar über http://www.loc.gov/catdir/enhancements/fy0654/83019280-d.html

Scherr, A., Mafaalani, A. e., & Yüksel, E. G. (Eds). (2017). Handbuch Diskriminierung. Springer Reference Sozialwissenschaften. Wiesbaden: Springer VS

Schmidt, J.-H. (2018). Social Media (2., aktualisierte und erweiterte Auflage). Medienwissen kompakt

Skinner, Q. (1969). Meaning and Understanding in the History of Ideas. History and Theory, 8(1), 3–53

Sponholz, L. (2018). Hate Speech in den Massenmedien: Theoretische Grundlagen und empirische Umsetzung. Wiesbaden: Springer Verlag

Stone, G. R. (2000). First Amendment. In *L. W. Levy* (Ed), Encyclopedia of the American Constitution (1055–1057). New York, NY: Macmillan

Strafgesetzbuch. § 130 Volksverhetzung. Verfügbar über: https://dejure.org/gesetze/StGB/130.html

Straus, S. (2007). What Is the Relationship between Hate Radio and Violence? Rethinking Rwanda's "Radio Machete". Politics & Society, 35(4), 609–637

Stryker, R., Conway, B. A., & Danielson, J. T. (2016). What is political incivility? Communication Monographs, 83(4), 535–556

Su, L. Y.-F., Xenos, M. A., Rose, K. M., Wirz, C., Scheufele, D. A., & Brossard, D. (2018). Uncivil and personal? Comparing patterns of incivility in comments on the Facebook pages of news outlets. New Media & Society, 20(10), 3678–3699

Switalla, B. (1973). Aspekte theoretischen Verstehens kommunikativer Handlungen. Linguistik und Didaktik, 16(4), 265–280

Thielmann, W. (2004). Begriffe als Handlungspotentiale. Linguistische Berichte. (199), 287–312

Tsesis, A. (2002). Destructive Messages: How Hate Speech Paves the Way For Harmful Social Movements. Critical America Series. New York: NYU Press

Tsesis, A. (2013). Inflammatory Speech: Offense Versus Incitement. Minnesota Law Review, 97, 1145–1196

Van Dijck, J., & Poell, T. (2013). Understanding Social Media Logic. Media and Communication 1 (1), 2-14

Vargo, C. J., & Hopp, T. (2016). Socioeconomic Status, Social Capital, and Partisan Polarity as Predictors of Political Incivility on Twitter. Social Science Computer Review, 35(1), 10–32

Waldron, J. (2010). Dignity and Defamation: The Visibility of Hate. Harvard Law Review, 123(7), 1596–1657

Weber, A. (2009). Manual on Hate Speech. Strassburg: Council of Europe Publishing

Wennerberg, H. (1998). Der Begriff der Familienähnlichkeit. In *E. v. Savigny* (Ed), Ludwig Wittgenstein (41–69). Berlin/Boston: De Gruyter

Weston-Scheuber, K. (2013). Gender and the Prohibition Of Hate Speech. QUT Law Review, 12(2)

Yanagizawa-Drott, D. (2014). Propaganda and Conflict: Evidence from the Rwandan Genocide. The Quarterly Journal of Economics, 129(4), 1947–1994

HILFE GEGEN HASS[1]

Ingrid Brodnig

Ich beschäftige mich schon seit einiger Zeit mit Aggressionen, mit Hetze, mit den dunklen Seiten der digitalen Kommunikation und was mich immer wieder fasziniert ist, wie wenig ausreicht. Wie wenig ausreicht, um Hasskommentare und üble Wortmeldungen im Internet zu ernten. In der Presse, in der öffentlichen Debatte werden oft Prominente beschrieben, also Spitzenpolitiker_innen, Schauspieler_innen, Fernsehmoderator_innen, die Hasskommentare abbekommen. Ich finde aber interessant, dass man gar nicht berühmt sein muss, um arge Dinge zu erleben. Also, Sie müssen nicht in Österreich bekannt sein, um etwas Schlimmes zu erleben. Ich gebe Ihnen ein Beispiel von einer Person, die wahrscheinlich keiner hier kennt: Das ist *Bettina Riha-Fink*, diese Frau ist Caritas-Mitarbeiterin in Wien, und wahrscheinlich ist sie den meisten von Ihnen hier nicht bekannt. Sie ist keine berühmte Person, keine im öffentlichen Interesse stehende Person, sie ist einfach eine Wienerin, die für die Caritas arbeitet und die eigentlich medial vor allem mit einer Sache aufgefallen ist – sie hat diese Facebook-Seite namens „Wir helfen" gegründet. Vielleicht erinnert sich der Eine oder Andere als 2015 die Flüchtlingsdebatte so richtig hochkam und sehr viele Flüchtlinge ins Land kamen, wurde „Wir helfen" gestartet, um Menschen Tipps zu geben wie sie helfen können. Also wenn man Schuhe spenden wollte, konnte man sich dorthin wenden, wenn man mal kochen wollte, konnte man sich dort austauschen, und Bettina Riha-Fink war diejenige, die diese Seite ins Leben gerufen hat und dann auch moderiert hat, und daraufhin erlebte sie den Hass im Netz auf zwei Ebenen.

Erstens der Hass auf die Flüchtlinge: Ein 15-jähriger Bursch aus Vorarlberg hat zB dort gepostet, „Alle uf stell vergasa" (dh alle Flüchtlinge aufstellen und vergasen). Frau Riha-Fink hat auf den Post zurückgeschrieben und hat gesagt, dass sie Anzeige wegen Verhetzung erheben werde. Es stellte sich dann in diesem Chat heraus, dass das kein Erwachsener sondern ein 15-jähriger Bub aus Vorarlberg war, der sich dann total entschuldigt hat und dem das anscheinend sehr unangenehm war, weil er bemerkt hat, er kann für sowas vielleicht sogar angezeigt werden. Also zumindest dieser Austausch

[1] Der vorliegende Beitrag gibt den transkribierten, um Fußnoten ergänzten Vortrag der Autorin wieder.

hat schon etwas bewirkt bzw Bettina Riha-Fink hatte den Eindruck, dieser Austausch hat etwas bewirkt. Sie hat ihn dann nicht angezeigt; sie hat mir dann auch erzählt, dass dieser Bursch ihr sinngemäß gesagt hatte: „Naja, in meinem Umfeld reden ja alle so." Zumindest kann man hoffen, dass ihm das schon ein bisschen zum Nachdenken gegeben hat. Das war das Eine, solche Postings über Flüchtlinge auf dieser Facebook-Seite.

Und dann passierte Zweitens noch etwas: Bettina Riha-Fink hat auch Interviews gegeben über Flüchtlingshilfe, über ihre Facebook-Seite. Sie war so für einen Zeitraum ein bisschen sichtbar, und daraufhin hat sie auch unfreundliche Nachrichten an sie selbst adressiert auf Facebook bekommen. Dazu sollte man sich bewusstmachen, Bettina Riha-Fink hat als Caritas-Mitarbeiterin ohnedies schon eine ziemlich harte Haut, dh sie ist nicht so leicht einzuschüchtern, sie nimmt vieles Mal eher taffer. Nur eine Meldung war ihr dann sehr unangenehm: Auf Facebook hat ihr ein ihr unbekannter Mann geschrieben, sie müsse sich nicht wundern, wenn ihren Kindern etwas passiert. Und das hat sie deswegen auch besonders beunruhigt, weil sie auf Facebook nicht angegeben hatte, dass sie Kinder hat. Wir wissen bis heute nicht, was da der Hintergrund war, was die Intention dieser Botschaft war, es kann nämlich genauso gut sein, dass dieser User einfach geraten hat, und sich gedacht hat, eine Frau in dem Alter, die hat womöglich Kinder. Frau Fink wusste einfach nicht, ob sie da jemand gestalkt hat. Betroffene beschäftigt in solchen Fällen oft die Frage: Hat mich diese Person ausgeforscht, muss ich diese bedrohliche Äußerung ernstnehmen? Diese Wortmeldung hat dazu geführt, dass sie sich dann mit ihren zwei Kindern zusammengesetzt hat und mit denen sprach. Sie hat sie dringend ermahnt aufzupassen, nirgendwo im Internet ihre Wohnadresse anzugeben. Weiters sollten sie darauf schauen, ob sie am Heimweg etwas Komisches beobachten, im Sinne von „Also passt auf, ob euch etwas Seltsames auffällt."

Ich finde dieses Beispiel sehr aussagekräftig, weil es für mich so deutlich zeigt, dass Worte ihre Wirkung haben, selbst für den Fall, dass diese private Nachricht vom Täter oder vom Akteur vielleicht nur in der Wut und ohne großes Nachdenken abgesendet worden war. Es hat beim Opfer, also der Empfängerin, sehr, sehr viel ausgelöst. Und eine Zeitlang hat sie auch sehr viel intensiver darüber nachgedacht, was sie denn noch posten soll, wie sehr sie in Erscheinung treten soll. Dh diese Aggression im Netz hat eine Wirkung, sie kann verletzen. Und im schlimmsten Fall führt sie auch dazu, dass ein Teil der Bürger_innen gar nicht mehr mitdiskutieren wollen, weil sie Angst haben – um sich, um ihre Familien. Das Beispiel, das ich hier aufgezeigt habe, ist überhaupt kein Einzelfall. Vergleichbares passiert sehr häufig, gerade Frauen. Wenn sie aggressive Wortmeldungen bekommen, geht es häufig auch gleich um die Kinder.

Ich werde im weiteren Vortrag heute in aller Kürze drei Sachen ansprechen: Wer ist betroffen, also welche Bevölkerungsgruppen sind eher betroffen? Welche Themen bringen die schlimmsten Reaktionen zum Vorschein? Sind Frauen mehr Opfer vom „Hass im Netz“?

Die Untersuchungen, die es dazu gibt, die zeichnen häufig folgendes Bild: alle **Geschlechter** sind vom „Hass im Netz“ betroffen, aber oft auf eine andere Art und Weise. Eine der besten Untersuchungen, die ich kenne, stammt aus den USA. So hat das Pew Research Center 2017 eine große Befragung unter Amerikaner_innen gemacht, wer schon unterschiedliche Formen der Aggression oder des Hasses im Internet erlebt hat. Im Schnitt war es so, dass vier von zehn Amerikaner_innen selbst Beleidigungen und andere Formen der aggressiven Wortmeldungen erlebt haben. Ergebnis war auch, dass in dieser Befragung Männer sogar eine Spur öfter angaben, im Netz angegriffen worden zu sein. Wenn man dann genauer hinblickt, ist aber Folgendes festzustellen, nämlich dass der Hass sehr unterschiedlich ist, je nachdem ob ich eine Frau oder ein Mann bin. Gerade bei Frauen gibt es jenes Problem, nämlich dass Frauen viel häufiger von Sexismus betroffen sind. Wenn es unfair wird gegenüber Frauen, geht es sehr viel schneller unter die Gürtellinie, es wird schneller ein sexueller Kontext aufgebaut. Das zeigt auch zB dieser Aspekt der Befragung, wonach gerade junge Frauen eine mehr als doppelt so hohe Wahrscheinlichkeit haben, dass sie von Sexismus betroffen sind, und bei den ganz jungen ist es sogar noch mehr. Dh Frauen erleben ein anderes Internet, wo sie häufig nur mehr als Objekt und auf einer sehr erniedrigenden sexuellen Ebene behandelt werden. Das ist ein wesentlicher Unterschied, und ich habe schon eingangs gesagt, dass manche Frau sich vielleicht denkt, so etwas tue ich mir erst gar nicht an.

Dazu gibt es auch eine interessante Erkenntnis. Amnesty International hat in mehreren Ländern weltweit Frauen befragt, ob sie schon selbst Beleidigungen und sexuelle Belästigung wahrgenommen haben. Von jenen Frauen, die angaben, dass sie das selbst erlebt haben, hat ein Drittel gesagt, sich zu gewissen Themen nicht mehr zu Wort zu melden. Das ist eine große Gefahr, dass gerade ein Teil der Frauen verstummt, dass so ein aggressiver Ton zum Teil auftritt, dass sich manche Frau sagt, da will ich mich nicht mehr einbringen. Dh nicht, dass sie immer verstummen, aber bei manchen Themen überlegen, das ist mir zu „deppert". Und schauen Sie sich manche Zeitungsforen an, wie es dort zugeht, wenn es speziell um Feminismus oder um die Gleichstellung der Geschlechter geht. Da finden Sie diese Fundamentalität, wo häufig in einer Aggression gerade auf die Feministinnen losgegangen wird, die unbehaglich ist. Und es wundert mich nicht, wenn Frauen – oder auch solidarische Männer – manchmal gar keine Lust mehr darauf haben. Dh so viel zur Frage der Betroffenheit von Mann oder Frau.

Sehr oft geht es auch um **Themen und Themengebiete**, über die diskutiert wird: Wenn Sie über Katzenbilder im Internet diskutieren, ist die Chance hoch, dass kein Hasskommentar fallen wird. Aber nicht einmal das könnte ich garantieren, leider. Aber die Chance, dass es zu keiner aggressiven Meldung kommen wird, ist relativ gering, wenn es um Islam, wenn es um Flüchtlinge, wenn es um Feminismus geht; dann haben sie eine höhere Wahrscheinlichkeit. Dazu gibt es eine interessante Auswertung von Journalist_innen in Italien, Frankreich, Schweiz und Deutschland – Österreich war leider nicht dabei bei dieser Untersuchung. Die haben sich von Politiker_innen jeweils auf Facebook und Twitter angeschaut, wie viele Kommentare sie in einer gewissen Zeit ernteten und auch wieviel beleidigende bis hetzerische Postings fielen.[2] In Deutschland wurden 40 Frauen und 40 Männer über den festgelegten Zeitraum analysiert, und die gute Nachricht ist, dass der allergrößte Teil der Postings und Reaktionen nicht schlimm ist. Es waren nur 4,5 % der Postings beleidigend bis hetzerisch; das deckt sich auch mit anderen Untersuchungen. Die Realität ist, das Allermeiste an Rückmeldungen ist nicht brutal, nur eines von 20 Postings sprengt den Rahmen dessen, wie wir diskutieren wollen. Dieses eine von 20 wirkt sich aber entsprechend stark aus. Diese Journalist_innen haben auch untersucht, in welchem Land welche Themen besonders polarisieren. In Frankreich ist Sexismus sehr stark sichtbar, in Italien hat – ganz interessant – die Impfdebatte immens viele Aggressionen hervorgerufen. In Deutschland kam etwas anderes heraus, als analysiert wurde, gegen welche Gruppen oder Personen sich die beleidigenden bis hetzerischen Postings richten. Wer dieses Themenspektrum, Migration/Islam/AfD, ansprach, erntete eher aggressive Kommentare. Die Mehrzahl dieser Kommentare schien eher aus dem rechten Spektrum zu kommen. Vielleicht deckt sich das auch mit Ihren Erfahrungen auf Facebook oder Twitter. Aber hier lässt sich erahnen, wenn ein Politiker oder eine Politikerin zB sehr positiv oder empathievoll über das Thema Migration und Flüchtlinge – und

2 Vgl zum Projekt und allen statistischen Aussagen https://rania.shinyapps.io/PoliticalSpeechProject/ (16.05.2019).

auch über den Islam – schreibt, dann steigt die Wahrscheinlichkeit, dass es dann ziemlich hart zugeht. Diese Untersuchung macht greifbar, dass es sich um einen Themenkomplex handelt, der sehr viel Schlimmes zum Vorschein bringt. Beim deutschen Sample dieser Untersuchungen fielen weniger sexistische Postings oder homophobe Postings auf. Bei der Untersuchung war das Sample der Politiker_innen durch Zufallsprinzip ausgewählt worden. Es wäre sicherlich interessant, wenn man zB gezielt Accounts von Personen, die schwul oder lesbisch sind, auswertet. Da könnte es sein, dass bei den einzelnen Betroffenen – bei Figuren, die für etwas stehen – die Häufigkeit homophober Meldungen höher ist. Das hat diese Untersuchung leider nicht gemacht, das war ein *random sample* von Politiker_innen aus dem deutschen Bundestag.

In dieser Analyse hat der Themenkomplex Islam und Migration in Deutschland die meisten negativen Reaktionen hervorgebracht. Das deckt sich durchaus mit meinen Erfahrungen. Als Erklärungsversuch hierfür würde ich einbringen: Es gibt Streitthemen in unserer Gesellschaft, die das Schlimmste zum Vorschein bringen. Gerade bei polarisierenden Themen neigen Menschen dazu, sich im Ton zu vergreifen; gerade die Themen, die hart auch innerhalb unserer Gesellschaft diskutiert werden, werden umso härter im Netz diskutiert. Das liegt schon auch an der gesellschaftlichen Uneinigkeit, an der Wut über die Anderen und die anderen Sichtweisen. Gerade was das Thema Islam und Migration betrifft, muss ich auch betonen, dass gerade rechtsextreme Akteur_innen sehr gut mobilisiert haben, und man davon ausgehen muss, dass ein Teil dieser Posts auch wirklich aus der organisierten Rechten angeschoben wird. Dh dass dort Accounts zB alles liken, was aggressiv Richtung Flüchtlinge geht. Hier muss man auch die Rolle von extremistischen Akteur_innen miteinbeziehen.

Aber darüber hinaus gibt es auch Unterschiede, die speziell im Internet zu greifen beginnen: Das Netz weist ein paar Unterschiede zur klassischen Kommunikation außerhalb des Internets auf. Wir sehen, dass Menschen online Dinge posten, die sie vielleicht noch nie jemanden sagen gehört haben. Man liest manchmal Sätze, wo kaum jemand von uns das jemals ausgesprochen gehört hätte. Die große Frage dabei ist – woran liegt das? Dazu gibt es schon seit vielen Jahren eine interessante These, nämlich die These der **Online-Enthemmung** des Psychologen *John R. Suler*.[3] Suler hat sich auch psychologisch

[3] Vgl *Suler*, The online disinhibition effect, Cyberpsychological Behavier 2004, 321–326.

vor etlichen Jahren die Frage gestellt, warum die Diskussionskultur im Netz manchmal anders ist. Er spricht von einer sogenannten Online-Enthemmung; und diese Online-Enthemmung muss auch nicht immer schlecht sein. Manchmal ist Enthemmung sogar positiv, zB wenn ein schwuler Bursch oder ein lesbisches Mädchen im Internet beginnt, über die Homosexualität zu reden, also zum ersten Mal in einem anonymen Chat sich traut darüber zu sprechen Das wird als positive Seite der Online-Enthemmung beschrieben. Aber gleichzeitig beobachtet John Suler auch ein Phänomen, das er **toxische Enthemmung** nennt, das ist eine Enthemmung, bei der es kein Dazulernen und kein menschliches Wachstum gibt, sondern einfach nur Aggression, toxische Kommentare. Er nennt Faktoren für die Enthemmung im Netz. Ich werde nicht alle durchgehen, möchte nur drei ansprechen. Erstens die **Anonymität**: Weil es schon zu einem gewissen Grad einen Unterschied macht, ob der eigene Name dabeisteht oder nicht. Es ist aber wichtig zu betonen, dass bei der These der Online-Enthemmung die Anonymität nur ein Faktum ist bzw eines von mehreren. Der zweite Faktor ist die **Unsichtbarkeit** (Invisibility). Das klingt komisch, aber ein wesentlicher Unterschied im Netz ist ja, dass wir die_en andere_n nicht sehen, und das macht es auch eine Spur leichter so aggressiv zu sein.

Denken Sie nur zurück an die Frau Riha-Fink, die Caritas-Mitarbeiterin. Wenn Sie wütend auf Menschen wie Bettina Riha-Fink sind, die sich für Flüchtlinge einsetzt, die es wagt öffentlich aufzutreten, und Sie möchten es so jemandem richtig hart hineinsagen, dann ist es eine Spur leichter im Internet. Sie können viel leichter einer Frau ausrichten, dass sie aufpassen muss, dass ihren Kindern nichts passiert, weil sie der Frau nicht in die Augen schauen müssen, weil Sie sie nicht gegenüber vor sich haben, weil es weniger beklemmend ist, so brutal zu sein, wenn man keinen Augenkontakt, keine Mimik, keine Gestik hat. Ein Teil des Problems ist somit, dass nahezu die gesamte Kommunikation im Netz schriftlich ist. Sicherlich könnten wir skypen usw, aber meistens schreiben wir. Bei dieser schriftlichen Sprache fallen sogenannte nonverbale Signale weg, die auch sehr viel mittransportieren, genauso wie sie auch empathiefördernd sind. Anscheinend ist beispielsweise der **Augenkontakt** sehr empathiefördernd. Auch dazu gibt es eine interessante Auswertung der Forscher *Noam Lapidot-Lefler* und *Azy Barak*[4] aus Israel. Die beiden haben Menschen über das Internet in Chats jeweils zu zweit miteinander diskutieren lassen; in manchen dieser Szenarien war eine

---

4 Vgl *Lapidot-Lefler/ Barak*, Effects of anonymity, invisibility, and lack of eye-contact on toxic online disinhibition. Computers in Human Behavior 2012, 434–443.

Webcam zwischengeschaltet, die zusätzlich auch noch Augenkontakt herstellte. In dem Moment, wo eine Webcam Augenkontakt herstellte, fielen messbar weniger Beleidigungen und Bedrohungen. Selbst im Internet war es eine Spur schwieriger, so grob zu sein, wenn man der_m anderen in die Augen schauen musste. Und weiters interessant – die Forscher haben auch Anonymität getestet, also sie haben auf Unterschiede geschaut, wenn ich weiß, dass der andere meinen **Namen** weiß und ich den Namen vom anderen ebenfalls kenne. Die Anonymität hat sich nicht so positiv und empathiefördernd ausgewirkt wie die Sichtbarkeit, wie der Augenkontakt. Das ist ganz interessant, der Name scheint eben nicht das Wundermittel zu sein, dass jemand sich zurückhält. Zumindest in diesem Setting war der Augenkontakt hilfreicher.

Und dann gibt es noch einen ganz interessanten Aspekt, nämlich jenen der **gesenkten Autorität**. Vereinfacht gesagt, im Internet treten Autoritäten weniger oft in Erscheinung, viele Diskussionsforen fühlen sich so an, als ob da kein Moderator bzw keine Moderatorin in weiter Sicht wäre und man alles schreiben könnte, und das geht durch. Und im Vergleich dazu sind viele Offline Räume sehr autoritätsgeprägt. Ich gebe Ihnen ein ganz simples Beispiel: Wenn Sie sich in einem Kaffeehaus aufführen, wenn Sie andere Gäste anpöbeln, wenn Sie Frauen sexistisch niedermachen, wird womöglich ein Kellner kommen und sagen: „Bitte hören Sie auf, so können sie sich hier nicht benehmen.“ Dh in vielen Offline-Szenarien haben wir so sanfte Autoritätsformen, die einschränkend wirken, und gerade im Netz scheint das häufig zu fehlen. Dh nicht, dass es nie passiert, aber zB eine Moderation tritt oft nicht in Erscheinung, es gibt also keine sichtbare Autorität. Und damit wirkt es so, als ob Hasskommentare oder Beleidigungen ziemlich konsequenzlos sind, quasi keine negativen Konsequenzen hervorbringen. Online ist es sogar noch schlimmer, wir erleben geradezu das Gegenteil: **oft ernten der Hass und die Beleidigung das bessere Feedback**. Oft sind es die Rüpel, die bestätigt werden.

Nun zeige ich Ihnen noch eine Auswertung dazu und dann komme ich schon zu den Lösungsvorschlägen. Es gab zwei Forscher an der Carnegie Mellon University, *Daegon Cho* und *Alessandro Acquisti*; sie haben 75.000 Postings in Südkorea, von südkoreanischen Zeitungshäusern analysiert.[5] Eigentlich haben sie etwas ganz anderes untersucht, aber eine Nebenerkenntnis ihrer Studie war, dass jene Postings, die Schimpfworte beinhalteten, im Schnitt

---

5 Vgl *Cho/Acquisti/Heinz,* The More Social Cues, The Less Trolling? An Empirical Study of Online Commenting Behavior (Working Paper 2013).

mehr Likes hatten als andere. Sie müssen sich das durch den Kopf gehen lassen, wenn Sie in einem Zeitungsforum posten und etwas Hartes, etwas Unfreundliches schreiben, werden Sie im Schnitt womöglich mehr Likes bekommen als jemand, die_er sich sachlich zurückhält. Das legt den Schluss nahe, im Netz wird häufiger die Person belohnt, die wütet, und die, die nicht wütet, wird nicht belohnt oder weniger. Und das halte ich für eine ganz schlimme Kultur, wenn Aggression belohnt wird. Dazu passend muss man auch sagen, dass gerade auch im Internet Aggression oder Wutförderung eine Erfolgsstrategie sein kann, auch für politische Akteur_innen, zB auch für Parteien. Der Politologe *Timothy J. Ryan* hat Werbung auf Facebook geschaltet und getestet, wie sich Emotion auswirkt.[6] Er wies nach, dass ein politisches Inserat, das Wut auslöste, mehr als doppelt so stark geklickt wurde als eine neutralere Botschaft. Dh unterschiedliche Auswertungen legen nahe, wer ziemlich derb auftritt oder auch Wut sät, der wird vielleicht besseres Feedback bekommen. Und all das ist ein unbehaglicher Befund, weil die **Logik vieler Websites** baut auf diesen Klicks und auf diesen Likes auf. Ich erkläre das kurz: Wenn Sie ein Facebook-Profil haben, sehen Sie ja nicht alles was ihre Freunde und Bekannten posten, Sie sehen ja nur einen Teil. Die Software, also ein Algorithmus wählt nur für Sie aus, was für Sie eingeblendet wird oder nicht. Die **Software entscheidet**, was Sie zu sehen bekommen und eben was nicht. Wir wissen sehr vieles über die Software nicht, wir wissen aber, dass zB die Zahl der Likes und die Zahl der Kommentare ein sehr wichtiger Faktor ist, ob etwas vielen Menschen eingeblendet wird. Und überlegen Sie sich nur, was ich gerade vorher erzählt habe, Postings mit Schimpfworten bekamen mehr Likes – und im schlimmsten Fall gibt es eine Software, die das auch noch belohnt. Wir wissen das nicht so genau, weil zB Plattformen wie Facebook keine unabhängigen Untersuchungen dazu zulassen, aber derzeit stellt sich die Frage, ob Wut oder auch Aggression im Netz belohnt wird in zweifacher Hinsicht: zuerst bezüglich der Menschen, weil Menschen auf wütendmachende Kommentare eher reagieren, und dann noch bezüglich der Software, weil sie so programmiert ist, dass diese Signale als wichtiger Indikator für Relevanz bewertet werden. Wie gesagt, wir wissen es nicht so wirklich, weil die Forschung, die es dazu von unabhängigen Wissenschaftler_innen geben könnte, nicht möglich ist.

Und jetzt komme ich schon zu den **Lösungsvorschlägen**: Wir haben also eher schlechte Karten in der Hand, eine **schlechte Ausgangslage**, weil die schriftliche Kommunikation im Netz schon mal eine Hürde für Empathie darstellt.

6 Vgl http://timryan.web.unc.edu/research/articles/ (16.05.2019).

Weil vielleicht auch politische Extremist_innen besonders gut mit Wut arbeiten, und weil im schlimmsten Fall vielleicht sogar Software oder das gesamte Design von Seiten auch noch nachhilft. Das ist eine schlechte Ausgangssituation für jene, die sachlich diskutieren wollen, und eine gute Ausgangssituation für die, die hart und rüpelhaft auftreten wollen. Die haben womöglich derzeit die besseren Karten. Was kann man dagegen machen? Ich glaube, man sollte auf drei Ebenen ansetzen:

Erstens: Ein großer Teil des Internets wird von privatwirtschaftlichen Unternehmen organisiert. Wenn Sie das **Internet als öffentlichen Raum** vergleichen müssten mit bestehenden Räumen, ist es nicht der Gemeindeplatz sondern eher die Shoppingmall, in der Shoppingmall-Betreibende die Regeln vorgeben. Und die größten Shoppingmall-Betreibenden im Internet sind demnach Facebook, Twitter – die großen sozialen Plattformen – und die kleineren sind die Online-Medien wie in Österreich die Seiten von Standard, Presse und Krone. Es gibt unterschiedliche Diskussionsformen, die oft von **privatwirtschaftlich organisierten Unternehmen** gemanagt werden und wo diese Unternehmen auch natürlich massiven Einfluss haben, wie dort diskutiert wird. Und das heißt am Ende auch, dass diese Unternehmen **Verantwortung haben**. ZB macht Facebook sehr viel Geld mit der öffentlichen Debatte, die dort läuft, und wir sehen, dass diese Verantwortung, die ja auch juristisch eigentlich schon festgeschrieben ist, oft nicht perfekt eingehalten wird. Denn aus juristischer Sicht gibt es sehr wohl eine Verantwortung von jeder Website, wenn ihnen als WebsitebetreiberInnen ein möglicherweise strafbarer Hasskommentar gemeldet wird, sind sie verpflichtet, das zeitnah den Behörden zu melden. Das geht aus der *E-Commerce-Richtlinie* hervor, die in Österreich durch das *E-Commerce-Gesetz* umgesetzt wurde. Ich möchte da auch nicht zu sehr den übrigen Redner_innen vorgreifen, aber nach so einer Meldung müsste das Post entfernt werden. Wir wissen aber, dass sehr vieles im Netz sichtbar stehen bleibt, obwohl es diese juristische Verpflichtung gibt. Dazu gibt es eine Auswertung im Auftrag der EU-Kommission, die zeigt wie sich Twitter hier entwickelt hat. Vor ein paar Jahren wurden bei Twitter im Schnitt eines von fünf, exakt 19 % der strafbaren gemeldeten Hasspostings entfernt, und mittlerweile – nach neuestem Stand – entfernt Twitter, wenn strafbare Hassrede gemeldet wurde, 45,7 % der Postings. Und die EU-Kommission betont gerne, wie toll das ist, dass die großen Plattformen so viel mehr als früher löschen. Ich würde sagen, es ist nicht so toll, wenn Twitter nicht einmal die Hälfte der Posts löscht, die gemeldet werden und die wohl strafbar sind. Wir reden hier nicht von harmlosen Wortmeldungen, wir reden zB von Posts, in denen der Holocaust geleugnet wird. Wir sehen, dass es besser geworden ist, aber von einer optimalen Situation sind wir noch immer deutlich entfernt. Hier könnte man drüber nachdenken, den Druck auf die Plattformen zu erhöhen. Ganz ein simples Beispiel wäre eine **Transparenzverpflichtung**, wonach für Österreich eine jährliche Bilanz herausgegeben werden muss, wie viele Posts wegen Verhetzung gemeldet worden sind, und wieviel Prozent davon gelöscht worden sind, und wie viele Moderator_innen Facebook, Twitter etc dafür engagieren. Wir wissen nicht, wie viele Moderator_innen für die Posts in Österreich zuständig sind, bei Facebook oder Twitter werden keine Zahlen dazu veröffentlicht. So etwas könnte man bei einer bestehenden Transparenzverpflichtung einfordern.

Zweitens: Der **Staat** ist ja auch ein Schutzfaktor. Wir erwarten uns einen Staat, der notfalls einschreitet und die Realität ist, dass wir in Österreich eigentlich sehr starke **Gesetze** haben, dass bei uns eigentlich sehr viel verboten ist im internationalen Vergleich. Nur manchmal hat man als einzelne betroffene Person das Pech, dass man in keinen Paragrafen des StGB, des Strafgesetzbuches, hineinpasst. Ich weiß nicht, ob der Fall *Sigrid Maurer* später noch angesprochen wird, aber ich habe hier eine dieser privaten Meldungen mitgebracht, die an die Grünpolitikerin geschrieben worden ist. Ich möchte es gar nicht laut vorlesen, weil es herabwürdigend und beleidigend ist. Sie hat das Pech, dass sie in keinen der Paragrafen des StGB hineinfällt, weil diese Nachricht nur an sie persönlich adressiert worden ist und es kein Publikum gab. In Österreich ist eine Meldung, die kein Publikum hatte, nach dem Beleidigungstatbestand des StGB nicht anzeigbar. In Deutschland ist es anders, da kann ich eine Beleidigung auch dann anzeigen, wenn sie nur an mich ging. Nach deutscher Rechtslage ist bei Beleidigungen nicht entscheidend, wieviel Menschen das (online) gesehen haben, sondern wie verletzend sie für mich in meiner Menschenwürde waren. Das ist eine andere Logik, und der könnte man sich in Österreich anschließen und das Gesetz updaten. Ich persönlich finde, man sollte alle Paragrafen des StGB genau anschauen – sind sie zeitgemäß oder gibt es vielleicht kleine Justierungen, die man machen könnte? Es geht auch um die **Frage der Rechtsdurchsetzung**, dh hat die Justiz genug Personal dafür, weil es ja nicht um Paragrafen, sondern darum geht, wie rasch und effizient diese durchgeführt werden können. Vielleicht können wir nachher in der Diskussion darauf eingehen. Ich komme jetzt schon zum Schluss.

Zur dritten Ebene: Das Strafrecht kann auch nicht alle Probleme lösen, einen Teil müssen wir als **Gesellschaft** leisten. Was jeder von uns machen kann: Wenn Sie sehen, dass jemand etwas ganz Schlimmes postet, ist der erste

Impuls oft, wie soll ich auf die_en unangenehmen NutzerIn reagieren. Aber ehrlich, wäre es nicht gescheiter sich zu überlegen, wie kann ich dem **Opfer helfen**. Wir sehen häufig, wie Leute mit solchen User_innen diskutieren. Wenn jemand der Meinung ist, dass der Holocaust eine Erfindung ist, werden Sie diese Person nicht mit zwei Tweets davon abbringen und überzeugen, dass das vollkommen falsch ist. Aber vielleicht können Sie die Person, die gekränkt, verletzt und herabgewürdigt wird, vielleicht können Sie der helfen und zB schreiben „Ich finde nicht in Ordnung wie XYZ gerade behandelt wird." Überlegen Sie vielleicht nicht, wie Sie die_en TäterIn erwischen, sondern wie Sie das Opfer stärken können. Das ist oft der leichtere Schritt. Und das Zweite ist natürlich für Betroffene selbst, die überlegen, was kann ich machen? Die simpelste und wichtige Sache ist, bitte **dokumentieren** Sie die Meldungen. Sie glauben gar nicht, wie viele Betroffene solche Sachen löschen – damit es weg ist. Aber wenn Sie es nicht rechtzeitig screenshoten oder abspeichern und drei Tage später löscht das die absendende Person, dann habe ich keinen Beleg, keinen Beweis mehr. Ist auch eher blöd, wenn ich vielleicht später wissen sollte, was da geschrieben wurde, damit ich es zB auch ein Jahr später dokumentieren kann. Hier stellt sich auch die Frage: Was soll ich als Opfer tun, wenn ich von einem totalen Shitstorm betroffen bin – also einem riesigen Sturm der wütenden Kommentare? Dann eventuell lieber den Account jemand andereM geben, dem Freund, der besten Freundin, damit die das für einen macht, weil es für das Opfer sonst schlimm ist, wenn ich mich rund um die Uhr damit beschäftige. Hilfreich kann vor allem auch hier sein, die **Solidarität von anderen einzufordern**. Also ich finde es gut, wenn Frauen zB Sexismus aufzeigen, weil sie so Solidarität ernten, weil die allermeisten Menschen dies nicht in Ordnung finden. In der Regel passiert es dann auch, dass sehr viele Menschen sagen, lass dich nicht unterkriegen. Es ist übrigens auch gut, dass Männer das sehen, die selbst vielleicht nicht betroffen wären, aber die das auch nicht in Ordnung finden. Also dass sich das **Opfer zu Wort meldet**, finde ich extrem wichtig.

Und jetzt schließe ich schon, ich habe noch einen letzten Tipp: Ich fand das gut, das mit dem Beispiel des Troll-Videos;[7] ich kenne diese Kampagne aus Deutschland, die machen das wirklich wunderbar, und es ist wahnsinnig schwierig so gute Videos zu machen. Aber tatsächlich ist **Humor auch eine**

7 Gezeigt wurde ein Video der Reihe „Bundestrollamt für gegen digitalen Hass" des deutschen Komitees der No-Hate-Speech-Kampagne des Europarats, https://no-hate-speech.de/ (16.05.2019).

Schutzfunktion; Humor hat die Fähigkeit, dass man sich nicht so leicht kränken lässt. Es ermöglicht zu zeigen, man lässt sich nicht so leicht erniedrigen. Wenn man selbst betroffen ist und noch Humor zeigen kann, ist das oft ein gutes Signal. Das wird nicht immer klappen, aber manchmal ist es eine Reaktionsmöglichkeit. Der Humor stellt Distanz zu einer Grobheit her, und das hat interessanterweise schon der Psychologe *Viktor Frankl* vor vielen Jahrzehnten beschrieben. Er war Inhaftierter in mehreren Konzentrationslagern, er hat das Buch „… trotzdem Ja zum Leben sagen" darüber geschrieben. Viktor Frankl geht darin auch auf die Rolle des Humors ein. *„Auch der Humor ist eine Waffe der Seele im Kampf um ihre Selbsterhaltung. Ist es doch bekannt, dass der Humor wie kaum sonst etwas im menschlichen Dasein geeignet ist, Distanz zu schaffen und sich über die Situation zu stellen, wenn auch nur für Sekunden.*" Frankl betont also, dass Humor Distanz herstellen kann und eine Waffe der Seele im Kampf um ihre Selbsterhaltung ist. Für Betroffene ist das natürlich schwierig, es muss immer jede_r für sich entscheiden, ob sie_er über diverse Dinge noch lachen kann. Aber es ist eine gute Verteidigungsstrategie. Manchmal ist Humor auch ein guter Angriff, ich kann nämlich mit Humor manche Dinge wieder zurechtrücken, ich kann schlimmste Angriffe etwas zurechtstutzen oder zeigen, wie grob gewisse Äußerungen sind. Noch ein Beispiel: Was sich leider bis heute hält, ist diese furchtbare Theorie der jüdischen Weltherrschaft, also der zionistischen Weltverschwörung. Bis heute halten sich diese Thesen. Wir sehen auch, dass AntisemitInnen im Netz extrem gut organisiert sind, dass diese Thesen sehr massiv wieder in den Mainstream versucht werden hineinzutragen. Und auch da kann Humor gut sein, um gegen solche antisemitischen Ideen vorzugehen. Weil Humor manchmal Dinge klarer macht, weil er die Gehässigkeit und Dummheit mancher Thesen so gut vorführt. Es gibt da den Journalisten *Yair Rosenberg*, der macht das extrem gut. Er ist selbst Jude, lebt in den USA, schreibt fürs Tablet Magazine und macht sich gern über AntisemitInnen lustig; er macht das auch manchmal proaktiv sozusagen. Auf Twitter gibt es häufig Lockangebote von Nutzer_innen, man schreibt zum Beispiel: „Mein 10.000 Follower wird mein Buch gratis bekommen." oder „Mein 12.000 Follower wird von mir zum Abendessen eingeladen." Ich persönlich würde es nicht machen, denn dann sitze ich weiß Gott wem gegenüber, aber solche Lockangebote sollen neue Abonnent_innen bringen. Und Yair Rosenberg hat einmal so ein Lockangebot auf Twitter gestellt und da meinte er: „Mein 12.000 Follower wir ein Gratisticket bekommen zum geheimen Treffen, wo wir Juden entscheiden, wer der nächste Präsidentschaftskandidat für die Republikaner ist." Rosenberg ist also recht witzig mit diesem Thema des Antisemitismus und der Weltverschwörung umgegangen. Das Schlimme war jedoch, dass Menschen nicht nur diesen Humor gelikt haben, denn es gab dann wirklich auch Neonazis, die diese Meldung auch weitergeleitet haben, weil sie darin den Beleg für die Weltverschwörung gesehen haben. Sie erfreuten sich eben daran, dass eben ein Jude auch noch zugibt, dass es dieses geheime Treffen gibt. Und Yair Rosenberg hat das wahrgenommen und hat geschrieben: „Oh großartig, das wird jetzt von richtigen Antisemiten unironisch retweetet." Woraufhin ein solcher Antisemit ihm zurückschrieb und fragte: „Hast du ein Problem, dass wir das offen legen?" Ich sage sicher nicht so leichtfertig, dass jemand AntisemitIn ist, aber in dem Fall war es sehr offensichtlich, denn er hat das Runen-Symbol der SS als Bild auf Twitter und den Namen „BrigadeFührer" verwendet. Aber Rosenberg hat weiter mit Humor reagiert, indem er – etwas freier übersetzt – geantwortet hat: „Mein Tweet war doch ein Witz. Wir entscheiden so etwas nicht beim nächsten Treffen, sondern wir klonen den nächsten Präsidenten."[8]

Worauf ich hinaus will, ist Folgendes: Ich habe diese drei Ebenen genannt – Staat, Unternehmen und Bürger_innen, wo wir ansetzen könnten. Und Humor ist auch eine Ebene, wo wir Bürger_innen ansetzen können. Es gibt nicht die eine Wunderwaffe gegen Hass im Netz, es gibt nicht die eine Methode, wonach wir dann fertig sind, und das Internet ist geschützt, und die Demokratie ist geschützt. Aber es gibt ein ganzes Arsenal an Reaktionen und Möglichkeiten. Ich denke, es geht darum, dass wir diese Reaktionsmöglichkeiten als Gesellschaft auch stärker nützen. Danke.

---

8 Vgl https://twitter.com/yair_rosenberg (16.05.2019).

GEWALT GEGEN FRAUEN UND MÄDCHEN IM NETZ

Sabine Mandl / Dina Nachbaur / Roland Hosner / Anna Müller-Funk

I. Einleitung

Der vorliegende Artikel basiert auf den Erkenntnissen der Studie „Gewalt im Netz gegen Frauen und Mädchen in Österreich“, die von einem Teil des Forschungsteams in gekürzter Form hier wiedergegeben werden. Die dem Artikel zugrundeliegende Studie wurde vom Ludwig Boltzmann Institut für Menschenrechte, dem Verein WEISSER RING und der Universität Wien – im Auftrag des österreichischen Bundeskanzleramts und des Bundesministeriums für Frauen und Gesundheit – im Rahmen eines einjährigen Forschungsprojekts von einem transdisziplinären Team aus den genannten Einrichtungen[1] von 2017 bis 2018 erarbeitet.[2]

Das gesamte Projekt gliederte sich in zwei Komponenten: Zum einen entstand die bereits erwähnte Bestandsaufnahme auf der Basis einer breit angelegten empirischen Untersuchung, die durch eine rechtliche Analyse des Phänomens komplettiert wurde. Neben diesem ausführlichen Bericht wurden die wichtigsten Erkenntnisse zusätzlich in einer niederschwelligen Broschüre mittels Infographiken aufbereitet.[3] Im zweiten Teil des Projekts wurden vor dem Hintergrund der gewonnenen Befunde Trainingsunterlagen[4] entwickelt und anschließend Workshops zu Gewalt im Netz mit dem Ziel, die Beratenden in Frauenhäusern und anderen Gewaltschutzeinrichtungen österreichweit zu sensibilisieren, durchgeführt.

Folgend wird kurz skizziert, welche Definition von Gewalt im Netz für die wissenschaftliche Untersuchung herangezogen wurde. Ausgangspunkt war dabei die Perspektive von Betroffenen von Online-Gewalt, wobei bestehende Definitionen von Online-Gewalt, Meinungen von Experten/Expertinnen, aber auch Diskurse aus der Fachliteratur in der Erstellung der Arbeitsdefinition berücksichtigt wurden. Im Wesentlichen ging es darum, den Ausgleich zwischen einer sehr breiten Definition von Gewalt im Netz, die den Gewaltbegriff potentiell verwässern würde und einer sehr engen Definition, die Gefahr läuft, dem Erleben von Betroffenen nicht gerecht zu werden oder neue Phänomene nicht zu erfassen, herzustellen. Die in dieser Bestandsaufnahme verwendete Arbeitsdefinition von Gewalt im Netz lautet daher wie folgt:

---

1 Forschungsteam bestehend aus: *Sandra Benecchi, Natalie Brügger, Roland Hosner, Sabine Mandl Anna Müller-Funk, Dina Nachbaur, Manfred Nowak* und *Johanna Schlintl.*

2 *Benecchi/Brügger/Hosner/Mandl/Müller-Funk/Nachbaur/Nowak/Schlintl* (2018): Gewalt im Netz gegen Frauen und Mädchen in Österreich. Die Bestandsaufnahme wurde vom Bundeskanzleramt Österreich im Rahmen des Projektes „Combatting gender-based cyber-violence“ gefördert (GZ BKIA-180.830/0063-I/82017), vorgelegt vom Forschungszentrum Menschenrechte der Universität Wien und vom Verein WEISSER RING: https://www.frauen-familien-jugend.bka.gv.at/frauen/gewalt-gegen-frauen/gewalt-im-netz.html.

3 Bericht und Broschüre zu finden unter: https://bim.lbg.ac.at/de/artikel/gewalt-netz-gegen-frauen-maedchen-oesterreich (abgefragt am 18.09.2019).

4 Nähere Informationen zu den Trainingsunterlagen: https://www.weisser-ring.at/2019/02/26/trainingsunterlage-zu-gewalt-im-netz (abgefragt am 18.09.2019). Zu bestellen direkt beim Verein WEISSER RING unter office@weisser-ring.at.

Gewalt im Netz ist jede sprachliche (durch Schrift oder aufgezeichnete Sprache) oder darstellende (durch Bild oder Video) Äußerung, verbreitet oder zugestellt durch das Medium Internet, die von unmittelbaren und/oder mittelbaren Empfängerinnen und Empfängern als bedrohlich, herabwürdigend oder verunglimpfend empfunden wird oder durch die die Empfängerinnen und Empfänger sich in ihrer Lebensgestaltung auf unzumutbare Weise beeinträchtigt fühlen. Bezugspunkt ist nicht ausschließlich das individuelle Empfinden, sondern das Empfinden eines wahrnehmbaren Teiles der rechtsverbundenen Sprachgemeinschaft. Besonders zu berücksichtigen ist dabei jeder Ausdruck der Diskriminierung auf Grund der ethnischen Zugehörigkeit, der Religion oder Weltanschauung, des Alters, der sexuellen Orientierung, einer körperlichen oder intellektuellen Beeinträchtigung oder des Geschlechts.

Dies bedeutet allerdings nicht, dass jedes subjektiv als Gewalt wahrgenommene Erlebnis auch von rechtlicher Relevanz ist und rechtliche Konsequenzen nach sich zieht bzw ziehen sollte. Im Folgenden werden die für die empirisch angelegte Forschung verwendeten Methoden vorgestellt.

II. Methodik

Um die komplexen Fragestellungen und Zielsetzungen der Studie umfassend beantworten zu können, wurde ein triangulativer Forschungszugang gewählt, bei dem unterschiedliche quantitative und qualitative Methoden miteinander verschränkt sind (Between-Method-Triangulation).[5] Die gewählten Methoden umfassten *Workshops, Fokusgruppen, Interviews mit Expertinnen und Experten* und *zwei Online-Befragungen* (eine davon mit einem repräsentativen Sample). Zur Entwicklung der vorhin vorgestellten Arbeitsdefinition fand zu Projektbeginn ein *Workshop mit Expertinnen und Experten* statt. Eingeladen waren hierzu relevante Vertreter/Vertreterinnen aus Wissenschaft und Praxis, die im Rahmen eines Weltcafés[6] ihre Perspektiven und Expertise

5 Vgl *Flick* (2004): Triangulation in der qualitativen Forschung, in: *Flick/Kardorff/Steinke* (Hg), Qualitative Forschung. Reinbek bei Hamburg, 309–318.

6 Bei einem Weltcafé handelt es sich um ein partizipatives und strukturiertes Diskussionsformat, welches dazu dient, unter Einbezug verschiedener Perspektiven und Expertisen neue Erkenntnisse zu generieren.

einbringen konnten. Während des gesamten Projekts fanden außerdem regelmäßige Feedbackschleifen mit verschiedenen Experten/Expertinnen aus Wissenschaft und Praxis statt, um eine fortlaufende Qualitätssicherung zu gewährleisten.

In einem nächsten Schritt fand eine *Online-Befragung von Beratenden in psychosozialen Einrichtungen*[7] statt, um folgende Aspekte zu erheben:

- Sind Beratungseinrichtungen tatsächlich (vermehrt) mit Gewalt im Netz konfrontiert und wenn ja, inwieweit?
- Welche Formen von Gewalt im Netz werden in Beratungen thematisiert?
- Wie schätzen Beratende die Auswirkungen und die Bedürfnisse von Betroffenen ein?
- Gibt es vonseiten der Beratenden einen Bedarf an Trainings und wenn ja, was sollten diese umfassen?

Die Feldzeit der Befragung erstreckte sich über etwa einen Monat und insgesamt nahmen an der Online-Befragung 61 Personen aus psychosozialen Einrichtungen teil, die überwiegend Frauen beraten und betreuen (38 %).

Auf Basis der Ergebnisse dieser Einrichtungsbefragung sowie Berücksichtigung von sekundärwissenschaftlicher Analyse von bereits vorhandenen Studien fanden *Fokusgruppen-Diskussionen* in Zusammenarbeit mit dem Meinungsforschungsinstitut *Peter Hajek* statt. Zielgruppe der Fokusgruppen waren Frauen zwischen 18 und 65 Jahren, die zum Befragungszeitraum über einen Internetzugang verfügten. Die Stichprobe umfasste 42 Teilnehmerinnen. Insgesamt wurden daraus vier Fokusgruppen zusammengestellt: (1) Frauen mit Matura im Alter von 18 bis 39 Jahren, (2) Frauen ohne Matura im Alter von 18 bis 39 Jahren, (3) Frauen mit Matura im Alter von 40 bis 65 Jahren und (4) Frauen ohne Matura im Alter von 40 bis 65 Jahren.

---

[7] ZB Opferhilfe- und Opferschutzeinrichtungen, Frauen- und Mädchenberatungsstellen und ausgewählte Einrichtungen, die Beratung zu Gewalt im Netz anbieten. Der verwendete Fragebogen ist als Appendix A in Teil V des Berichts „Gewalt im Netz gegen Frauen und Mädchen in Österreich" zu finden. Siehe *Forschungszentrum Menschenrechte und Weißer Ring* (2018): Gewalt im Netz gegen Frauen und Mädchen in Österreich, Wien, https://bim.lbg.ac.at/de/artikel/gewalt-netz-gegen-frauen-maedchen-oesterreich (abgefragt am 15.09.2019).

Die Ergebnisse der Fokusgruppen zusammen mit den anderen vorab erhobenen Daten und bereits gewonnenen Erkenntnissen bildeten die Grundlage für die Konzeption des Fragebogens für eine *Online-Befragung von Internetnutzerinnen in Österreich*[8]. Diese Befragung fand vom 23. bis 30. November 2017[9] in Zusammenarbeit mit dem Meinungsforschungsinstitut *meinungsraum* statt. Die Stichprobe wurde anhand eines Quotensamples unter den bei *meinungsraum* registrierten Befragten erstellt, wobei die Quotierung anhand der zum Zeitpunkt der Befragung aktuellen Eckzahlen der weiblichen österreichischen Bevölkerung erstellt wurde. Insgesamt konnten 1.018 Frauen in ganz Österreich ab 15 Jahren mittels Online-Interview (CAWI) befragt werden (zur Verteilung der Stichprobe auf die Quotierungsmerkmale siehe Tabelle 1).

Untergruppen	Teilstichprobe	in % der Gesamtstichprobe
15-18 Jahre	60	6 %
19-24 Jahre	80	8 %
25-34 Jahre	178	17 %
35-44 Jahre	168	17 %
45-54 Jahre	197	19 %
55-64 Jahre	136	13 %
Älter als 64 Jahre	199	20 %
Burgenland	33	3 %
Kärnten	65	6 %
Niederösterreich	208	20 %
Oberösterreich	163	16 %
Salzburg	64	6 %
Steiermark	143	14 %
Tirol	85	8 %
Vorarlberg	44	4 %
Wien	213	21 %

8 Der verwendete Fragebogen ist als Appendix B in Teil V des Berichts „Gewalt im Netz gegen Frauen und Mädchen in Österreich" zu finden: https://bim.lbg.ac.at/de/artikel/gewalt-netz-gegen-frauen-maedchen-oesterreich (abgefragt 15.09.2019).

9 Anzumerken zum Befragungszeitraum ist, dass die Feldzeit der Datenerhebung nach der #metoo-Debatte stattfand, was die Sensibilisierung zu dem Thema Gewalt gegen Frauen und Mädchen erhöht haben könnte.

ohne Matura	673	66 %
mit Matura	345	34 %
Gesamt	**1.018**	**100 %**

Tabelle 1: Stichprobenverteilung nach Altersgruppen, Bundesland und höchster Schulbildung.

Ziel der Online-Befragung war, Daten zu den folgenden Forschungsfragen zu erheben:

- Was empfinden Frauen und Mädchen als Gewalt im Netz?
- In welchem Ausmaß sind Frauen und Mädchen von Gewalt im Netz betroffen?
- Von welchen Formen von Gewalt im Netz sind Frauen und Mädchen betroffen?
- Welche Folgen hat Gewalt im Netz für Betroffene?
- Welche Strategien entwickeln Betroffene gegen Gewalt im Netz?
- Welche Unterstützungsangebote werden von Betroffenen genutzt?
- Welche Maßnahmen wünschen sich Frauen und Mädchen von politisch Verantwortlichen zur Bekämpfung von Gewalt im Netz?

Ergänzend wurden *Interviews mit Expertinnen und Experten* durchgeführt, um verschiedene relevante Perspektiven und Expertisen in das Projekt einfließen zu lassen.[10]

[10] Die interviewten Personen waren Vertreter/Vertreterinnen der Internet Service Providers Austria, des MonA-Net – Mädchen online Austria Netzwerks, des Vereins Neustart, des Vereins Autonome Österreichische Frauenhäuser sowie *Dr.ⁱⁿ Maria Windhager* von der Rechtsanwaltskanzlei Maria Windhager und Staatsanwältin *Mag.ª Maria Lalic*.

III. Nutzungsverhalten von Internetznutzerinnen in Österreich

Im Rahmen der Online-Befragung wurden vom 23. bis 30.11.2017 insgesamt 1.018 Frauen und Mädchen in Österreich unter anderem zu ihrem Internetnutzungsverhalten befragt. Da die Untersuchung online durchgeführt wurde, können die folgenden Aussagen nur über den internetnutzenden Teil der Bevölkerung getroffen werden. Laut Austrian Internet Monitor waren das 2017 vier von fünf (80 %) Frauen in Österreich.[11]

A. Generelle Nutzung von Internetdiensten

Die Erhebung zeigte, dass der textbasierten Kommunikation dienende Dienste am häufigsten genutzt werden (vgl Grafik 1): An erster Stelle standen dabei *E-Mails* (99,7 %), dicht gefolgt von *SMS*[12] (97,0 %) und *Messenger-Diensten* wie *WhatsApp* (88,7 %). Ebenfalls sehr häufig genutzt wurden die Videoplattform *YouTube* (80,5 %) und das soziale Netzwerk *Facebook* (79,8 %). Mit deutlichem Abstand in der Nutzungshäufigkeit folgten *Instagram* (37,3 %) und *Snapchat* (26,4 %), deren Funktionen sich auf das Teilen von Fotos und Videos konzentrieren. Online-Dienste, die vergleichsweise wenig genutzt wurden, sind der Kurznachrichtendienst *Twitter* (20,1 %), *eigene Blogs oder Webseiten* (19,7 %) sowie *Dating-Plattformen* wie *Tinder* (15,0 %). Unter die Kategorie „Andere" fallen in abnehmender Reihenfolge das wie eine virtuelle Pinnwand funktionierende soziale Netzwerk *Pinterest*, die sozialen Berufsnetzwerke *LinkedIn* und *Xing*, *Foren*, die Blogging-Plattform *tumblr* sowie der meist zur Videotelefonie genutzte Dienst *Skype*. Keiner dieser Dienste wurde von mehr als 3 % der Befragten genannt.

---

11 *Integral. Markt- und Meinungsforschung* (2017): Austrian Internet Monitor. Kommunikation und IT in Österreich. 3. Quartal 2017, https://www.integral.co.at/downloads/Internet/2017/11/AIM-C_-_Q3_2017.pdf (abgefragt am 18.09.2019).

12 Technisch gesehen handelt es sich bei SMS nicht um einen internetbasierten Dienst. Da diese Kommunikationsform jedoch weit verbreitet und mit internetbasierten Messenger-Diensten vergleichbar ist, wurde die Nutzung ebenfalls erhoben.

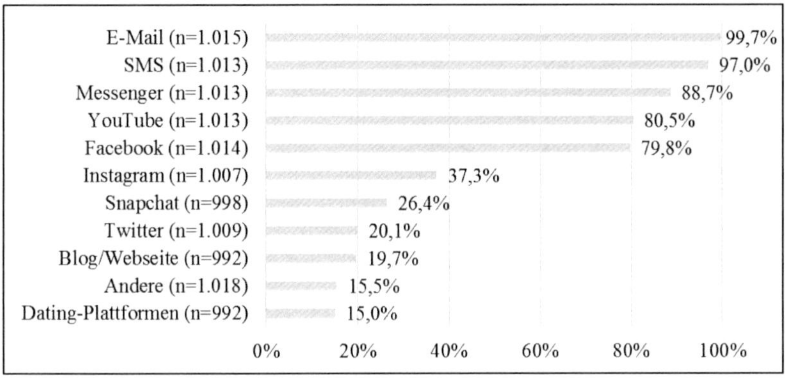

Grafik 1: Generelle Nutzung von Internetdiensten im vergangenen Jahr. Mehrfachantworten möglich, gewichtete Daten, max Konfidenzintervall +/- 3,1 %. Quelle: Datenerhebung zu Gewalt im Netz gegen Frauen und Mädchen, 2017.

B. Häufige Nutzung von Internetdiensten

Werden jedoch nur jene Dienste betrachtet, welche häufig – also mindestens mehrmals pro Woche[13] – genutzt wurden, verändert sich das Bild ein wenig (vgl Grafik 2). Während *E-Mails* (93,9 %) weiterhin die am häufigsten genutzte Kommunikationsform darstellen, rücken *Messenger-Dienste* wie WhatsApp (82,3 %) in dieser Betrachtungsweise auf Platz zwei vor. *SMS* wurden nur von rund der Hälfte aller Internetnutzerinnen (50,4 %) mindestens mehrmals pro Woche verschickt und wurden damit ähnlich häufig genutzt wie *Facebook* (46,7 %). Darauf folgen mit einigem Abstand *YouTube* (21,5 %), *Instagram* (17,0 %) und *Snapchat* (13,6 %). Die bereits in der Gesamtnutzung am wenigsten verwendeten Dienste *eigene Blogs oder Webseiten* (7,5 %), *Twitter* (4,8 %) sowie *Dating-Plattformen* (4,0 %) fallen alle in den einstelligen Prozentbereich.

13 Die Antwortkategorien zur Häufigkeitsangabe lauteten *„Mehrmals täglich“*, *„Mehrmals pro Woche“*, *„Mehrmals im Monat“*, *„Seltener“* und *„Gar nicht“*. Bei Facebook, YouTube, Instagram und Twitter gab es zusätzlich die Option *„Nutze ich nur passiv“* ohne Häufigkeitsangabe. Da diese hier nicht miteingerechnet wurden, handelt es sich bei den folgenden Aussagen um die aktive Nutzungsfrequenz.

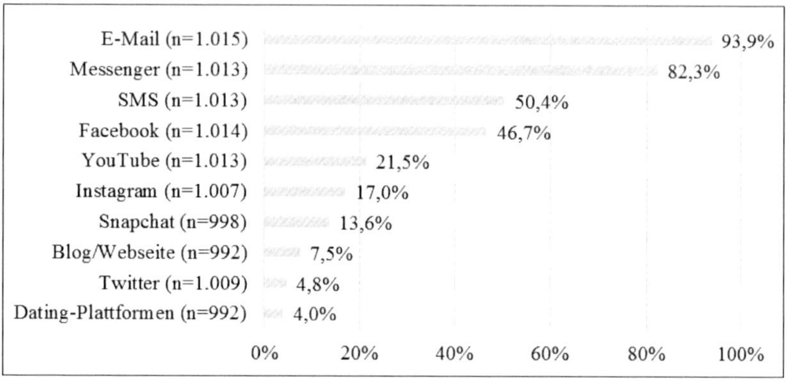

Grafik 2: Häufige Nutzung von Internetdiensten (mindestens mehrmals pro Woche). Mehrfachantworten möglich, gewichtete Daten, max Konfidenzintervall +/- 3,1 %. Quelle: Datenerhebung zu Gewalt im Netz gegen Frauen und Mädchen, 2017.

C. Altersspezifisches Nutzungsverhalten

Im Hinblick auf das altersspezifische Nutzungsverhalten ließen sich auf Grundlage der Erhebung einige klare Muster erkennen (vgl Grafik 3). Am deutlichsten zeigte sich das *Altersgefälle* von häufig genutzten Diensten bei *Snapchat*[14] (79,8 % bei den 15- bis 18-Jährigen im Vergleich zu 0,5 % bei den über 64-Jährigen, p=0,000) und *Instagram* (56,5 % bei den 15- bis 18-Jährigen im Vergleich zu 3,1 % bei den über 64-Jährigen, p=0,000), bei denen die Übermittlung von Fotos und Videos im Vordergrund steht. Bei *Messenger-Diensten* wie WhatsApp ließ sich mit Blick auf das altersspezifische Nutzungsverhalten ebenfalls ein klares Muster erkennen: Während die über 64-Jährigen mit 59,7 % solche Dienste am wenigsten häufig nutzten, erreichte dieser Wert bei der jüngsten Befragungsgruppe glatte 100 % (p=0,000). Im Hinblick auf *Facebook* zeigte sich ein ganz anderes Bild, hier nutzten Mädchen zwischen 15 und 18 Jahren Facebook etwa in gleichem Ausmaß (38,1 %) wie über 64-Jährige (38,8 %). Am häufigsten nutzten Facebook jedoch 19- bis 24-Jährige (53,8 %). Des Weiteren zeichnete sich bei *YouTube* auf den ersten Blick ein ähnliches Bild ab: Auch hier lag die Nutzungshäufig-

14 Snapchat wurde vor allem dadurch bekannt, dass versendete Fotos und Videos schon nach kurzer Zeit wieder verschwinden und – außer per Screenshot, über den Absendende aber informiert werden – nicht abgespeichert werden können.

keit bei den über 64-Jährigen mit 12,2 % am niedrigsten und stieg mit abnehmendem Alter auf 43,8 % bei den 19- bis 24-Jährigen. Allerdings ließ sich hier die ansonsten kontinuierliche Zunahme in der jüngsten Alterskategorie nicht mehr feststellen, sondern die 15- bis 18-Jährigen nutzten YouTube mit 30,2 % ähnlich häufig wie die 25- bis 34-Jährigen (p=0,000).

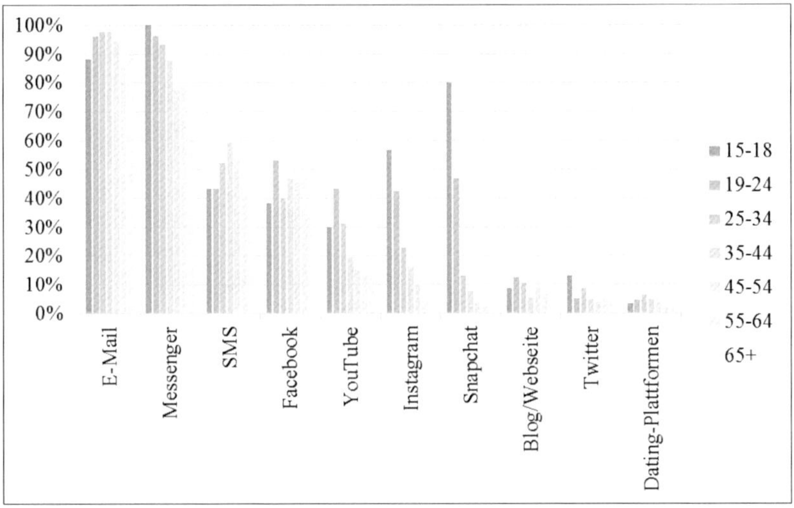

Grafik 3: Häufige Nutzung von Internetdiensten (mindestens mehrmals pro Woche) nach Alterskategorien.
Mehrfachantworten möglich, gewichtete Daten, max Konfidenzintervall +/- 11,9 %.
Quelle: Datenerhebung zu Gewalt im Netz gegen Frauen und Mädchen, 2017.

IV. Wo findet Gewalt im Netz statt?

Im Rahmen der Online-Befragung wurde neben dem Internetnutzungsverhalten auch erhoben, ob die befragten Frauen und Mädchen innerhalb der vergangenen 12 Monate von Gewalt im Netz[15] betroffen gewesen waren. Die

---

15 Die Formen von Gewalt, welche in der Studie abgefragt wurden, umfassen persönliche sowie auf die Gruppenzugehörigkeit bezogene Beschimpfungen, die Verbreitung von Gerüchten, den unerwünschten Erhalt sexuell anzüglicher Nachrichten, das Teilen von persönlichen Informationen oder intimem Bildmaterial ohne die Zustimmung der Be-

321 Studienteilnehmerinnen, die von entsprechenden Erfahrungen berichtet haben, wurden weiter danach gefragt, auf welchen Plattformen diese Übergriffe stattfanden. Dabei zeigte sich, dass über die Hälfte aller befragten Frauen und Mädchen Erfahrungen von Gewalt im Netz entweder ausschließlich oder unter anderem (Mehrfachnennungen waren möglich) auf *Facebook* (53,3 %) gemacht hatte (vgl Grafik 4). Das mit insgesamt 2,17 Milliarden aktiven Nutzerinnen/Nutzern weltweit größte soziale Netzwerk[16] ist auch die Plattform, auf der die meisten Internetnutzerinnen in Österreich berichteten, Gewalt erfahren zu haben.

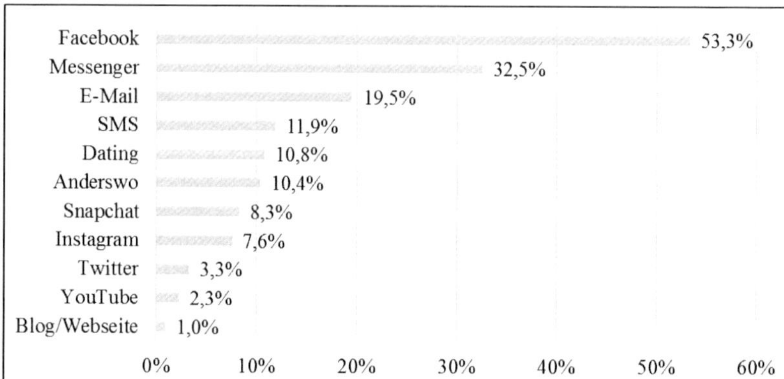

Grafik 4: Internetdienste, über die von Gewalt im Netz Betroffen im vergangenen Jahr Gewalt im Netz erlebt hatten.
Mehrfachantworten möglich, gewichtete Daten, n=321, max Konfidenzintervall +/- 5,4 %.
Quelle: Datenerhebung zu Gewalt im Netz gegen Frauen und Mädchen, 2017.

Mit einigem Abstand folgten die vorwiegend der textbasierten Kommunikation dienenden Dienste: Fast ein Drittel aller Befragten war Gewalt im Netz über *Messenger* (32,5 %) ausgesetzt gewesen. Die relativ große Häufigkeit von Onlinegewalt auf diesen Plattformen ist auch auf die relative Häufigkeit der Nutzung dieser Medien zurückzuführen. Ungefähr ein Fünftel der Frauen

troffenen, Online-Stalking, Mobbing, Erpressung oder (gefährliche) Drohung, Identitätsraub sowie eine offene Kategorie für ähnliche Übergriffe, die online stattgefunden haben.

16 Stand: Jänner 2018. Als „aktiv" gelten Personen, die Facebook in den vergangenen 30 Tagen mindestens einmal genutzt haben. Vgl https://de.statista.com/statistik/daten/studie/181086/umfrage/die-weltweit-groessten-social-networks-nach-anzahl-der-user (abgefragt am 01.02.2018).

und Mädchen berichteten über Online-Gewalt durch *E-Mails* (19,5 %). Mehr als jede zehnte betroffene Internetnutzerin erlebte in den vergangenen 12 Monaten mindestens einen Übergriff per *SMS* (11,9 %), über eine *Dating-Plattform* (10,8 %) oder über *andere Internetdienste* (10,4 %). Im oberen einstelligen Prozentbereich fanden sich *Snapchat* (8,3 %) und *Instagram* (7,6 %). Die wenigsten Befragten berichteten von Übergriffen auf *Twitter* (3,3 %), *YouTube* (2,3 %) sowie *eigenen Blogs oder Webseiten* (1,0 %).

Diese Verteilung von Gewalt im Netz auf die verschiedenen Plattformen gestaltete sich für alle angeführten Formen von Übergriffen relativ ähnlich: *Bei sieben der zwölf abgefragten Gewaltformen belegten jeweils Facebook, Messenger-Dienste und E-Mails die ersten drei Plätze.* Bei der *Online-Befragung von Beratenden in psychosozialen Einrichtungen* wurde ebenfalls danach gefragt, wo Gewalt im Netz passiert. Auch hier lagen *Facebook* (91,9 %) und textbasierte Kommunikationsdienste wie *Messenger* oder *SMS* (89,3 %) ganz vorne – und zwar mit deutlichem Abstand zu den nächstplatzierten Plattformen *E-Mail*, *Instagram* und *Snapchat* (jeweils 37,5 %). Weniger häufig wurde Gewalt im Netz in *Foren* (17,9 %), auf *YouTube* (10,7 %), *Twitter* (10,7 %) und auf *Dating-Plattformen* wie Tinder (8,9 %) bei Opferschutz- und Beratungseinrichtungen thematisiert.

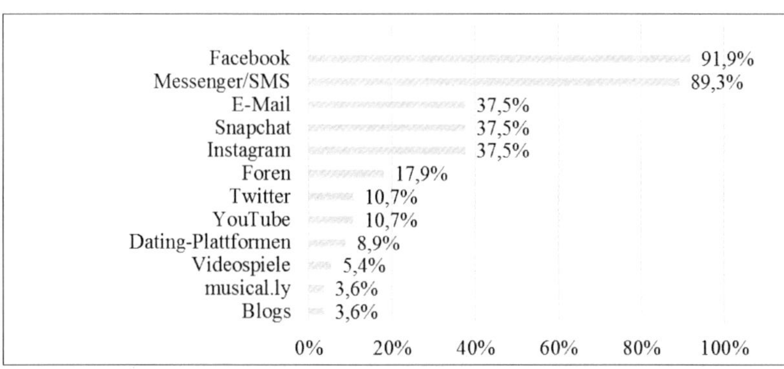

Grafik 5: Internetdienste, über die Gewalt im Netz stattfindet, mit der Beratende in psychosozialen Einrichtungen bei ihrer Tätigkeit konfrontiert werden.
Mehrfachantworten möglich, n=56.
Quelle: Befragung von Beratenden in psychosozialen Einrichtungen, 2017.

V. Verbreitung und Formen von Gewalt im Netz

Im Folgenden werden die Ergebnisse der Online-Befragung mit insgesamt 1.018 Internetnutzerinnen im Detail präsentiert. Um die unterschiedlichen Ausprägungen und Facetten von geschlechtsspezifischer Gewalt, denen Frauen und Mädchen online ausgesetzt sind, umfassend in den Blick zu bekommen, wurden insgesamt *zwölf Antwortkategorien* basierend auf einem breiten Gewaltbegriff (siehe dazu Arbeitsdefinition in der Einleitung) entwickelt, die unten angeführt sind. Zur weiteren Differenzierung wurden die Betroffenen jeweils gefragt, über welche Internetdienste (wie bereits oben erörtert) und wie oft die Übergriffe stattgefunden haben. Ferner gaben die betroffenen Frauen und Mädchen Auskunft darüber, ob sie die Täter/Täterinnen – differenziert nach Geschlecht – kannten bzw wie ihr Verhältnis zu ihnen war.

Hier ein *Überblick über die Dimensionen von Gewalt im Netz*, zu denen die Frauen und Mädchen befragt wurden, und ob ihnen diese in den letzten 12 Monaten *online* passiert sind:[17]

- **Persönliche Beschimpfungen** oder Beleidigung (zB aufgrund des Aussehens)
- **Beschimpfungen** oder Beleidigung **aufgrund der** angenommenen oder tatsächlichen **Zugehörigkeit zu einer bestimmten Gruppe**, dh aufgrund der folgenden Merkmale: Geschlecht, sexuelle Orientierung, politische Weltanschauung, Herkunft und Kultur, Religion, Behinderung/Beeinträchtigung, Alter
- **Verbreitung schlimmer Gerüchte** oder falscher Tatsachen über die Befragten
- **Verbreitung sehr persönlicher** und intimer **Informationen** (über das Sexualleben, Krankheiten, etc) über die Befragte ohne ihre Zustimmung
- **Zusendung von sexuell anzüglichen Mitteilungen** (zB über Brüste, Po, etc) oder Fotos/Videos ohne die Zustimmung der Befragten
- **Weiterleitung sexualisierter Fotos/Videos** der Befragten in intimen Situationen ohne ihre Zustimmung

[17] Hier war die Auswahl von Mehrfachantworten möglich.

- **Erpressung oder Drohung** (zB „Wenn du das nicht tust, werde ich online Informationen oder (Nackt-)Fotos von dir verbreiten.“)
- **Gefährliche Drohung:** Androhung von körperlicher Gewalt (zB sie zu schlagen, zu vergewaltigen)
- **Identitätsraub**: Erstellung eines Fake-Profils, um im Namen der Befragten zB ihre Freunde und Freundinnen, Arbeitskollegen/-kolleginnen oder ihre Familie zu beschimpfen oder zu beleidigen
- **Cyber-Mobbing**: Ausgrenzung oder Mobbing (zB Ausschluss aus einer virtuellen Gruppe)
- **Online-Stalking**: Wiederholte, sehr hartnäckige Verfolgung oder Belästigung (mindestens über mehrere Wochen hindurch)
- Frage nach **anderen Übergriffen**

In der folgenden Analyse werden die Beschimpfungen oder Beleidigungen aufgrund der angenommenen oder tatsächlichen Gruppenzugehörigkeit nach den verschiedenen Merkmalen getrennt betrachtet. Ohne die Berücksichtigung der offenen Frage nach anderen Übergriffen bzw der Beschimpfung aufgrund anderer Gruppenzugehörigkeit werden im Folgenden also insgesamt *17 Formen von Gewalt im Netz* unterschieden.

A. Verbreitung und Formen von Gewalt im Netz

Gesamt gab *ca ein Drittel aller befragten Frauen und Mädchen* (32,4 %, n=1.005) an, im vergangenen Jahr *mindestens eine Form von Gewalt im Netz erlebt* zu haben. Die meisten Frauen und Mädchen (12,8 %) wurden dabei aufgrund ihrer politischen Weltanschauung beschimpft (vgl Grafik 6). Am zweithäufigsten nannten die Befragten persönliche Beschimpfungen (11,6 %), gefolgt von der ohne Zustimmung erfolgten Zusendung von sexuell anzüglichen Mitteilungen (10,9 %). Frauen und Mädchen wurden ebenfalls aufgrund ihres Geschlechts (7,8 %) und ihres Alters (5,5 %) beschimpft. Über 6,9 % der Frauen und Mädchen wurden schlimme Gerüchte oder falsche Tatsachen verbreitet. Ferner gaben 6,3 % der Frauen und Mädchen an, Online-Stalking erlebt zu haben, also wiederholt und sehr hartnäckig verfolgt oder belästigt worden zu sein. Ausgrenzung oder Cyber-Mobbing betraf 5,1 % der Befragten. Bei 3,8 % der Frauen und Mädchen wurden ohne ihre Zustimmung sehr persönliche oder intime Informationen verbreitet. Des Weiteren waren die Herkunft oder Kultur (3,9 %) bzw die Religion (3,1 %) der Befragten Gründe für Beschimpfungen. Insgesamt gaben 3,4 % der Frauen und Mädchen an, gefährliche Drohungen hinsichtlich körperlicher Gewalt erhalten zu haben und bei 2,8 % der Befragten traf der Fall des Identitätsraubs zu, bei dem jemand in ihrem Namen ein Fake-Profil angelegt hat, um zB ihre Freunde/Freundinnen oder Verwandten zu beschimpfen. Die befragten Frauen und Mädchen waren ebenfalls Beschimpfungen aufgrund ihrer Behinderungen bzw Beeinträchtigungen (2,4 %) und sexuellen Orientierung (1,8 %) ausgesetzt. 2,5 % der Befragten gaben an, erpresst oder bedroht worden zu sein und von 1,3 % der Frauen und Mädchen wurden sexualisierte Fotos oder Videos von ihnen in intimen Situationen ohne ihre Zustimmung verschickt.

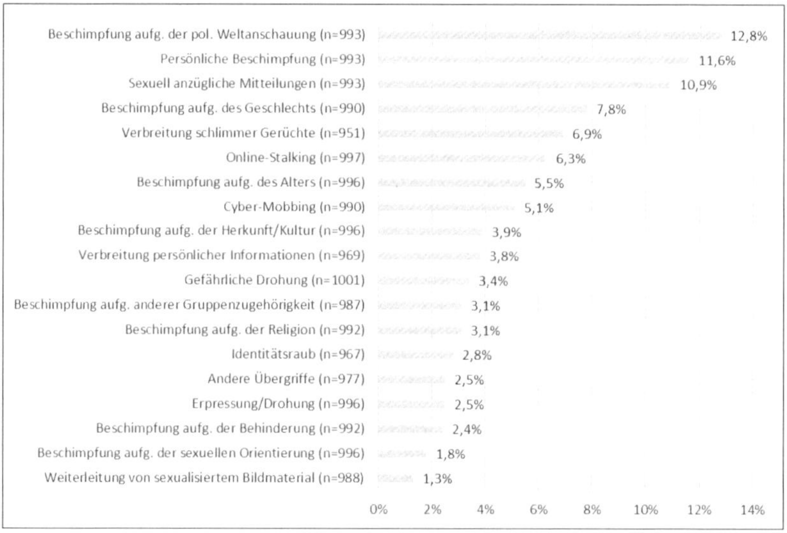

Grafik 6: Erlebte Formen von Gewalt im Netz aller Befragten im vergangenen Jahr. Mehrfachantworten möglich, gewichtete Daten, max Konfidenzintervall +/- 2,3%. Quelle: Datenerhebung zu Gewalt im Netz gegen Frauen und Mädchen, 2017.

1. Differenzierte Darstellung der Gewalt im Netz von betroffenen Frauen und Mädchen

Werden die Werte für die Prävalenz der verschiedenen Formen von Gewalt im Netz auf die Gruppe derjenigen Frauen und Mädchen bezogen, die im vergangenen Jahr mindestens einen Übergriff erlebt hatten, ergibt sich wie in Grafik 7 dargestellt, folgendes Bild: Fast vier von zehn (39,4 %) der betroffenen Frauen und Mädchen (n=321) wurden wegen ihrer *politischen Weltanschauung* beschimpft. Etwas mehr als ein Drittel aller Betroffenen erlebte *persönliche Beschimpfungen* (35,6 %) bzw erhielt ohne Zustimmung *sexuell anzügliche Mitteilungen oder Fotos/Videos* (34,0 %). Fast ein Viertel aller betroffenen Frauen und Mädchen (23,5 % bzw 21,4 %) war *Beschimpfungen aufgrund ihres Geschlechts* ausgesetzt bzw über sie wurden *schlimme Gerüchte und falsche Tatsachen* verbreitet.

Rund jede fünfte Betroffene (19,5 %) wurde wiederholt *sehr hartnäckig verfolgt oder belästigt*. Von *Beschimpfungen aufgrund des Alters* waren 16,8 % betroffen, 15,8 % der betroffenen Frauen und Mädchen gaben *Mobbing-Vorfälle* an. 12,2 % berichteten darüber, dass *sehr persönliche und intime Informationen* über sie ohne ihre Zustimmung verbreitet wurden. 12,1 % der betroffenen Frauen und Mädchen wurden aufgrund ihrer *Herkunft oder Kultur* bzw 9,6 % wegen ihrer Zugehörigkeit zu einer *Religions- oder Glaubensgemeinschaft* beschimpft. Weitere 10,2 % der Frauen und Mädchen erfuhren *gefährliche Drohungen* zB in Form von körperlicher Gewalt oder Vergewaltigungen. Ferner erlebten 8,9 % der Betroffenen, dass jemand in ihrem Namen ein Profil erstellte. 7 % der von Gewalt im Netz betroffenen Frauen und Mädchen mit Behinderungen wurden aufgrund ihrer *Beeinträchtigungen* beschimpft und bei 5,5 % war ihre *sexuelle Orientierung* Grund der Übergriffe. *Online-Erpressungen* oder *Drohungen* erhielten 7,7 % der betroffenen Frauen und Mädchen. Schließlich erlebten 4,0 % der Betroffenen, dass *sexualisierte Fotos oder Videos* von ihnen in intimen Situationen ohne ihre Zustimmung weitergeleitet wurden.

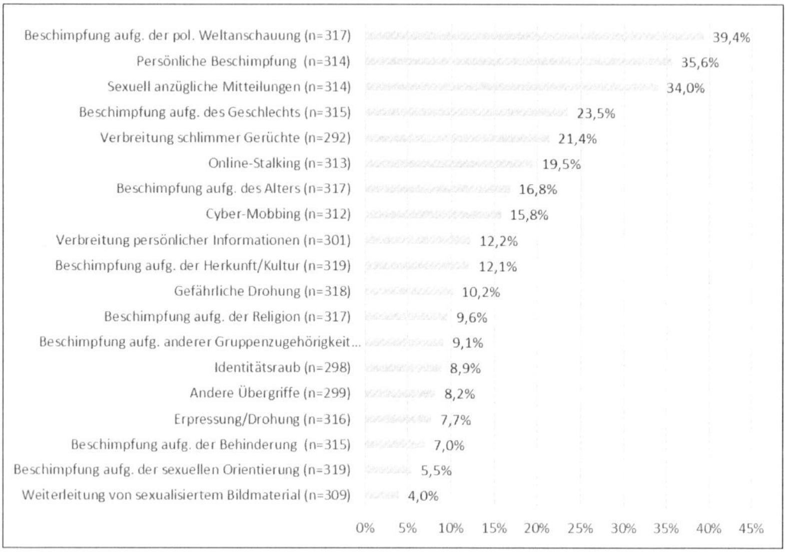

Grafik 7: Erlebte Formen von Gewalt im Netz betroffener Befragten im vergangenen Jahr. Mehrfachantworten möglich, gewichtete Daten, max Konfidenzintervall +/- 5,5 %. Quelle: Datenerhebung zu Gewalt im Netz gegen Frauen und Mädchen, 2017.

Bei allen zwölf Antwortkategorien mussten die befragten Frauen und Mädchen weitere Angaben zu den Übergriffen machen. Gefragt wurde nach dem Medium, über welches der Übergriff stattfand (wo), nach der Häufigkeit (wie oft) und nach dem Täter/der Täterin (wer) bzw nach deren Geschlecht. Anhand dieser Kategorien werden nun wie folgt die oben dargestellten Online-Gewalterfahrungen der betroffenen Frauen und Mädchen (n=321) näher aufgeschlüsselt, wobei jedoch zu beachten ist, dass jeweils Mehrfachantworten möglich waren.

a. Wo erlebten betroffene Frauen und Mädchen Gewalt im Netz?

Wie bereits im Kapitel IV angeführt, gab mehr als die Hälfte (53,3 %) der von Gewalt im Netz betroffenen Frauen und Mädchen an, dass sich der Übergriff auf *Facebook* ereignete. Die am zweithäufigsten genannten Internetdienste waren *WhatsApp* oder *andere Messenger* (32,5 %), gefolgt von *E-Mails* (19,5 %) und *SMS* (11,9 %). *Tinder* bzw *Dating-Plattformen* wurden von

10,8 %, *Snapchat* von 8,3 % und *Instagram* von 7,6 % der Betroffenen angegeben. Facebook und Messenger sind folglich nicht nur Internetdienste, die häufig (bzw im Fall von Messenger sogar am häufigsten) von den befragten Frauen und Mädchen genutzt wurden (31,1 % bzw 68,0 % nutzen diese mehrmals täglich), sondern auch die Orte, wo die meisten Betroffenen von Gewalt im Netz berichteten.

b. Wie oft erlebten betroffene Frauen und Mädchen diese Übergriffe?

Interessant erscheint in diesem Zusammenhang, dass die meisten von Online-Gewalt betroffenen Frauen und Mädchen – knapp zwei Fünftel (38,9 %) – einen oder mehrere Vorfälle bzw Übergriffe in nur einer Gewaltdimension (eine Antwortkategorie) erlebten. Ein Fünftel (20,4 %) berichtete von zwei unterschiedlichen Formen von Online-Gewalt. Von Übergriffen in drei Dimensionen (13,4 %) oder vier Dimensionen (9,0 %) berichteten zusammengenommen etwas mehr als ein Fünftel aller Betroffenen.

In Bezug auf die Frage, wie häufig sie von Übergriffen in den letzten 12 Monaten betroffen waren, gab die relative Mehrheit (24,9 %) nur einmal an – alle Dimensionen zusammengezählt. Eine Ausnahme stellte Online-Stalking dar, hier gaben 34,6 % der Frauen und Mädchen an, mehr als sechsmal sehr hartnäckig verfolgt oder belästigt worden zu sein. Insgesamt gaben rund jeweils 11 % bis 13 % der Frauen und Mädchen an, zwei bis fünf Mal von irgendeiner Form von Online-Gewalt betroffen gewesen zu sein. Somit hatten Frauen und Mädchen durchschnittlich vier Übergriffe (Median) online erlebt.

c. Wer waren die Täter bzw Täterinnen?

Gefragt nach den Personen, die für die Übergriffe verantwortlich waren, gab etwas mehr als die Hälfte (54,7 %) der befragten Frauen und Mädchen an, diese nicht zu kennen (vgl Grafik 8). Fast ein Drittel (30,9 %) der Befragten führte Personen an, die sie zwar kennen, die sie aber nicht zu ihrem Freundes- oder Bekanntenkreis zählen würden, und für etwa ein Fünftel (22 %) der Frauen und Mädchen war die Person anonym. 21,7 % der Befragten nannten Freunde/Freundinnen bzw Bekannte und nur 8,9 % Verwandte. Bei Arbeitskollegen/Arbeitskolleginnen (10,2 %) und bei Schulkollegen/Schulkolleginnen bzw Mitstudierenden (8,6 %) lag der jeweilige Anteil auf ähnlich niedrigem Niveau. Vor dem Hintergrund der familiären Gewalt[18] ist es etwas überraschend, dass Online-Gewalt von Ex-(Ehe)Partnern/Partnerinnen in einem relativ geringen Ausmaß stattfand. Lediglich 9,3 % der befragten Frauen und Mädchen machten Ex-(Ehe)Partner/Partnerinnen sowie 4,1 % derzeitige (Ehe)Partner/Partnerinnen für die Übergriffe verantwortlich.

Grafik 8: Überblick über Täter und Täterinnen bei allen Dimensionen von Gewalt. Mehrfachantworten möglich, gewichtete Daten, n=321, max Konfidenzintervall +/- 5,5 %. Quelle: Datenerhebung zu Gewalt im Netz gegen Frauen und Mädchen, 2017.

- *Mehrheitlich waren die Täter und Täterinnen unbekannt bzw anonym*

Differenziert nach unterschiedlichen Gewaltformen zeigen sich starke Abweichungen. Auffallend hoch ist der Anteil der Personengruppe – unbekannte und anonyme Täter bzw Täterinnen – hinsichtlich persönlicher Beschimpfungen (69,4 %), Beschimpfungen aufgrund der Zugehörigkeit zu einer Gruppe (67,2 %), ohne Zustimmung erfolgte Zusendung von sexuell anzüglichen Mitteilungen (78,7 %) und gefährlicher Drohungen (53,5 %). Interessant erscheint zudem auch das Ergebnis, dass ca die Hälfte (50,4%) der Personen, die Frauen und Mädchen wiederholt und hartnäckig belästigt und verfolgt haben, unbekannt und anonym waren.

[18] Im Kontext der Gewalt gegen Frauen im nahen sozialen Umfeld sind die Täter großteils männlich (92 %) und bestehen zu 69,8 % aus (Ex-)Ehepartnern/-partnerinnen, (Ex-)Lebensgefährten/-gefährtinnen, (Ex-)Freunden/Freundinnen. Vgl *Wiener Interventionsstelle gegen Gewalt in der Familie* (2018): Statistik, Wien, 2018, https://www.interventionsstelle-wien.at/download/?id=718 (abgefragt am 09.09.2019).

- *Häufig waren die Täter und Täterinnen wenig bekannt*

Fast jede Dritte der befragten Frauen und Mädchen (30,9 %) gab an, den Täter oder die Täterin kaum zu kennen. Bei all jenen Frauen und Mädchen, die Erpressungen und Drohungen erhielten bzw über die schlimme Gerüchte oder falsche Tatsachen verbreitet wurden, war diese Gruppe die am häufigsten genannte (38 % bzw 33,5 %).

- *Insgesamt niedriger Anteil an vertrauten und befreundeten Personen – mit Ausnahmen*

Vergleicht man die Gruppe von Tätern und Täterinnen, die unbekannt bzw anonym (76,7 %) waren, mit der von vertrauten und befreundeten Personen (65,6 %), so wird deutlich, dass Täter/Täterinnen aus dem nahen sozialen Umfeld in einem geringeren Ausmaß genannt wurden: Freunde/Freundinnen bzw Bekannte (21,7 %), Verwandte (8,9 %), Kollegen/Kolleginnen (10,2 %), Ex-(Ehe)Partner/-Partnerinnen (9,3 %), Schulkollegen/-kolleginnen bzw Mitstudierende (8,6 %), (Ehe)Partner/Partnerinnen (4,1 %), Vorgesetzte (2,8 %). Diese Darstellung ändert sich jedoch bei näherer Betrachtung von einzelnen Online-Gewalterfahrungen. Beim Weiterleiten von sexualisierten Fotos oder Videos in intimen Situationen von den befragten Frauen und Mädchen waren es insbesondere der Ex-(Ehe)Partner oder die Ex-(Ehe)Partnerin (37,5 %) bzw Verwandte (26,5 %) und anonyme Personen (27,2 %). 29,9 % der Frauen und Mädchen gaben an, dass Freunde/Freundinnen bzw Bekannte sehr persönliche sowie intime Informationen ohne ihre Zustimmung verbreitet hatten. Im Bereich Cyber-Mobbing nannte mehr als ein Viertel (25,8 %) der Frauen und Mädchen hingegen ihre Freunde/Freundinnen bzw Bekannten und mehr als ein Fünftel (21,1 %) ihre Schulkollegen/-kolleginnen bzw Mitstudierenden. Bei fast einem Viertel (24,1 %) der Frauen und Mädchen waren es Kollegen/Kolleginnen, die schlimme Gerüchte oder falsche Tatsachen über sie verbreiteten, wohingegen der Anteil an anonymen Personen hier noch höher lag (33,5 %).

Ein deutlich anderes Bild ergab die Befragung von Beratenden in psychosozialen Einrichtungen: 76,2 % der Beratenden (n=61) gaben an, dass in den von ihnen betreuten Fällen meistens ein persönliches Naheverhältnis zwischen von Gewalt Betroffenen und dem Täter bzw der Täterin besteht. Dies dürfte jedoch auch darauf zurückzuführen sein, dass nur ein kleiner Teil der von Gewalt im Netz Betroffenen tatsächlich eine Beratungseinrichtung aufsucht. Nur elf Mädchen und Frauen (n=311) gaben an, aufgrund der schlimmsten Online-Gewalterfahrung in den letzten zwölf Monaten Unterstützung bei einer Beratungsstelle in Anspruch genommen zu haben (mehr zur Unterstützung, siehe Kapitel VII. B.).

- *Täter waren mehrheitlich Männer*

Im Hinblick auf die geschlechtsspezifische Verteilung waren es zum Großteil Männer (65,3 %), die die Online-Gewalthandlungen ausführten. 28,2 % waren weiblichen Geschlechts und der Anteil der Situationen, in denen mehrere Personen unterschiedlichen Geschlechts angegeben wurden, lag bei 23,2 %. Auch hier zeigt sich ein differenziertes Bild, wenn spezifische Gewaltformen in den Blick genommen werden. Bei den unerwünschten Zusendungen sexuell anzüglicher Nachrichten liegt der Anteil an männlichen Tätern bei 86 % und bei Online-Stalking bei 77 %. Dahingegen erhöht sich der Anteil der weiblichen Täterinnen bei Cyber-Mobbing (46 %) und bei der Verbreitung von schlimmen Gerüchten (44 %).

2. Analyse der am häufigsten erlebten Formen von Gewalt im Netz nach soziobiographischen Merkmalen

Nachfolgend wurden *die sechs am häufigsten erlebten Online-Gewalterfahrungen* (vgl Grafik 9) dahingehend analysiert, ob und inwieweit die von den Frauen und Mädchen angegebenen soziobiographischen Merkmale[19] wie zB Alter, Bildung, ehrenamtliche Tätigkeit, sexuelle Orientierung oder Erstsprache in einem Zusammenhang mit der erlebten Gewalt im Netz stehen. Dabei stellten sich folgende Kategorien als relevant heraus: Alter, ehrenamtliches oder hauptamtliches Engagement, sexuelle Orientierung und Deutsch als Erstsprache, auf die nun näher eingegangen wird.

[19] Im Rahmen des Fragebogens wurden folgende soziobiographischen Merkmale abgefragt: Alter, Bildung, Erstsprache, Geburtsland, Zugehörigkeit zu einer Religions- oder Glaubensgemeinschaft, Behinderung oder Beeinträchtigung, ehrenamtliches Engagement, sexuelle Orientierung, Wohnort und Berufsgruppen.

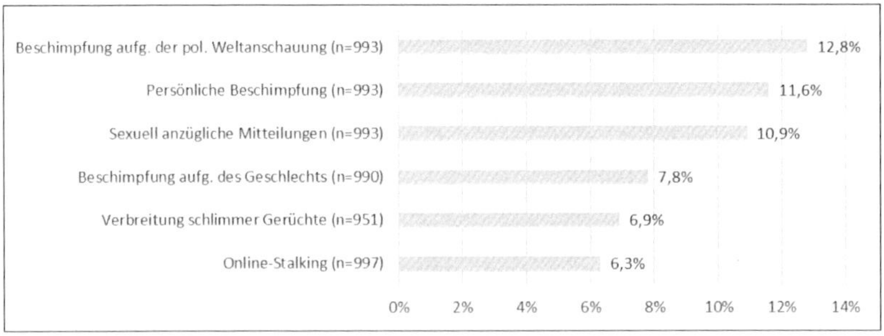

Grafik 9: Die sechs häufigsten Formen von Gewalt im Netz.
Mehrfachantworten möglich, gewichtete Daten, max Konfidenzintervall +/- 2,3 %.
Quelle: Datenerhebung zu Gewalt im Netz gegen Frauen und Mädchen, 2017.

a. Alter

Das Alter erwies sich als das *am stärksten differenzierende Merkmal* der von Online-Gewalt betroffenen Frauen und Mädchen. Signifikant höher als im Gesamtschnitt ist der Anteil unter den 15- bis 18-jährigen Befragten, hier waren fast zwei Drittel (63,6 %) von mindestens einem Übergriff betroffen. Auch bei den Altersgruppen der 19- bis 24-Jährigen (44,6 %) und der 25- bis 34-Jährigen (45 %) war fast jede zweite Frau von Online-Gewalt betroffen, signifikant häufiger als die 32 % über alle Altersgruppen hinweg. Dieser Anteil reduziert sich bei zunehmendem Alter. Bei den 35- bis 44-Jährigen bzw 45- bis 54-Jährigen (30,2 % bzw 31,3 %) erlebte etwas weniger als jede dritte Frau Online-Übergriffe. Signifikant niedriger sind die Anteile in den beiden höchsten Altersgruppen: 55- bis 64-Jährige waren noch zu 23,4 % betroffen, und nur mehr jede siebente Frau über 64 Jahre (14,1 %) berichtete über Online-Gewalt. Diese absteigende Prävalenz von Gewalt im Netz im Alter steht auch im Zusammenhang mit der nach Alter variierenden Nutzung von Online-Medien (Plattformen, Diensten) und muss vor diesem Hintergrund gelesen werden (siehe dazu Kapitel III. C.).

Grafik 10 macht deutlich, dass vor allem Mädchen und junge Frauen (15- bis 18-Jährige) überproportional von Online-Gewalt betroffen sind, und dass dieses Gewaltrisiko mit dem Alter nahezu kontinuierlich abnimmt.

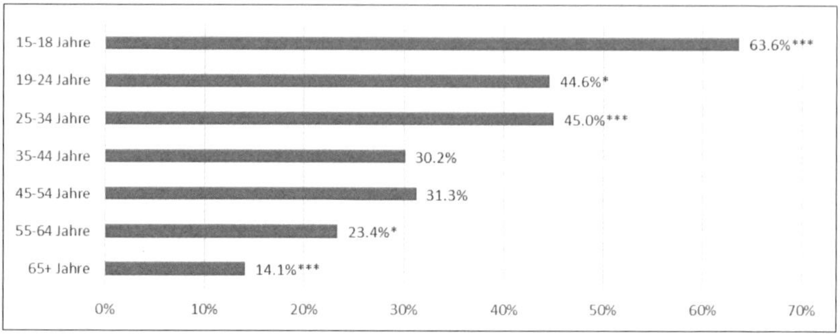

Grafik 10: Gewalt im Netz erlebt (mindestens eine Dimension) nach Alter im letzten Jahr. Gewichtete Daten, n=1.005, max Konfidenzintervall +/- 13,8 %, ***=p<0.1 %, **=p<1 %, *=p<5 %.
Quelle: Datenerhebung zu Gewalt im Netz gegen Frauen und Mädchen, 2017.

b. Ehrenamtliches oder hauptamtliches Engagement

Die Datenanalyse zeigte, dass ehrenamtliches oder hauptamtliches Engagement (Kultur, Sport, Religion, Politik, Soziales, Umwelt, etc) hinter der Differenzkategorie Alter das *zweitbedeutendste Merkmal* war. Ehrenamtliches oder hauptamtliches Engagement wirkte sich auf jede der am häufigsten genannten Online-Gewalterfahrungen aus. Frauen und Mädchen, die sich engagierten, waren mehr als dreimal so häufig (20,7 %) von *Beschimpfungen und Beleidigungen* aufgrund ihrer *politischen Weltanschauung* betroffen als jene, die sich nicht engagierten (6,2 %, p=0,000). Ebenso erlebten *persönliche Beschimpfungen* fast dreimal so viele Frauen und Mädchen (17,4 %), die sich ehrenamtlich oder hauptamtlich engagierten, als jene, die keine derartige Tätigkeit ausübten (6,8 %, p=0,000). Zudem erhielten aktive Frauen und Mädchen öfters *sexuell anzügliche Mitteilungen* in Form von Textmeldungen, Fotos und Videos (13,2 %) im Vergleich zu jenen, die sich ehrenamtlich oder hauptamtlich nicht engagierten (8,9 %, p=0,026). Bei *Beschimpfungen aufgrund des Geschlechts* („weil ich eine Frau bin") lag der Anteil der Betroffenen, die sich engagierten, ebenfalls um einiges höher (12,2 %) im Vergleich zu Frauen und Mädchen, die keiner ehrenamtlichen oder hauptamtlichen Tätigkeit nachgingen (4,3 %, p=0,000). Schließlich waren Frauen und Mädchen, die sich engagierten auch häufiger von *Online-Stalking* (wiederholte, sehr hartnäckige Verfolgung und Belästigung über mehrere Wochen hindurch) (9,1 %) betroffen im Vergleich zu jenen, die nicht aktiv waren (4,4 %, p=0,002).

c. Sexuelle Orientierung (LGBT)

Neben dem Alter und dem Engagement stellte die Kategorie sexuelle Orientierung[20] ein weiteres Merkmal dar, bei welchem in Bezug auf fast alle Online-Gewalterfahrungen (außer bei Online-Stalking) deutliche Unterschiede festgemacht werden konnten. Frauen und Mädchen, die sich als lesbisch, bisexuell oder der Kategorie „anderes" zuordneten (LGBT)[21], waren überdurchschnittlich oft von Online-Gewalt betroffen. Auffallend hoch war der Anteil an Frauen und Mädchen (27,9 %), die online *persönliche Beschimpfungen* erhielten, im Vergleich zu Nicht-LGBTs (10,4 %, p=0,000). Annähernd gleich hoch war der Anteil (27,7 %) aller LGBT-Mädchen und -Frauen, die wegen ihrer *politischen Weltanschauung beschimpft* wurden. Demgegenüber erfuhren lediglich 11,7 % der heterosexuellen Frauen und Mädchen Beschimpfungen aufgrund ihrer politischen Weltanschauung (p=0,000). Ähnlich hoch war der Anteil der LGBT-Mädchen und -Frauen 23,8 %, die ohne Zustimmung *sexuell anzügliche Mitteilungen* in Form von Textformaten, Fotos und Videos erhielten, verglichen mit 9,9 % der heterosexuellen Befragten (p=0,001). Des Weiteren wurden weibliche LGBT-Personen doppelt so häufig (14,6 %) wegen ihres *Geschlechts* online beschimpft, im Vergleich zu heterosexuellen Frauen und Mädchen (7,3 %, p=0,024).

d. Deutsch als Erstsprache

Das Kriterium Deutsch als Erstsprache war nach Alter, Engagement und sexueller Orientierung eine weitere einflussreiche Differenzkategorie, die vor allem in dem Bereich der *Beschimpfungen* von Bedeutung war. Frauen und Mädchen, die Deutsch nicht als ihre Erstsprache angaben (19,7 %), waren fast doppelt so häufig von *persönlichen Beschimpfungen* betroffen als Frauen mit Deutsch als Erstsprache (11,1 %), der Unterschied ist allerdings gerade nicht mehr signifikant (p=0,052). Ähnlich verteilt ist dies bei *Beschimpfungen aufgrund der Geschlechtszugehörigkeit*: 16 % der Frauen und Mädchen mit Deutsch als nicht Erstsprache im Vergleich zu 7,3 % mit Deutsch als Erstsprache (p=0,015). Interessant erscheint, dass sich fast keine Unterschiede in Bezug auf das *Geburtsland* erschlossen – hier waren Frauen und Mädchen,

---

20 Von allen befragten Frauen und Mädchen gaben 92,6 % an, heterosexuell zu sein, 1,2 % lesbisch, 2,8 % bisexuell und 3,2 % die Kategorie „anderes".

21 Im Folgenden wird die Bezeichnung LGBT gewählt: Lesbian, Gay, Bisexual, Transgender (obwohl die letztgenannte Kategorie nicht explizit abgefragt wurde).

die in Österreich geboren wurden (7,7 %), annähernd so oft Beschimpfungen aufgrund ihres Geschlechts ausgesetzt, als jene, die nicht in Österreich zur Welt kamen (8,7 %, p=0,733).

e. Exkurs: Beschimpfungen aufgrund der Herkunft oder Kultur (3,9 %)

Diese Online-Gewalterfahrung befindet sich zwar nicht in der Gruppe der am häufigsten genannten, jedoch wird sie an dieser Stelle erwähnt, da relativ viele Frauen und Mädchen, die aufgrund ihrer Herkunft und kulturellen Zugehörigkeit beschimpft wurden, angaben, dass Deutsch nicht ihre Erstsprache (19,5 %) sei. Im Vergleich dazu waren nur 3 % der Frauen und Mädchen mit Deutsch als Erstsprache von derartigen Übergriffen betroffen (p=0,000). Auch in diesem Kontext zeigte sich, dass der Sprache mehr Relevanz als dem Geburtsort zukam, denn hier war der Unterschied um einiges geringer. 7 % der Frauen und Mädchen, die von Beschimpfungen aufgrund der Herkunft und Kultur betroffen waren, wurden nicht in Österreich geboren und im Vergleich dazu kamen 3,6 % in Österreich zur Welt (p=0,091).

Abschließend lässt sich festhalten, dass es signifikante Zusammenhänge zwischen den Merkmalen Alter, Engagement, sexuelle Orientierung und in einem etwas geringeren Ausmaß Deutsch als Erstsprache und dem Erleben von unterschiedlichen Online-Gewaltformen gibt. Die Größe des Wohnortes spielte dabei eine untergeordnete Rolle, die schulische Bildung war in der multivarianten Analyse überhaupt nicht mehr relevant, ebenso wenig wie das Geburtsland.

B. Interpretation der Daten und Einbettung in wissenschaftliche Erkenntnisse

Nachstehend werden die oben dargestellten Ergebnisse in einen breiteren wissenschaftlichen Kontext gestellt, um anhand von Vergleichen mit ähnlichen Studien sowie Forschungsbefunden zu Online-, aber auch Offline-Gewalt aus Österreich aber auch international die vorliegenden Aussagen besser verorten zu können. Folgende Bezugspunkte stellten dafür den Referenzrahmen dar: Prävalenz und Formen von Gewalt, soziobiographische Merkmale der Betroffenen, Ort der Online-Gewalterfahrung und Täter/Täterinnen.

1. Prävalenz von Gewalt mit Referenzen auf einschlägige Studien

Der im Rahmen der vorliegenden Studie entwickelte Fragebogen umfasste insgesamt 17 unterschiedliche Formen von Online-Gewaltdimensionen (vgl dazu Kapitel V. A.). Von 1.005 befragten Frauen und Mädchen erlebte etwa *jede Dritte (32 %)* mindestens eine Form von Gewalt im Netz. Die 2017 erschienene Studie *Online Harassment*[22] des Pew Research Centers aus Washington (kurz: Pew-Studie) kam zu ähnlichen Ergebnissen. Rund 37 % der an dieser Befragung teilgenommenen Frauen aus den USA[23] waren von Online-Belästigungen (engl: *online harassment*) betroffen, wobei diese Online-Gewalterfahrungen nochmals in ‚schlimmere'[24] und ‚weniger schlimme'[25] Formen differenziert wurden[26]. Auf diese Unterscheidung wurde bei der Analyse der vorliegenden Daten bewusst verzichtet, da die subjektive Wahrnehmung der Online-Gewalterfahrung aus der Sicht der befragten Frauen und Mädchen im Vordergrund stand und eine Gewichtung bzw Bewertung seitens des Forschungsteams daher als unzulässig eingestuft wurde. Im selben Jahr veröffentliche auch Amnesty International die Studie *Unsocial Media: The Real Toll of Online Abuse against Women*[27] (kurz: Amnesty-Studie) über Online-Gewalt an Frauen, die in acht Ländern (Befragung von jeweils 500 Frauen pro Land) weltweit durchgeführt wurde. Hier gab knapp ein Viertel aller Frauen (23 %) an, Online-Belästigung oder -Missbrauch (engl: *abuse)* erlebt zu haben. Werden die Ergebnisse der beiden

---

[22] Vgl *Duggan/Smith* (2017): Online Harassment, Pew Research Center, Washington, 7, http://www.pewinternet.org/2017/07/11/online-harassment-2017 (abgefragt am 09.09.2019).

[23] Von insgesamt 4.248 Männern und Frauen (Anteil Online-Gewalt Männer: 44 %).

[24] Unter ‚schlimmere' (engl: more severe forms) wurde subsumiert: hartnäckige Verfolgung (engl: sustained harassment), Stalking, sexuelle Belästigung (engl: sexual harassment) und körperliche Drohungen (engl: physical threats).

[25] Unter ‚weniger schlimm' (engl: less severe forms) wurde subsumiert: Beschimpfungen und Beleidigungen (engl: offensive name-calling) und absichtliches Bloßstellen (engl: purposeful embarassment).

[26] ‚Schlimmere' Übergriffe (18 %); ‚weniger schlimme' Übergriffe (22 %).

[27] Vgl *Dhrodia* (2017): Unsocial Media: The Real Toll of Online Abuse against Women: Amnesty International, https://medium.com/amnesty-insights/unsocial-media-the-real-toll-of-online-abuse-against-women-37134ddab3f4 (abgefragt am 09.09.2019). Teilnehmende Länder: Vereinigtes Königreich, Vereinigte Staaten Amerikas, Neuseeland, Spanien, Italien, Polen, Schweden, Dänemark. Insgesamt wurden 4.009 Frauen befragt.

Studien mit dieser Forschungsarbeit verglichen, so liegt der Anteil von 32 % der in Österreich betroffenen Frauen und Mädchen im Mittelfeld.

Bevor weitere Daten aufgeschlüsselt und interpretiert werden, erscheint es interessant, diese im Kontext von Online-Gewalt erhobenen Prävalenzzahlen mit Ergebnissen aus repräsentativen Studien zu Offline-Gewalt gegen Frauen zu vergleichen. Die 2014 erschienene europaweite Studie der EU-Grundrechteagentur (FRA) *Violence against women: An EU-wide survey*[28] (kurz: FRA-Studie) weist aus, dass ca jede dritte Frau innerhalb der Europäischen Union seit ihrem 15. Lebensjahr körperliche und/oder sexuelle Gewalt erlebt hat. Eine erste repräsentative Studie zu Gewalt gegen Frauen in Deutschland[29] zeigt ein ähnliches Bild. 37 % aller befragten Frauen gaben an, seit ihrem 16. Lebensjahr mindestens einmal körperliche Gewalt erfahren zu haben. Der Wert hinsichtlich psychischer Gewalt lag etwas höher, bei 42 %. In Österreich erschien 2011 erstmals eine repräsentative Studie[30] zu Gewalt in der Familie und im nahen sozialen Umfeld, die Gewalterfahrungen von Frauen und Männern untersuchte. 29,6 % der Frauen berichteten von körperlicher und 39,8 % von psychischer Gewalt, die sie zudem als bedrohlich einstuften. Der Blick auf diese Zahlen zeigt, dass das Ausmaß von Online-Gewalt verglichen mit Offline-Gewalt auf der Basis dieser Studien ähnlich häufig ausgeprägt ist. Aufgrund der unterschiedlichen methodischen Herangehensweisen muss jedoch angemerkt werden, dass ein direkter Vergleich nur begrenzt zulässig ist. Wichtig zu betonen ist allerdings, dass es sich bei Gewalt offline und online nicht um zwei voneinander getrennte Gewalterfahrungen handelt, sondern dass sie sich häufig gegenseitig bedingen und sich in unterschiedlichen Räumen manifestieren und fortsetzen können. Insbesondere bei den Gewaltformen wie Stalking, Mobbing/Bullying, Hasskriminalität sowie häusliche

---

[28] Vgl *Agentur der Europäischen Union für Grundrechte* (2014): Gewalt gegen Frauen: Eine EU-weite Erhebung. Ergebnisse auf einen Blick, Luxemburg, 9, http://fra.europa.eu/de/publication/2014/gewalt-gegen-frauen-eine-eu-weite-erhebung-ergebnisse-auf-einen-blick (abgefragt am 09.09.2019).

[29] Vgl *Schröttle/Müller* (2004): Lebenssituation, Sicherheit und Gesundheit von Frauen in Deutschland: Eine repräsentative Untersuchung zu Gewalt gegen Frauen in Deutschland, im Auftrag des Bundesministeriums für Familie, Senioren, Frauen und Jugend, 28, https://www.bmfsfj.de/blob/84328/0c83aab6e685eeddc01712109bcb02b0/langfassung-studie-frauen-teil-eins-data.pdf (abgefragt am 09.09.2019).

[30] Vgl *Kapella* (2011): Gewalt in der Familie und im nahen sozialen Umfeld: Österreichische Prävalenzstudie zur Gewalt an Frauen und Männer, Österreichisches Institut für Familienforschung, Wien, 12 ff.

Gewalt zeigen sich häufig beide Komponenten und die zugrundeliegenden Machtverhältnisse und Gewaltdynamiken ähneln einander sehr.

2. Häufigste Gewaltformen

Beschimpfungen und Beleidigungen aufgrund der politischen Weltanschauung (12,8 %) waren die am häufigsten genannte Online-Gewalterfahrung der vorliegenden Studie. Auf ein ähnliches Ergebnis verweist ebenso die Pew-Studie: 10 % der amerikanischen Frauen wurden aufgrund ihrer politischen Weltanschauung beschimpft und beleidigt, wohingegen 19 % der amerikanischen Männer davon betroffen waren.[31] Am zweithäufigsten erlebten die in der vorliegenden Studie befragten Frauen und Mädchen persönliche Beschimpfungen und Beleidigungen (11,6 %), was halb so oft zutraf im Vergleich zu amerikanischen Frauen und Mädchen (23 %)[32]. Ca jede/s zehnte befragte Frau oder Mädchen berichtete über den ohne Zustimmung erfolgten Erhalt von *sexuell anzüglichen Mitteilungen oder Fotos bzw Videos* (10,9 %). In Bezug auf sexuelle Online-Belästigung kam die FRA-Studie zu etwas niedrigeren Ergebnissen. Dort gaben 5 % der befragten Frauen und Mädchen an, in den letzten 12 Monaten sexuell anzügliche Mitteilungen erhalten zu haben und/oder unangemessenen Annäherungsversuchen auf sozialen Netzwerken ausgesetzt gewesen zu sein. Berücksichtigt man aber die gesamte Zeitspanne ab dem 15. Lebensjahr, so waren auch in der FRA-Studie fast gleich viele Frauen und Mädchen (11 %)[33] davon betroffen. Der Vergleich dieser Zahlen ist dennoch nur bedingt aussagekräftig, da in den beiden Studien teilweise unterschiedliche Teilaspekte von sexueller Online-Belästigung abgefragt wurden. 7,8 % aller befragten Frauen und Mädchen waren anhand der vorliegenden Daten in Österreich *Beleidigungen und Beschimpfungen aufgrund ihres Geschlechts* ausgesetzt. Zu sehr ähnlichen Ergebnissen kam ebenfalls die Pew-Studie, in der 8 % der Frauen und Mädchen angaben, aufgrund ihres Geschlechts beschimpft und beleidigt worden zu sein.[34] Über 6,9 % der Befragten wurden *schlimme Gerüchte und falsche Tatsachen* verbreitet. Bei dieser Online-Gewaltform wies die Pew-Studie aus Amerika einen wesentlich höheren Wert aus, hier wurden über rund 23 % aller befragten Frauen falsche

[31] Vgl *Duggan/Smith* (2017) 17.

[32] Vgl *Duggan/Smith* (2017) 7.

[33] Vgl *Agentur der Europäischen Union für Grundrechte* (2014) 104.

[34] Vgl *Duggan/Smith* (2017) 7.

Informationen verbreitet.[35] In Bezug auf *Online-Stalking* gaben 6,3 % aller befragten Frauen und Mädchen an, wiederholt sehr hartnäckig mindestens über mehrere Wochen hindurch online *verfolgt oder belästigt* worden zu sein. Die FRA-Studie kam im Hinblick auf Online-Stalking zu etwas anderen Resultaten. Der Anteil von Frauen und Mädchen, die von derartigen Übergriffen in allen EU-Ländern betroffen waren, lag im Durchschnitt unter diesem Wert, nämlich bei 2 %. Nur die 18- bis 29-Jährigen waren deutlich öfter (4 %) dieser Online-Gewalt ausgesetzt,[36] was sich auch im Zuge dieses Forschungsprojektes bestätigt hat. In der Altersgruppe der 15- bis 18-Jährigen lag der Anteil bei 10 % und bei den 19- bis 24-Jährigen gaben 7,9 % an, in den letzten 12 Monaten über mehrere Wochen hindurch online verfolgt oder belästigt worden zu sein.

3. Mädchen und junge Frauen waren besonders betroffen

Auch der Vergleich mit anderen Studien zeigte, dass das *Alter* das *stärkste Differenzmerkmal* ist. Den vorliegenden Studienergebnissen zufolge waren insbesondere Mädchen und junge Frauen im Alter zwischen 15 und 18 Jahren überproportional von Übergriffen betroffen. Fast zwei Drittel der 15- bis 18-Jährigen (63,6 %) erlebte zumindest eine Form von Online-Gewalt. Mit zunehmendem Alter sank das Risiko von Gewalt im Netz betroffen zu sein. In der Altersgruppe der 19- bis 34-Jährigen erlebte knapp jede Zweite (44,5 %) und zwischen 35 und 54 Jahren etwas weniger als jede Dritte (31 %) Online-Gewalt. Diese Aussagen bezüglich des Alters korrespondieren mit den in der Pew-Studie erhobenen Daten, die für die USA auf ähnliche Ergebnisse hinwiesen. Auch hier waren junge Frauen zwischen 18 und 29 Jahren im Vergleich zu Frauen über 30 Jahren doppelt bis dreifach so oft von Online-Gewalterfahrungen betroffen.[37]

---

[35] Vgl *Duggan/Smith* (2017) 56.

[36] Vgl *Duggan/Smith* (2017) 87.

[37] Vgl *Duggan/Smith* (2017) 14.

4. Wo fand die Gewalt im Netz statt?

Die Mehrheit (53,3 %) aller Online-Gewalthandlungen fand auf *Facebook* statt. Fast jeder dritte Vorfall (32,5 %) ereignete sich auf *WhatsApp* und knapp ein Fünftel (19,5 %) über *E-Mails*. Zu sehr ähnlichen Ergebnissen kam auch die amerikanische Pew-Studie, die erhob, dass 49,9 % aller Online-Gewalthandlungen auf Facebook stattfanden.[38] In der vorliegenden Studie erlebten betroffene Frauen und Mädchen durchschnittlich vier Online-Übergriffe in den vorangegangenen 12 Monaten, wobei die meisten Frauen (38,9 %) einer oder mehreren Online-Gewalterfahrungen nur in einem Bereich (=einer Dimension) ausgesetzt waren.

5. Wer übte Online-Gewalt aus?

Mehrheitlich kannten die betroffenen Frauen und Mädchen die gewaltausübenden Personen nicht (54,8 %) bzw waren diese anonym (22 %). Zu ähnlichen Resultaten, jedoch in einem etwas geringeren Ausmaß, kam auch die bereits mehrmals zitierte Pew-Studie, in der 34 % der Befragten[39] angaben, die Gewaltausübenden nicht persönlich zu kennen bzw für 31 % waren diese anonym. Diese Befunde werden auch durch die Amnesty-Studie[40] bestätigt, in der fast 60 % aller betroffenen Frauen die Täter/Täterinnen nicht kannten. Ferner gab fast ein Drittel (30,9 %) der in diesem Forschungsprojekt befragten Frauen und Mädchen an, die Personen zwar zu kennen, diese würden aber nicht zu ihrem engeren Freundes- und Bekanntenkreis zählen. Gewaltausübende im nahen sozialen Umfeld, wie Freunde/Freundinnen, Bekannte, (Ex-)Partner/Partnerinnen, Verwandte, etc wurden insgesamt weniger genannt (44,7 %) im Vergleich zu jenen, die unbekannt und anonym waren (61,8 %).[41]

---

[38] Vgl *Duggan/Smith* (2017) 23.

[39] In diesem Kontext gibt es keine differenzierten Daten von Männern und Frauen.

[40] Vgl *Dhrodia* (2017).

[41] Gesamt übersteigt die Zahl 100 % aufgrund von mehrfachen Antwortmöglichkeiten.

VI. Folgen von Gewalt im Netz

Neben dem Ausmaß und den unterschiedlichen Formen von Online-Gewalt wurden die betroffenen Frauen und Mädchen auch über die persönlichen Folgen des als am schlimmsten empfundenen Übergriffs der letzten 12 Monate gefragt. Der Großteil der Mädchen und Frauen gab an, unter diesen Gewalterfahrungen gelitten zu haben. Fundierte Daten zu dieser Thematik zu erheben, ist jedoch ausgesprochen schwierig, was auch viktimologische Studien[42] zu psychischen Opferschäden nach Straftaten nahelegen. *Sautner* etwa weist darauf hin, dass leicht divergierende Fragestellungen auch zu unterschiedlichen Ergebnissen führen können.[43] Sie bezieht sich in diesem Zusammenhang auf zwei Befragungen mit von Gewalt Betroffenen, wobei bei der einen 8,9 % der Befragten angaben, „psychische Verletzungen" erlitten zu haben[44], bei einer anderen 88,1 % der Befragten meinten, „emotional verletzt" worden zu sein.[45] Dieser „Effekt" prägt auch die Ergebnisse der hier dargelegten Studie. Schlussendlich sind es die unmittelbar Betroffenen selbst, die subjektiv Auskunft über das eigene Gefühlsleben und die Lebenssituation geben. Die Online-Befragung richtete sich daher an diejenigen, die angaben, in den vergangenen zwölf Monaten mindestens eine Form von Gewalt im Netz erlebt zu haben. Sie wurden nach den Reaktionen darauf und nach ihren Emotionen gefragt. Thematisiert wurden die Folgen von Gewalt im Netz auch in den vier Fokusgruppen. Um die Selbsteinschätzungen von betroffenen Mädchen und Frauen zu kontrastieren, wurden ergänzend dazu Beratende in psychosozialen Einrichtungen nach ihren Erfahrungen gefragt.[46] In dieser Hinsicht stellte die Einbindung von Beratenden eine Art Filter dar, denn an sie wenden sich gerade die Frauen und Mädchen, die sich belastet fühlen und deren Leidensdruck groß genug ist, um Beratung zu suchen. Darüber hinaus gehört es zum

---

42 Die Viktimologie beschäftigt sich mit Opfern von Straftaten. Vgl *Kaiser* (1997): Kriminologie. Eine Einführung in die Grundlagen, 10. Auflage, Müller, 296.

43 Vgl *Sautner* (2014): Viktimologie. Die Lehre von Verbrechensopfern, Verlag Österreich, 44.

44 Vgl *Kilchling* (1995): Opferinteressen und Strafverfolgung, in: *Kaiser* (Hg), Kriminologische Forschungsberichte des Max-Planck-Instituts für ausländisches und internationales Strafrecht, Band 58, edition iuscrim, 133.

45 Vgl *Baurmann* (1991): Über die Bedürfnisse von Kriminalitätsopfern: Empirische Ergebnisse aus dem Forschungsschwerpunkt "Viktimologie" in der kriminalistisch-kriminologischen Forschungsgruppe im BKA, in: *Egg* (Hg), Brennpunkte der Rechtspsychologie: Polizei – Justiz – Drogen, Forum Verlag Godesberg, 22.

46 51 der Befragten antworteten auf die offene Frage „Welche Auswirkungen hat Ihrer Erfahrung nach Gewalt im Netz auf Betroffene?".

professionellen Agieren von Mitarbeitenden, auftretende Symptome treffsicher zu benennen, da sie über entsprechendes Fachwissen verfügen und nicht durch Scham oder andere Bewältigungsstrategien Symptome mitunter verharmlosen, was bei Betroffenen durchaus beobachtet werden kann. Sich selbst als depressiv zu bezeichnen, könnte als stigmatisierend erlebt werden. Dennoch stellt die Wahrnehmung einer beratenden Person einen Spiegel dar, in dem die tatsächlichen Auswirkungen der Betroffenen betrachtet werden können und der vielleicht aber auch das eine oder andere verzerrt.

A. Psychische und emotionale Folgen

In der Online-Befragung beantworteten 307 Nutzerinnen (n=321) die Frage nach der emotionalen Reaktion auf die schlimmste Online-Gewalterfahrung, die ihnen passiert sei. 39,3 % gaben „*wütend und zornig*" an, wohingegen 28,2 % berichteten, dass „*es ihnen gut ginge*" und sie keine der genannten Reaktionen zeigten. Über „*Angespanntheit und Nervosität*" berichteten 21,5 % der von Online-Gewalt Betroffenen und „*starke Ängste und Panikgefühle*" bestätigten 10 % der Befragten. Als „*traurig und depressiv*" erlebten sich 19,8 %. Wenige Nennungen bezogen sich auf „*Schuld- und Schamgefühle und/oder extreme Selbstzweifel*" (9,8 %). Als „*lustlos*" im Sinne von, keine Lust mehr auf Aktivitäten, die früher mit Freude ausgeführt wurden, wie zB Lesen, Sport, etc, bezeichneten sich 10,1 % der Befragten. Diese Werte müssen aber vor dem Hintergrund gelesen werden, dass in der Online-Befragung nach dem momentanen Gefühlszustand nach Erleben des schlimmsten Vorfalls gefragt wurde und dadurch wahrscheinlich – in der Retrospektive – vor allem sthenische Gefühle wie Zorn und Wut wachgerufen wurden, wohingegen andere vielleicht vergessen oder nicht gerne abgerufen wurden. *Staude-Müller, Hansen* und *Voss* gehen davon aus, dass Frauen durch Gewalt im Netz stärker belastet sind als Männer, ältere Betroffene stärker als jüngere. Die Gewalterfahrung werde auch als belastender erlebt, wenn der Gewalttäter/die Gewalttäterin bekannt ist, offensichtlich aus Sorge, dass Gewalt noch gezielter eingesetzt werden könnte.[47]

---

47 Vgl *Staude-Müller/Hansen/Voss* (2012): How stressful is online victimisation? Effects of victim's personality and properties of the incident, European Journal of developmental Psychology, 2012/9(2), 269 ff.

In den Fokusgruppen wurden als Folgen von Gewalt im Netz von den Frauen Schlagworte wie *„Angst"* oder *„psychische Beschwerden"* genannt, die jedoch nicht weiter differenziert und quantifiziert wurden. Umfassender ist das Bild, das Beratende zeichneten.[48] Die häufigsten psychischen Reaktionen bzw Emotionen, die Frauen, die sie betreuten, zeigten, sind demnach *Angst* (23 Nennungen), *Hilflosigkeit* (15), *Verunsicherung* (15), *Scham* (12), *geringerer Selbstwert* (11), *Depression* und *Suizidgedanken* bzw *Selbstverletzung* (jeweils sechs). Fünf oder weniger Beratende gaben *Trauma, Ärger/Wut, Kränkung, Schuldgefühl* und *Resignation* als psychische Belastungen an. Des Weiteren wurden Beratende in psychosozialen Einrichtungen konkret nach möglichen Verhaltensveränderungen von Frauen und Mädchen im Netz befragt.[49] Von 54 Beratenden gaben 15 (27,8 %) an, dass es vollkommen zutrifft, dass Betroffene nach einer Erfahrung mit Gewalt im Netz soziale Medien mieden oder dort weniger aktiv waren. Dass dies eher zutrifft, meinten 20 Beratende (37,0 %). Immerhin elf waren der Meinung, dies treffe nicht zu (20,4 %). 56 der befragten Beratenden gaben ihre Einschätzung dazu ab, ob Betroffene ihr Interesse an Aktivitäten verlieren, die vormals wichtig für sie waren. 19 bestätigten diese Ansicht vollkommen (33,9 %), 22 meinten, dies treffe eher zu (39,3 %), und acht meinten bei dieser Frage, dies treffe nicht zu (14,3 %).

Die Vermutung, Betroffene könnten nach der Gewalterfahrung im Netz *nervös und schreckhaft* sein, teilten immerhin 37 von 55 Antwortenden (62,3 %). Weitere 29,1 % der Befragten meinten, diese Aussage treffe eher zu und lediglich zwei (3,6 %) gaben an, dies treffe nicht zu. Dies scheint den Aussagen der Beratenden folgend eine häufige und regelmäßig auftretende Auswirkung von Gewalt im Netz zu sein. *Ein Gefühl der Entfremdung* bei den betroffenen Mädchen und Frauen bestätigten ca die Hälfte (53,6 %) der Befragten (n=56), und 28,6 % waren der Meinung, dies treffe eher zu. Sechs

---

48 Mehrfachantworten waren möglich, n=51.

49 Es ist dies die Frage (1) nach dem sozialen Rückzug und der Vermeidung eines Ortes der Viktimisierung, (2) nach dem Verlust des Interesses an Aktivitäten, die vor der Viktimisierung wichtig waren, (3) nach gesteigerter Nervosität und Schreckhaftigkeit, (4) nach einer generellen Entfremdung (sich anderen Menschen gegenüber anders, entfremdet zu fühlen, etwa durch gesteigertes Misstrauen), (5) nach Ein- und Durchschlafstörungen und (6) nach dem Gefühl, abgestumpft zu sein (nicht mehr weinen oder keine liebevollen Gefühle empfinden zu können). Bezug genommen wurde dabei auf *Siegrist/Maercker* (2010): Deutsche Fassung der Short Screening Scale for DSM-IV Posttraumatic Stress Disorder: Aktueller Stand der Validierung, Trauma & Gewalt 2010/4(3), 208–213.

Personen meinten, dies treffe eher nicht zu, und vier behaupteten, dies treffe nicht zu. Auch hier zeigt sich, dass die Mehrheit der Beratenden dieses belastende Gefühl als Reaktionen auf Gewalt im Netz in ihrem Betreuungs-Alltag wahrnahm. Ähnlich ist das Bild bei dem Thema *Ein- und Durchschlafstörungen*. Von 54 Beratenden waren 64,8 % der Überzeugung, dies treffe auf die von Online-Gewalt betroffenen Mädchen und Frauen zu, die sich an sie wenden würden. 29,6 % meinten, dies treffe eher zu und insgesamt drei Personen dachten, dies treffe eher nicht oder nicht zu. Nicht ganz so deutlich ist das Bild bei dem Gefühl, *abgestumpft zu sein*. Hier liegt der Durchschnittswert der Einschätzung auf einem Spektrum von 0 (= trifft vollkommen zu) bis 100 (= trifft nicht zu) bei 40 Punkten. Die Kategorie, die am häufigsten genannt wurde, ist „trifft eher zu" mit 26 von 54 Antworten (48,1 %).

Zusammenfassend lässt sich vorsichtig die Annahme formulieren, dass Betroffene von Gewalt im Netz ähnliche Symptome zeigten wie von Offline-Gewalt Betroffene, insbesondere bezüglich erhöhter Schreckhaftigkeit und Nervosität und in Bezug auf Ein- und Durchschlafstörungen. Stark ausgeprägt dürfte auch das Gefühl der Entfremdung bei den Betroffenen sein. Diese Befunde werden gestützt durch die Ergebnisse der Amnesty-Studie: 61 % der befragten Frauen gaben an, sie hätten durch die Erfahrung von Online-Missbrauch oder -Belästigungen an Selbstvertrauen und Selbstwertgefühl verloren. 55 % gaben an, die Erfahrung hätte bei ihnen Stress, Angst oder Panik-Attacken ausgelöst.[50]

B. Psychosomatische Folgen

Psychosomatische Beschwerden wurden in den Fokusgruppen mit Frauen nicht als Folge von Gewalt im Netz thematisiert. In den Online-Befragungen mit Frauen und Mädchen sowie mit Beratenden in psychosozialen Einrichtungen waren sie jedoch ein Thema. *Schlafstörungen* wurden von 9,4 % der befragten Internetnutzerinnen (n=307) sowie von acht Beratenden in psychosozialen Einrichtungen genannt. Über *Konzentrationsschwierigkeiten* berichteten 8,2 % der an der Online-Befragung teilnehmenden Frauen und Mädchen. *Essstörungen* wurden von Internetnutzerinnen und von Beratenden jedoch kaum mit Gewalt im Netz in Verbindung gebracht. Die Mehrheit der Beratenden schlussfolgerte aber, dass Frauen und Mädchen, die von Online-Gewalt betroffen sind, eine *allgemein geringere Lebensqualität* hätten. In der

---

50 Vgl *Dhrodia* (2017).

Amnesty-Studie sind die erhobenen Zahlen deutlich höher: Hier berichteten 63 % der Frauen von *Schlafstörungen*, 56 % gaben an, dass sie sich weniger in der Lage fühlten, sich auf alltägliche Aufgaben zu konzentrieren.[51]

C. Das Sicherheitsgefühl und soziale Folgen

In der Amnesty-Studie gaben 41 % der Befragten an, dass sie sich in ihrer physischen Sicherheit gefährdet fühlten, 24 % bangten sogar um die Sicherheit ihrer Familien.[52] Befragte Beratende in psychosozialen Einrichtungen nahmen wahr, dass Frauen und Mädchen, die nach Gewalterfahrungen im Netz Unterstützung suchten, sich eingeschüchtert und bedroht fühlten (zehn von 51 Befragten). In der Online-Befragung von Internetnutzerinnen gaben 17,5 % der Betroffenen an, sie fühlten sich auf Grund der Vorfälle, die sie erlebt hatten, bedroht und 17,5 % berichteten, sie fühlten sich kontrolliert (n=307). In Bezug auf soziale Folgen nannte eine Teilnehmerin der Fokusgruppen spontan *„Schulwechsel"*. Die befragten Beratenden von psychosozialen Einrichtungen thematisierten eher unspezifisch „soziale Belastungen" als Folge von Gewalt im Netz (vier Nennungen). Des Weiteren berichteten sie über *„Rufschädigung"* der Betroffenen und das *„Bloßstellen in der Öffentlichkeit"* (sechs Nennungen), zudem über das Erleben von *„Zurückweisung/Mobbing"*, *„Einschränkungen in der Schule/Arbeit"* sowie die Konfrontation mit *„Victim Blaming"*.

VII. Umgang, Unterstützung und Handlungsbedarf

Wie bereits erwähnt, zeigt Gewalt im Netz ähnliche Formen und Dynamiken wie Gewalt, die offline stattfindet. Dennoch schaffen die Möglichkeiten der neuen Medien bzw des Internets auch neue Herausforderungen für Betroffene. So wurde in den Fokusgruppen etwa die große Öffentlichkeit, in der die Gewalt stattfindet, oftmals als besonders belastend beschrieben. Gleichzeitig bietet das Internet Betroffenen aber auch technische Möglichkeiten, die in vergleichbaren Offline-Kontexten nicht zur Verfügung stünden. So ist die Dokumentation zB von Online-Beschimpfungen zumeist wesentlich einfacher, als dies offline der Fall wäre.

---

[51] Vgl *Dhrodia* (2017).
[52] Vgl *Dhrodia* (2017).

A. Umgang mit Gewalt im Netz von Betroffenen

In der Online-Befragung wurde erhoben, wie Betroffene mit ihrer schlimmsten Online-Gewalterfahrung der vergangenen zwölf Monate umgegangen sind. Am häufigsten gaben Betroffene an, *Täter/Täterinnen blockiert zu haben* (53,7 %), an zweiter Stelle rangierte mit 38,7 % die Aussage *sich gewehrt zu haben, indem auf sachliche Art auf die Unangemessenheit der Aktion* aufmerksam gemacht worden war. Als dritthäufigste Maßnahme nannten Betroffene, dass sie *eine Meldung bei den entsprechenden Providern* (23,1 %) vorgenommen hätten, gefolgt von der *Beweismittelsicherung* (21,4 %). Dies lässt zunächst den positiven Schluss zu, dass ein großer Teil der Betroffenen in der Lage war, sich mittels eigener Ressourcen zur Wehr zu setzen bzw entsprechende Abhilfemaßnahmen vorzunehmen.

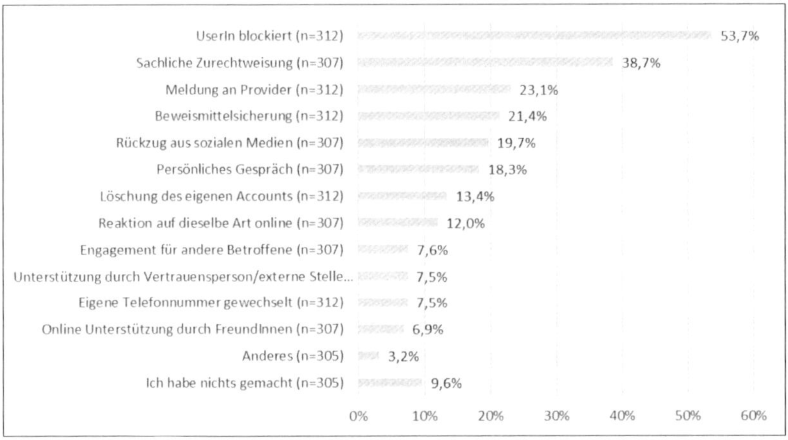

Grafik 11: Strategien von Betroffenen.
Mehrfachantworten möglich, gewichtete Daten, max Konfidenzintervall +/-5.5 %.
Quelle: Datenerhebung zu Gewalt im Netz gegen Frauen und Mädchen, 2017.

Manche der von Online-Gewalt betroffenen Frauen und Mädchen gaben an, dass sie sich für einen *Rückzug aus sozialen Medien* (19,7 %) und/oder sogar für die *Löschung des eigenen Accounts* (13,4 %) entschieden hätten. Fasst man beide Reaktionen (unter Ausschluss der Mehrfachnennungen) zusammen, zeigt sich, dass mehr als ein Viertel aller befragten Frauen und Mädchen nach einer solchen Erfahrung weniger am virtuellen öffentlichen Leben partizipiert bzw sich daraus potentiell zurückgezogen hat. In den Fokusgruppen wurden ebenfalls die *Änderung der Telefonnummer* und die *Löschung des Accounts genannt*, überdies thematisierte eine Teilnehmerin, die Notwendigkeit eines *Umzugs*. Die Ergebnisse der Online-Befragung von psychosozial Beratenden zeigten diesbezüglich sogar noch höhere Werte: Von 54 Beratenden gaben 27,8 % an, dass Frauen und Mädchen ihrer Erfahrung nach soziale Medien meiden oder dort weniger aktiv wären. 37 % vertraten die Meinung, dass dies eher zutrifft und 20,4 % räumten ein, dass dies nicht zutreffe. Zu einem ähnlichen Ergebnis kommt auch die Amnesty-Studie, wonach 76 % der Betroffenen angaben, dass sie ihr Nutzungsverhalten in den sozialen Medien nach einer Gewalterfahrung geändert hätten. Die Bandbreite reichte dabei von einer Veränderung der Privatsphäre- und Sicherheitseinstellungen bis hin zu einer Veränderung der veröffentlichten Inhalte. So gaben 32 % der betroffenen Frauen an, dass sie aufgehört hätten, Inhalte, in denen sie ihre Meinung zu bestimmten Themen kundtun, zu veröffentlichen.[53] Soziale Netzwerke und Plattformen sind aber von wesentlicher Bedeutung für die (niederschwellige) Förderung von Meinungsfreiheit und für den Zugang zu Informationen, insbesondere auch für Frauen und marginalisierte Gruppen. Ein Rückzug aus diesen Netzwerken aufgrund einer Online-Gewalterfahrung bedeutet eine Einschränkung ebendieser Freiheit, wie auch Studienverantwortliche *Dhrodia* erläutert.[54] Insbesondere im Hinblick auf die Digitalisierung von weiten Teilen des Berufs- und Privatlebens und damit auch auf die Notwendigkeit der Nutzung verschiedener Internetdienste ist dies eine Entwicklung, die jedenfalls weiter beobachtet werden sollte.

Darüber hinaus wurden unter anderem folgende Reaktionen im Umgang mit Online-Gewalterfahrungen genannt: „*Ich habe die Person persönlich/offline darauf angesprochen*“, diese Strategie wurde von 18,3 % der Betroffenen gewählt. 12 % der Betroffenen reagierten wie folgt: „*Ich habe mich online gewehrt, indem ich auf dieselbe Art (Beleidigungen, Beschimpfung, etc) geantwortet habe*“. Für andere eingesetzt, die ebenfalls von Gewalt im Netz betroffen waren, hatten sich 7,6 % (n=307) der Betroffenen. Lediglich 9,6 % der Betroffenen (n=305) gaben an, „*nichts*“ gemacht zu haben. Diese Nachfrage bezog sich ausdrücklich auf die schlimmste im vergangenen Jahr erlebte

[53] Vgl *Dhrodia* (2017).

[54] Originalzitat: "Social media has helped enhance freedom of expression, including access to information in many ways. But as offline discrimination and violence against women have migrated into the digital world, many women are stepping back from public conversations, or self-censoring out of fear for their privacy or safety.", *Dhrodia* (2017).

Gewalterfahrung online. Ergänzend dazu können die Ergebnisse der Fokusgruppen-Diskussionen herangezogen werden. Bei Gewalterfahrungen, die als „weniger schlimm" eingestuft worden waren, erschien den Diskussionsteilnehmerinnen das *Ignorieren* als probates Mittel. Einig waren sich die Teilnehmerinnen jedoch auch darüber, dass dies bei öffentlich zugänglichen herabwürdigenden, beleidigenden oder ähnlichen Inhalten keine effektive Strategie darstelle, da es in solchen Fällen die Priorität für Betroffene sei, diese Inhalte zu entfernen, wenn diese einer großen Öffentlichkeit zugänglich sind (zB ein öffentlich sichtbarer beleidigender Post oder Nacktbild).

B. Nutzung von Unterstützungsangeboten durch Betroffene

Ein auffallend geringer Anteil – nur ca jede Fünfte (21,1 %) – gab bei der Online-Befragung an, aufgrund der schlimmsten Online-Gewalterfahrung in den vergangenen zwölf Monaten Unterstützung in Anspruch genommen zu haben, während die überwiegende Mehrheit (78,9 %) der Betroffenen keine Unterstützung gesucht hatte.

Die Bandbreite an Unterstützungsangeboten, die Betroffene nutzten, reichte dabei von jenen aus dem privaten Umfeld bis hin zur Unterstützung durch die Exekutive. Mit großem Abstand am häufigsten suchten Betroffene (n=311) Unterstützung bei der Familie und bei Freunden/Freundinnen (45 Personen), gefolgt von der Polizei (15 Personen) und verschiedenen Beratungsstellen (elf Personen)[55]. Häufiger suchte die Gruppe der Mädchen und jungen Frauen Unterstützung: 27,9 % der 15- bis 18-Jährigen gaben an, nach einer Online-Gewalterfahrung ein Unterstützungsangebot genutzt zu haben. Überraschend niedrig ist der Wert in der Gruppe der 19- bis 24-Jährigen, hier nahmen nur 16,3 % der betroffenen Frauen entsprechende Angebote in Anspruch. Die Nutzung von Unterstützungsangeboten der betroffenen 45- bis 54-Jährigen lag mit 16,9 % ebenfalls unter dem Gesamtdurchschnitt.

---

[55] Hinzuzufügen ist dabei, dass diese Zahlen aufgrund des kleinen Samples nicht mehr repräsentativ sind, sondern lediglich einen Trend in der erhobenen Stichprobe abbilden.

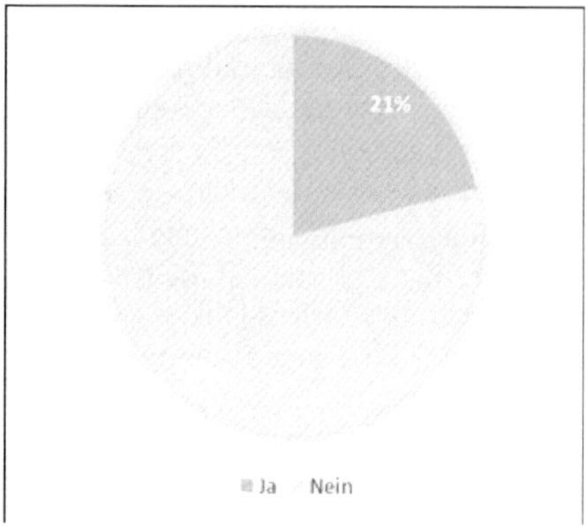

Grafik 12: Haben Sie sich Unterstützung geholt?
Gewichtete Daten, n=311, max Konfidenzintervall +/-4.9 %.
Quelle: Datenerhebung zu Gewalt im Netz gegen Frauen und Mädchen, 2017.

Betroffene wurden in der Online-Befragung außerdem ersucht, anzuführen, welche zusätzliche Unterstützung sie in der jeweiligen Situation benötigt hätten. Der Großteil der Befragten – insgesamt 56,5 % – gab an, dass sie keinen zusätzlichen Unterstützungsbedarf gehabt hätten. Die in einer offenen Frage formulierten Bedürfnisse von Betroffenen bezogen sich auf folgende Punkte: Zu einem geringen Anteil (9 %) äußerten Betroffene den Wunsch nach besserer „*Allgemeiner Unterstützung*", was auch in den Fokusgruppen mehrmals diskutiert wurde. In diesem Zusammenhang gaben viele der Fokusgruppen-Teilnehmerinnen an, nicht über ausreichende Informationen zur Rechtslage und über Unterstützungsmöglichkeiten zu verfügen. Die weiteren, in der Online-Befragung genannten Bedürfnisse wie Klärung und Auseinandersetzung (6,7 %), bessere Prävention (5,3 %), effektivere Unterstützung durch Polizei und bei der Rechtsdurchsetzung (1,6 %)[56], größere Unterstützung durch andere Nutzende (1,8 %), bessere Aufklärung (1,3 %) und Anlaufstellen (1,2 %), deuten darauf hin, dass für Betroffene von Gewalt im Netz mehr Aufklärung und Bewusstseinsbildung in der Öffentlichkeit, im Schulwesen und bei den Behörden von wesentlicher Bedeutung sind. Betroffene sahen aber auch die Provider von sozialen Netzwerken und anderen Internetdiensten in der Pflicht: 5,5 % der von Online-Gewalt betroffenen

[56] In den Fokusgruppen thematisierten Betroffene mehrfach, dass sie sich von der Polizei nicht ausreichend ernst genommen gefühlt hätten bzw dass sie im Falle einer Betroffenheit Sorge hätten, von der Polizei nicht ernst genommen zu werden.

Nutzerinnen wünschten sich effektivere Maßnahmen der Provider bei der Bekämpfung von Gewalt im Netz. 2,1 % forderten konsequente Löschung von Inhalten bzw Sperre von Nutzenden, 1,7 % der Betroffenen erachteten höhere Strafen bzw Konsequenzen für Täter/Täterinnen als persönlich unterstützend.

C. Wünsche an politisch Verantwortliche zur effektiven Bekämpfung von Gewalt im Netz

Abschließend wurde in der Online-Befragung erhoben, was sich Frauen und Mädchen bei der Bekämpfung und Prävention von Gewalt im Netz von politisch Entscheidenden wünschen („*Wenn es darum geht, Gewalt im Netz wirksam zu bekämpfen, was würden Sie sich von politisch Verantwortlichen wünschen?*“), unabhängig davon, ob sie persönlich eine Online-Gewalterfahrung gemacht hatten. Diese Wünsche wurden mittels einer offenen Frage erhoben. Etwa die Hälfte der befragten Frauen und Mädchen beantwortete diese Frage und sah einen klaren Handlungsbedarf: 38,4 % aller Antwortenden forderten härtere Strafen und Konsequenzen für Täter/Täterinnen von Gewalt im Netz. 28,6 % der Befragten sahen die Provider in der Pflicht, effektivere Maßnahmen gegen Gewalt im Netz zu setzen: bessere Richtlinien, Kontrolle, Überwachung. Des Weiteren genannt wurden die Forderung nach effektiverer Ermittlung und Verfolgung durch die Polizei (5,2 %) bzw „neue, bessere Gesetze“ (4,6 %). Des Weiteren sprachen sie sich für mehr Aufklärung, Medien- und Bewusstseinsbildung (insgesamt 9,5 %) aus: mehr Einsatz und Aufmerksamkeit für das Thema (3,7 %), mehr Bewusstseinsbildung bei Kindern und Jugendlichen (3,1 %), verstärkte Aufklärungs- und Öffentlichkeitsarbeit (2,7 %). Zudem genannt wurden eine stärkere Eigenverantwortung der Nutzer/Nutzerinnen (2,1 %), eine bessere Vorbildwirkung von Politikern/Politikerinnen (2 %) sowie der Ausbau und die Schaffung von Anlauf- und Meldestellen (2 %).

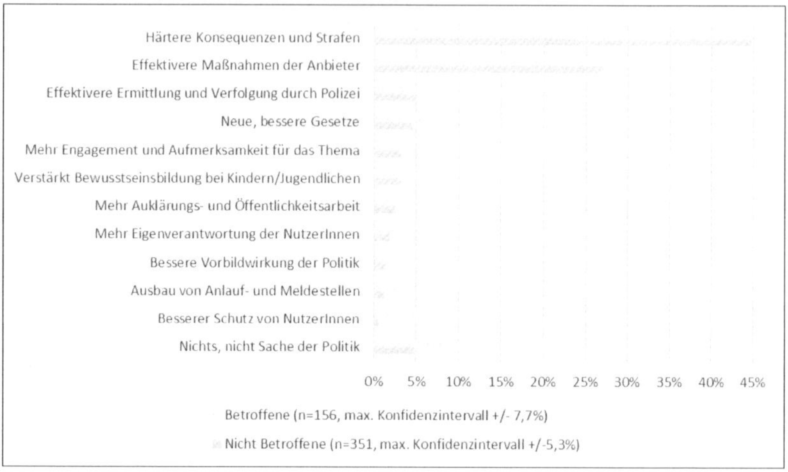

Grafik 13: Was wünschen Sie sich von politisch Verantwortlichen?
Gewichtete Daten.
Quelle: Datenerhebung zu Gewalt im Netz gegen Frauen und Mädchen, 2017.

Außerdem angeführt wurde der Wunsch nach einem besseren Schutz von Nutzern/Nutzerinnen (1,4 %). 6,3 % der Befragten gaben an, dass es keiner zusätzlichen politischen Maßnahmen bedarf. Auffällig ist dabei, dass sich die Wünsche der Befragten, die in den letzten zwölf Monaten eine Online-Gewalterfahrung erlebt hatten, signifikant von denen unterscheiden, die keine solche Erfahrung machen mussten (Chi^2=34,3, p=0,000). Insbesondere bei der Frage nach der adäquaten Bestrafung unterscheidet sich die Perspektive der Befragten deutlich: Nur 24,2 % der Betroffenen nannten härtere Strafen und Konsequenzen als einen Wunsch an die Politik, während 44,8 % jener Befragten, die in den vergangenen zwölf Monaten keine Online-Gewalt erlebt hatten, dies forderten. Umgekehrt wünschten sich 31,8 % der Betroffenen effektivere Maßnahmen von Providern, während nur 27,1 % der Frauen und Mädchen, die im vergangenen Jahr keine Online-Gewalterfahrung gemacht hatten, dies forderten. Der dritte Bereich, in dem es auffällige Unterschiede gab, ist die Kategorie „Nichts, nicht Sache der Politik". Hier gaben 9,7 % der Betroffenen an, dass keine weiteren politischen Maßnahmen nötig seien, während dies nur 4,8 % jener Befragten, die in den vergangenen zwölf Monaten keine Gewalterfahrung im Netz erlebt hatten, angaben.

In den Fokusgruppen wurde die Frage ausführlicher und tiefergehender erörtert. Hier nannten die Fokusgruppen-Teilnehmerinnen der Altersgruppe der 18- bis 39-Jährigen folgende Wünsche an die Politik[57]:

- Mehr Transparenz im Netz
- Strengere Gesetze und Strafen
- Bessere Sicherheitseinstellungen
- Strengere Regeln beim Posten
- Mehr Kontrolle durch Betreiber
- Solidarität
- Online-Meldestellen
- Anlaufstellen für Opfer
- Bewusstseinsbildung
- Mehr Möglichkeiten zu blockieren und zu löschen
- Besser geschulte Polizei

Die 40- bis 65-jährigen Teilnehmerinnen der Fokusgruppen nannten folgende Wünsche:

- Zuständige Behörden
- Mehr Technik für die Polizei
- Kontakt sollte unterbrochen werden können
- Datenaustausch zwischen Polizei, Firmen und Opfern
- Polizei sollte mehr Befugnisse haben
- Kindern sollten Werte vermittelt werden
- Mehr Identität und Transparenz im Netz
- Finanzierung für Therapien von Opfern
- Verständnis
- Schnelle rechtliche Meldestelle

---

[57] Die Nennungen erfolgten als Antwort auf eine offene schriftliche Frage.

In den Fokusgruppen wurde aber gleichzeitig deutlich, dass der allgemeine Wissensstand zum rechtlichen Rahmen bzw Rechtsschutz, den von Gewalt Betroffene auch online genießen, sowie zu Unterstützungsangeboten für von Gewalt im Netz Betroffene relativ gering ist. Diesen Eindruck teilt auch der Generalsekretär der Internet Service Providers Austria (ISPA), *Maximilian Schubert*, in einem Interview: „*Wir haben im Bereich der Medienkompetenz und vor allem dem Wissen darüber, was im Internet erlaubt und was verboten ist, massiven Aufholbedarf.*“[58]

Nichtsdestotrotz sind diese Zahlen, auch in Zusammenhang mit den Daten der Online-Befragung von psychosozialen Beratungseinrichtungen, sowie angesichts der Ergebnisse der Fokusgruppen ein deutliches Signal, dass Internetnutzerinnen Handlungsbedarf sehen. Auch im Hinblick auf die relativ große Zahl der betroffenen Frauen und Mädchen (27,5 %), die sich nach einem Online-Gewalterlebnis aus sozialen Medien und Plattformen zurückziehen, gilt es, nach weiteren Lösungsansätzen zu forschen.

VIII. Resümee

Abschließend werden hier die wichtigsten Erkenntnisse zusammengeführt, um einen Überblick über das Nutzungsverhalten, die Gewalt-Prävalenz, Gewaltformen, Folgen, Unterstützung, Umgang mit Gewalt sowie den von den Frauen formulierten Forderungen zu geben.

In Bezug auf das Nutzungsverhalten von Frauen und Mädchen im Netz sind laut der Ergebnisse der Online-Befragung E-Mail (93,9 %), Messenger-Dienste (82,3 %) sowie SMS (50,4 %) und Facebook (46,7 %) die am häufigsten genutzten Internetdienste. Das Nutzungsverhalten von jüngeren Nutzerinnen unterscheidet sich von jenem der älteren insbesondere durch die weiter verbreitete Verwendung der bild- und videobasierten Kommunikationsdienste Snapchat und Instagram sowie durch die deutlich stärkere Nutzung von Messengerdiensten. Der Internetdienst, wo die meisten Online-Übergriffe stattgefunden haben, war laut der befragten Frauen und Mädchen mit Abstand **Facebook**. Jede zweite betroffene Internetnutzerin (53,3 %) gab an, auf Facebook Online-Gewalterfahrungen gemacht zu haben. Knapp ein Drittel (32,5 %) berichtete über Gewalt auf Messenger-Diensten wie **WhatsApp** und ein Fünftel (19,5 %) durch **E-Mails**. An dieser Stelle gilt es

[58] Vgl *Schubert*, Interview geführt am 17.01.2018.

jedoch anzumerken, dass die relativ große Häufigkeit der Online-Gewalt auf diesen Plattformen auch auf die relative Häufigkeit der Nutzung dieser Medien zurückzuführen ist.

In Bezug auf die unterschiedlichen Formen und Dimensionen von Gewalt, denen Online-Nutzerinnen ausgesetzt waren, gab **jede dritte Befragte** (32,4 %, n=1.005) an, **mindesten einmal in den letzten 12 Monaten eine Online-Gewalterfahrung** erlebt zu haben. Am häufigsten waren Frauen und Mädchen von *Online-Beschimpfungen und Beleidigungen aufgrund ihrer politischen Weltanschauung* (12,8 %) und von *persönlichen Beschimpfungen* (11,6 %) betroffen. Des Weiteren erhielten 10,9 % der Befragten ohne ihre Zustimmung *sexuell anzügliche Mitteilungen* (in Textformaten, Fotos und Videos). In Bezug auf die soziostrukturellen Merkmale der befragten Frauen und Mädchen war das **Alter** die wichtigste Differenzkategorie. **Überdurchschnittlich** waren **jüngere Frauen und Mädchen (15- bis 18-Jährige) von allen Gewalt-Dimensionen betroffen**, außer bei der Verbreitung von schlimmen Gerüchten und falschen Tatsachen, hier war der Anteil der 19- bis 34-Jährigen geringfügig höher. Dazu gilt es festzuhalten, dass zwar **alle** (100 %) der befragten Mädchen und jungen Frauen (15- bis 18-Jährige) angaben, WhatsApp zu nutzen, aber nur rund 38,1 % von ihnen verbrachte mindestens mehrmals pro Woche Zeit auf Facebook (fast der gleiche Anteil wie bei über 64-Jährigen – 38,8 %). Hier dient also das Nutzungsverhalten alleine nicht als Erklärung.

Ferner waren Frauen und Mädchen, die **ehrenamtlich oder hauptamtlich engagiert** waren, in jeder Gewaltdimension in einem höheren Ausmaß von Online-Übergriffen betroffen als jene, die sich nicht gesellschaftlich in unterschiedlichen Bereichen engagierten. **LGBT-Frauen und Mädchen** erlebten um einiges häufiger Online-Gewalt im Vergleich zu heterosexuellen Befragten bei allen Online-Gewaltformen, außer bei Online-Stalking (Verfolgung und Belästigung über mehrere Wochen hindurch). Die **Erstsprache** spielte ausschließlich im Bereich der Online-Beschimpfungen und Beleidigungen eine Rolle. Bei weiteren Differenzkategorien wie Wohnort, Geburtsland sowie schulischer Bildung, zeigten sich lediglich bei manchen Online-Gewalterfahrungen Unterschiede, jedoch nur in geringem Maß. Wie bereits vorhin berichtet, fanden die meisten Übergriffe auf **Facebook** und **WhatsApp** statt. Überwiegend wurden diese von **Männern**, die den Frauen und Mädchen meist **fremd waren**, verübt. Somit wird deutlich, dass die im Kontext dieser Studie befragten Frauen und Mädchen Online-Gewalt – insbesondere Beschimpfungen und Beleidigungen – mehrheitlich im öffentlichen Raum durch unbekannte bzw anonyme Täter/Täterinnen erfahren haben. Die Online-Befragung mit in psychosozialen Einrichtungen arbeitenden Beratern/Beraterinnen ergab ein gänzlich anderes Bild. Hier gaben 76,2 % der Befragten an, dass in den von ihnen betreuten Fällen meistens ein persönliches Naheverhältnis zwischen von Gewalt Betroffenen und Tätern/Täterinnen, wie zB (Ex-)Partnern/Partnerinnen, bestehe. Wichtig dabei ist, dass Online-Gewalt oftmals auch eine Offline-Komponente hat und umgekehrt. Die digitale und analoge Welt können in diesem Zusammenhang somit nicht isoliert voneinander betrachtet werden, sondern sind im Gegenteil oft eng miteinander verbunden und können sich verstärken. Beispiele hierfür sind Hasskriminalität, Gewalt von (Ex-)Partnern/Partnerinnen, Stalking und Mobbing.

Bezüglich der **psychischen und emotionalen Folgen** waren die zwei meistgenannten Reaktionen auf das schlimmste Gewalterlebnis im Netz in den letzten 12 Monaten einerseits **Wut und Zorn** (39,3 %) und andererseits gar **keine Reaktion**, bei der die Betroffenen angaben, dass es ihnen trotz des Übergriffs gut gegangen sei (28,2 %). Rund 21,5 % der Frauen und Mädchen berichteten über **Angespanntheit bzw Nervosität**. Insgesamt scheinen Betroffene von Gewalt im Netz ähnliche Symptome zu zeigen wie andere Gewaltopfer, insbesondere bezüglich erhöhter **Schreckhaftigkeit** und **Nervosität**, in Bezug auf **Ein- und Durchschlafstörungen** sowie hinsichtlich des Gefühls der Entfremdung. Als die häufigsten psychosomatischen Folgen von Gewalt im Netz wurden **Schlafstörungen** (9,0 %) und **Konzentrationsschwäche** (8,2 %) genannt.

In der Online-Befragung wurde zudem erhoben, wie Betroffene mit der schlimmsten Online-Gewalterfahrung im vergangenen Jahr umgegangen sind bzw was sie konkret gemacht haben. Positiv zu werten ist dabei zunächst, dass ein Großteil der Befragten angab, sich **mittels eigener Ressourcen zur Wehr gesetzt bzw entsprechende Abhilfemaßnahmen vorgenommen** zu haben: Am häufigsten (53,7 %) gaben Betroffene an, Nutzer/Nutzerinnen blockiert zu haben. Am zweithäufigsten (38,7 %) folgte die sachliche Auseinandersetzung mit dem Täter/der Täterin von Gewalt im Netz *(„Ich habe mich online gewehrt, indem ich auf sachliche Art auf die Unangemessenheit der Aktion aufmerksam gemacht habe.“*). Fast ein Viertel (23,1 %) machte eine Meldung bei den Providern der entsprechenden Plattformen und ca jede Fünfte (21,4 %) sicherte Beweise. Weniger positiv zu werten ist, dass mehr als jede Vierte (27,5 %) angab, dass sie sich als Folge einer Online-Gewalterfahrung für einen **Rückzug aus sozialen Medien** und/oder sogar für die **Löschung des eigenen Accounts** entschieden hätte. Das bedeutet, dass sie nach einer Gewalterfahrung im Netz weniger am virtuellen öffentlichen Leben teilgenommen bzw sich daraus potentiell zurückgezogen haben.

Bei der Frage nach Unterstützung war überraschend, dass nur ca jede fünfte Betroffene (21,1 %) **Unterstützung** suchte. Diese holten sie sich bei der Familie oder Freunden/Freundinnen, der Polizei, Beratungsstellen oder bei Providern. Hierbei sollte aber berücksichtigt werden, dass vor allem in den Fokusgruppen aber auch in den Interviews mit Experten/Expertinnen deutlich wurde, dass das Bewusstsein hinsichtlich der entsprechenden Unterstützungsangebote wenig verbreitet ist.

Bei den in der Online-Befragung genannten **Wünschen bzw Forderungen an politische Verantwortungsträger/-trägerinnen** zur wirksamen Bekämpfung von Gewalt im Netz unterschieden sich die Nennungen der Betroffenen signifikant von jenen, die in den vergangenen 12 Monaten keine Online-Gewalterfahrung gemacht hatten: Während letztere in erster Linie (44,8 %) **härtere Strafen** und Konsequenzen forderten, hielten nur 24,2 % der Befragten, die im letzten Jahr von Gewalt im Netz betroffen gewesen waren, dies für eine wünschenswerte Maßnahme. Bei dem Wunsch nach **wirksameren Maßnahmen von Providern** war der Unterschied nicht mehr allzu groß. Während 27,1 % der Frauen und Mädchen, die in den vergangenen 12 Monaten keine Online-Gewalterfahrung gemacht hatten, angaben, dies für einen wirksamen Schritt zu halten, nannten 31,8 % der Betroffenen dies als Wunsch an politische Entscheidungsträger/-trägerinnen. Als wesentliche Handlungsfelder zeigten sich in der Online-Befragung mit Frauen und Mädchen, den Fokusgruppen und in der Befragung von Beratenden von psychosozialen Einrichtungen die Bereiche **Bewusstseinsbildung**, **Förderung von Medienkompetenz** und **Aufklärungsarbeit**. Dies weist vor allem darauf hin, dass den befragten Frauen und Mädchen sowie den Beratenden neben Maßnahmen in der Strafjustiz und Sicherheit im Netz vor allem auch gewaltpräventive Ansätze in der Bildung und grundlegende gesellschaftspolitische Sensibilisierung und Aufklärungsarbeit für das Thema „Gewalt im Netz“ ein Anliegen sind.

IX. Literatur

Agentur der Europäischen Union für Grundrechte (2014): Gewalt gegen Frauen: Eine EU-weite Erhebung. Ergebnisse auf einen Blick, Luxemburg, http://fra.europa.eu/de/publication/2014/gewalt-gegen-frauen-eine-eu-weite-erhebung-ergebnisse-auf-einen-blick

Baurmann (1991): Über die Bedürfnisse von Kriminalitätsopfern: Empirische Ergebnisse aus dem Forschungsschwerpunkt "Viktimologie" in der kriminalistisch-kriminologischen Forschungsgruppe im BKA, in: *Egg* (Hg), Brennpunkte der Rechtspsychologie: Polizei – Justiz – Drogen, Forum Verlag Godesberg

Benecchi/Brügger/Hosner/Mandl/Müller-Funk/Nachbaur/Nowak/Schlintl (2018): Gewalt im Netz gegen Frauen und Mädchen in Österreich, https://www.frauen-familien-jugend.bka.gv.at/frauen/gewalt-gegen-frauen/gewalt-im-netz.html

Dhrodia (2017): Unsocial Media: The Real Toll of Online Abuse against Women: Amnesty International, https://medium.com/amnesty-insights/unsocial-media-the-real-toll-of-online-abuse-against-women-37134ddab3f4

Duggan/Smith (2017): Online Harassment, Pew Research Center, Washington, http://www.pewinternet.org/2017/07/11/online-harassment-2017

Flick (2004): Triangulation in der qualitativen Forschung, in: *Flick/Kardorff/Steinke* (Hg), Qualitative Forschung, Reinbek bei Hamburg

Forschungszentrum Menschenrechte und Weißer Ring (2018): Gewalt im Netz gegen Frauen und Mädchen in Österreich, Wien, https://bim.lbg.ac.at/de/artikel/gewalt-netz-gegen-frauen-maedchen-oesterreich

Integral. Markt- und Meinungsforschung (2017): Austrian Internet Monitor. Kommunikation und IT in Österreich. 3. Quartal 2017, https://www.integral.co.at/downloads/Internet/2017/11/AIM-C_-_Q3_2017.pdf

Kaiser (1997): Kriminologie. Eine Einführung in die Grundlagen, 10. Auflage, Müller

Kapella (2011): Gewalt in der Familie und im nahen sozialen Umfeld: Österreichische Prävalenzstudie zur Gewalt an Frauen und Männer, Österreichisches Institut für Familienforschung, Wien

Kilchling (1995): Opferinteressen und Strafverfolgung, in: *Kaiser* (Hg), Kriminologische Forschungsberichte des Max-Planck-Instituts für ausländisches und internationales Strafrecht, Band 58, edition iuscrim

Sautner (2014): Viktimologie. Die Lehre von Verbrechensopfern, Verlag Österreich, Wien

Schröttle/Müller (2004): Lebenssituation, Sicherheit und Gesundheit von Frauen in Deutschland: Eine repräsentative Untersuchung zu Gewalt gegen Frauen in Deutschland, im Auftrag des Bundesministeriums für Familie, Senioren, Frauen und Jugend, https://www.bmfsfj.de/blob/84328/0c83aab6e685eeddc01712109bcb02b0/langfassung-studie-frauen-teil-eins-data.pdf

Siegrist/Maercker (2010): Deutsche Fassung der Short Screening Scale for DSM-IV Posttraumatic Stress Disorder: Aktueller Stand der Validierung, Trauma & Gewalt, 2010/4(3)

Staude-Müller/Hansen/Voss (2012): How stressful is online victimisation? Effects of victim's personality and properties of the incident, European Journal of developmental Psychology, 2012/9(2)

Wiener Interventionsstelle gegen Gewalt in der Familie (2018): Statistik. Wien, https://www.interventionsstelle-wien.at/download/?id=718

HASSREDE UND KATZENBILDER: AUSGEWÄHLTE MENSCHENRECHTLICHE ASPEKTE DER GOVERNANCE VON MEINUNGSÄUSSERUNGEN IM INTERNET

Matthias C. Kettemann / Katharina Mosene

I. Einleitung

Das Ringen um den Schutz der Meinungsäußerungsfreiheit im Internet sollte eigentlich auf einer Agora stattfinden. Doch gleichen die Räume, in denen um die Governance von Meinungsäußerungsfreiheit in der Digitalität gerungen wird, eher *Arenen*: in privaten, hybriden und öffentlichen Räumen, die regulativ in unterschiedlichen Kräfteverhältnissen von Staaten, Unternehmen und User*innen geprägt sind, wird algorithmisch oder durch Menschen, unter Verweis auf das Völkerrecht, Europarecht, nationale Grund- und Menschenrechte sowie transnationale normative Arrangements, wie Standards, eine in

Umfang wie Intensität neue Art der Meinungsäußerungs-Governance betrieben.[1] Wie effektiv diese Governance im Kampf gegen die Hassrede ist, wird zentrales Thema dieses Beitrags sein, der sich der Kampfzone, die mit den titelgebenden Begriffen sozio- wie individualpsychologisch schädlicher und daher rechtlich zu bekämpfender Hassrede und charmanter Katzenbilder eine Konturierung erfährt, in mehreren Schritten nähert.

Nach der Einleitung wird das Verhältnis von Internetzugang und Meinungsäußerung zwischen Staaten und Plattformen thematisiert (II.). Sodann erhält die Meinungsäußerungsfreiheit und ihr Schutz ein Profil (III.), bevor ihre Grenzen – wie die Hassrede – aufgezeigt werden (IV.). In Folge untersucht der Beitrag, am Beispiel des deutschen Netzwerkdurchsetzungsgesetzes, inwieweit private Rechtsdurchsetzung im Bereich des Kampfes gegen Hassrede programmiert werden kann (V.). Danach erhellt der Beitrag die Rolle von Gerichten im Schnittstellenmanagement der neuen öffentlichen Räume zwischen staatlichen Normen und privaten Aufgaben (VI.). Das uneingelöste Emanzipationsversprechen des Internets wird sodann am Beispiel der Gender-Dimension von Hate Speech verdeutlicht (VII.), bevor ein Fazit gezogen wird (VIII.).

II. Internetzugang und Meinungsäußerung zwischen Staaten und Plattformen

Voraussetzung für die Ausübung der Menschenrechte im Internet sind der Zugang zum Internet (der durch staatliche Infrastrukturmaßnahmen sicherzu-

[1] Der Beitrag greift auf Überlegungen zurück, die von *Kettemann* an verschiedentlichen Stellen thematisiert wurden, darunter: *Matthias C. Kettemann/Wolfgang Benedek*, Freedom of expression online, in *Mart Susi* (Ed), Human Rights, Digital Society and the Law. A Research Companion (2019) 58–74; *Kettemann*, Stellungnahme als Sachverständiger für die öffentliche Anhörung zum Netzwerkdurchsetzungsgesetz auf Einladung des Ausschusses für Recht und Verbraucherschutz des Deutschen Bundestags, 15.05.2019. Der Titel ist inspiriert von *Matthias C. Kettemann*, Hassrede und Katzenbilder: Wie können im globalen Netz nationale Gesetze respektiert werden? in *Lorena Jaume-Palasi/Julia Pohle/Matthias Spielkamp* (Hrsg), „Digitalpolitik – eine Einführung" (2017), https://irights.info/wp-content/uploads/2017/05/Digitalpolitik_-_Eine_Einfuehrung.pdf. *Katharina Mosene* hat schwerpunkthaft Abschnitt VII. bearbeitet.

stellen ist) und der Zugang zu Internet-Inhalten (der vor überschießender Zensur zu schützen ist).[2] Das Völkerrecht schützt beide Zugangsdimensionen: Art 19 Abs 2 des Zivilpaktes garantiert die Verbindungstechnologien mit seinem Verweis auf den Schutz von Meinungsäußerung durch „any […] media of [one's] choice".[3] Die Menschenrechtskommission bestätigt dies in ihrem Allgemeinen Kommentar Nr 34 zu Art 19.[4]

Während in manchen Staaten bereits ein Recht auf Internetzugang gesetzlich festgeschrieben ist oder sich aus dem Recht dogmatisch ableiten lässt,[5] ist eine explizite Kodifizierung weder national noch international Voraussetzung für das Bestehen des Rechts. Die völkerrechtlichen Verpflichtungen stecken den Rahmen ab, innerhalb dessen Deutschland die Sicherung des Zugangs zum Internet wie zu Internet-Inhalten garantieren muss.[6]

Für den deutschen Rechtsraum lässt sich ein Recht auf Zugang dogmatisch als objektiv-rechtliche Grundrechtswirkung sowohl als eigenständiges Recht, umfasst vom Grundrecht auf Gewährleistung eines menschenwürdigen Existenzminimums (Art 1 Abs 1 iVm Art 20 Abs 1 GG), aber auch als rechtlich geschützte Vorbedingung der Ausübung anderer Rechte konstruieren.[7] Angesichts der zentralen Rolle, die das Internet inzwischen einnimmt,[8] entspricht diese Grundrechtswirkung einer positiven Leistungspflicht des Staates: ein

---

2 Dieser Unterabschnitt greift zurück auf *Matthias C. Kettemann*, Menschenrechte im Multistakeholder-Zeitalter: Mehr Demokratie für das Internet, ZFMR 1/2016, 24–36.

3 *Molly K. Land*, Toward an International Law of the Internet, Harvard International Law Journal, 54 (2013), 393–458.

4 *Menschenrechtskommission*, Allgemeiner Kommentar zu Art 19 IPbpR, CCPR/C/GC/34 vom 12.09.2011, Abs 15: „States parties should take all necessary steps to foster the independence of these new media and to ensure access of individuals thereto."

5 Vgl EGMR 18.12.2012, No 3111/10, *Yildirim vs Turkey*, Abs 31: „in theory" bestehe ein derartiges Recht in mehr als zehn Mitgliedstaaten des Europarates.

6 BVerfG 18.07.2012, 1 BvL 10/10; 1 BvL 2/11, Rn 94; BVerfG 23.07.2014, 1 BvL 10/12, Rn 74 („Dem Gesetzgeber steht ein Gestaltungsspielraum zu […]; [dabei] ist er auch durch völkerrechtliche Verpflichtungen gebunden.").

7 Neben dem Recht auf Internetzugang sind nach dieser Sicht übrigens auch die Sicherheit und Integrität der Kommunikationssysteme als objektiv-rechtliche Vorbedingung der Ausübung kommunikativer Rechte geschützt (dazu sehr instruktiv *Wolfgang Hoffmann-Riem*, Freiheitsschutz in den globalen Kommunikationsinfrastrukturen, 69 JZ 2/2014, 53–63 (53).

8 So etwa BGH 24.01.2013, Urteil des III. Zivilsenats, III ZR 98/12.

unmittelbar verfassungsrechtlicher Leistungsanspruch[9] auf Gewährleistung eines menschenwürdigen Existenzminimums, der auch die Sicherung der Möglichkeit zur Pflege zwischenmenschlicher Beziehungen und zu einem Mindestmaß an Teilhabe am gesellschaftlichen, kulturellen und politischen Leben umfasst."[10]

Zwischenmenschliche Beziehungen werden angesichts der Kommunikationsmöglichkeiten der Informationsgesellschaft maßgeblich über das Internet gepflegt. Es liegt am Gesetzgeber, die „jeweiligen wirtschaftlichen und technischen Gegebenheiten" zu beachten und „die soziale Wirklichkeit zeit- und realitätsgerecht im Hinblick auf die Gewährleistung des menschenwürdigen Existenzminimums zu erfassen, die sich etwa in einer technisierten Informationsgesellschaft anders als früher darstellt."[11]

Ein *Zugang* zum Internet alleine reicht allerdings nicht aus, um Grund- und Menschenrechte in der Digitalität zu sichern. Das Recht auf *Internet*zugang umfasst auch den Schutz legaler Inhalte im Internet. Hier erfüllen sowohl der Staat als auch der Privatsektor eine wichtige Rolle.

Die Entwicklung des Internets beeinflusst privates und öffentliches Kommunikationsverhalten.[12] Wie der Europäische Gerichtshof für Menschenrechte

---

9 BVerfG 09.02.2010, 1 BvL 1/09, Rn 136: „Die verfassungsrechtliche Gewährleistung eines menschenwürdigen Existenzminimums muss durch ein Parlamentsgesetz erfolgen, das einen konkreten Leistungsanspruch des Bürgers gegenüber dem zuständigen Leistungsträger enthält."

10 Ibid Rn 135.

11 Ibid Rn 138. Dieser Ansatz wird bestätigt in Hinblick auf Leistungen für Asylwerber durch BVerfG 18.07.2012, 1 BvL 10/10; 1 BvL 2/11, Rn 92 (Leistungsanspruch aus Art 1 Abs 1 GG „[…] hängt von […] den jeweiligen wirtschaftlichen und technischen Gegebenheiten [ab]"); ebenso BVerfG 23.07.2014, 1 BvL 10/12, Rn 74 (Das „Grundrecht […] bedarf […] der Konkretisierung und stetigen Aktualisierung durch den Gesetzgeber [ausgerichtet] an dem jeweiligen Entwicklungsstand des Gemeinwesens und den bestehenden Lebensbedingungen im Hinblick auf die konkreten Bedarfe der Betroffenen".).

12 Dieser und der nächste Abschnitt greifen zurück auf *Matthias C. Kettemann*, The Future of the NetzDG: Balanced Briefing Materials on the German Network Enforcement Act, Deliberative Polling, Briefing Materials for Multistakeholder Discussion entwickelt für Stanford University, Center on Deliberative Democracy anlässlich des Internet Governance Forum Deutschland (2018).

im Jahr 2015 feststellte, sei das Internet eines der wichtigsten Mittel geworden, mit dem wir unsere Rechte ausüben, insbesondere die Informations- und Meinungsäußerungsfreiheit. Das Internet stelle unverzichtbare Instrumente zur Teilhabe an Aktivitäten und Diskussionen von politischen Themen und Angelegenheiten allgemeinen Interesses zur Verfügung: „essential tools for participation in activities and discussions concerning political issues and issues of general interest."[13] Das Internet nehme „a particularly important role with respect to the right to freedom of expression"[14] ein.

Aber die Freiheit der Meinungsäußerung im Internet hat auch negative Aspekte. In sozialen Plattformen finden wir – trotz wachsender Filterbemühungen, automatisiert und durch Menschen vollzogen – immer noch Beispiele von Terrorismusverherrlichung, Völkermordleugnung, Inhalte, die die sexuelle Ausbeutung von Kindern wiedergeben, Hassrede und Desinformation. Die regulativen Herausforderungen für Staaten und andere Akteure sind beträchtlich. So heißt es in der auch von Deutschland im Ministerkomitee des Europarats angenommene Empfehlung von 2018 zu Rolle und Verantwortung von Internet-Intermediären: „the rise of the internet and related technological developments have created substantial challenges for the maintenance of public order and national security, for crime prevention and law enforcement, and for the protection of the rights of others."

Die Staaten haben die Hauptverantwortung, die Grund- und Menschenrechte im digitalen Umfeld zu schützen. Alle von ihnen eingeführten Regulierungsrahmen, einschließlich Selbst- oder Ko-Regulierungsansätze, müssen wirksame Aufsichtsmechanismen enthalten und mit geeigneten Möglichkeiten zur Rechtsdurchsetzung einhergehen.[15] Staaten auferliegt nicht nur die negative Verpflichtung, das Recht auf freie Meinungsäußerung und andere Menschenrechte im digitalen Umfeld nicht zu verletzen, sondern auch eine positive Verpflichtung, die Menschenrechte zu schützen und ein regulatives Umfeld für alle zu schaffen, um diese Rechte auch auszuüben.

In Anbetracht der Drittwirkung der Grundrechte schließt diese positive Verpflichtung – funktional gradiert – den Schutz von Einzelpersonen vor den

---

13 EGMR 01.02.2015, Nos 48226/10 and 14027/11, *Cengiz and Others vs Turkey*, Abs 49.

14 Recommendation CM/Rec(2018)2 of the Committee of Ministers to member States on the roles and responsibilities of internet intermediaries, vom 07.03.2018, PP 2.

15 Ibid Abs 1.1.3.

Handlungen privater Parteien ein, besonders wenn sich die zwei Vertragsparteien nicht auf Augenhöhe begegnen (können). Staaten müssen sicherstellen, dass Unternehmen rechtlich und in der Praxis alle einschlägigen gesetzlichen und regulatorischen Rahmenbedingungen einhalten. Dabei müssen Staaten insbesondere die Bedeutung von Steuer-, Kartell- und Datenschutzrecht erwägen, um ggf mächtigen privaten Internetakteuren besondere Verpflichtungen aufzuerlegen.

Dem Privatsektor kommt eine besondere Rolle bei der Realisierung der Menschenrechte im Internet zu.[16] Die weitaus meisten kommunikativen Räume im Internet befinden sich in privater Hand. Intermediäre, einschließlich Social-Media-Unternehmen, sind zu wichtigen normativen Akteuren geworden. Netzwerkeffekte und Fusionen haben dazu geführt, dass eine relativ kleine Anzahl wichtiger Intermediäre den Markt dominiert. Diese Unternehmen haben Pflichten nach internationalem und nationalem Recht. Im Einklang mit den UN-Leitprinzipien für Wirtschaft und Menschenrechte und dem Rahmen „Schutz, Achtung und Abhilfe" („Ruggie-Prinzipien")[17] sollen Intermediäre die Menschenrechte ihrer Nutzer*innen (und anderer Betroffener) bei allen ihren Handlungen (einschließlich der Formulierung und Anwendung von Nutzungsbedingungen) respektieren und Abhilfe schaffen im Falle von negativen Auswirkungen auf die Menschenrechte, die in direktem Zusammenhang mit ihren wirtschaftlichen Tätigkeiten stehen.

III. Meinungsäußerungsfreiheit im Internet

A. Rechtsgrundlagen

Das größte Versprechen des Internets liegt in den neuen Formen und Foren freier Meinungsäußerung. Sowohl der World Summit on the Information Society (WSIS) und die Genfer Grundsatzerklärung von 2003 wie auch die

---

16 Vgl *Kettemann* in *Jaume-Palasí/Pohle/Spielkamp* 48–57.

17 Siehe 'Ruggie Principles': Report of the Special Representative of the Secretary-General on the issue of human rights and transnational corporations and other business enterprises, *John Ruggie*, Guiding Principles on Business and Human Rights: Implementing the United Nations "Protect, Respect and Remedy" Framework, UN Doc A/HRC/17/31 vom 21.03.2011 (deutsche Fassung).

Tunis-Agenda von 2005 bekräftigen das Bekenntnis zur Meinungs(äußerungs)freiheit, das gemäß Artikel 19 der Allgemeinen Erklärung der Menschenrechte von 1948 die Freiheit beinhaltet, „Informationen und Ideen über alle Medien und ohne Grenzen zu suchen, zu empfangen und weiterzugeben". Das Internet hat neue Dimensionen der Meinungs- und Informationsfreiheit eröffnet, zum Beispiel für Blogger*innen, elektronische Medienplattformen, Webseiten, den Meinungsaustausch über Social Media und auch Bürgerjournalist*innen.

Indes nutzen immer mehr Staaten, aber auch Privatunternehmen Filter- und Zensurtechnologie. Staaten nutzen Informationsintermediäre, um gezielte Informationen über Nutzer*innen zu sammeln, so zB mithilfe von Gesichtserkennungs- und Verfolgungstools wie in China. Suchmaschinen zeigen den Kund*innen genau das an, was sie für ebendiese Nutzer*innen für relevant halten; die jeweiligen hinterliegenden Algorithmen bleiben ein Geschäftsgeheimnis; Künstliche Intelligenz wählt aus, was wir sehen können. Zugleich wird das Internet von seinen Nutzer*innen missbraucht: Hassrede und gefälschte Nachrichten, Bilder von Kindesmissbrauch und terroristische Propaganda sind an vielen Stellen an der Tagesordnung. Das Internet kann also genutzt werden, um Menschenrechte zu verwirklichen, aber auch um sie zu gefährden; dies führt uns die Verantwortung der Staaten, aber auch der faktischen Gatekeeper, der Vermittler*innen, und aller Nutzer*innen vor Augen.

Neben der AEMR schützt auch Art 19 Abs 2 des UN-Zivilpakts

> „...das Recht [jedes Menschen] auf freie Meinungsäußerung; dieses Recht schließt die Freiheit ein, ohne Rücksicht auf Staatsgrenzen Informationen und Gedankengut jeder Art in Wort, Schrift oder Druck, durch Kunstwerke oder andere Mittel eigener Wahl sich zu beschaffen, zu empfangen und weiterzugeben."

Dementsprechend geht das Recht über die Pressefreiheit und die Medienfreiheit hinaus, um die individuelle Meinungsäußerung im weitesten Sinne mit einzubeziehen. Das Recht ist jedoch nicht absolut oder unbegrenzt. Unter bestimmten, klar definierten Bedingungen kann es eingeschränkt werden.

In der jüngsten Resolution von 2018 zu Menschenrechten im Internet (die seit 2012 regelmäßig verabschiedet werden) bekräftigte der Menschenrechtsrat unter Bezugnahme auf Artikel 19 der AEMR und des Zivilpakts die besondere Rolle der Meinungsfreiheit im Internet: "the same rights that people have offline must also be protected online, *in particular freedom of expression*, which is applicable regardless of frontiers and through any media of one's choice [...].[18]

Der regionale Schutz der Meinungsfreiheit ist textlich ähnlich verankert. Art 10 Abs 1 der EMRK garantiert das Recht auf freie Meinungsäußerung. Dieses Recht umfasst die Freiheit, Meinungen zu äußern und Informationen und Ideen zu empfangen und weiterzugeben, ohne dass die Behörden eingreifen und ohne Rücksicht auf (Landes-)Grenzen. Besondere Beachtung sollte an dieser Stelle dem Hinweis auf die Eingriffe „durch die öffentliche Hand" geschenkt werden: Die Staaten sind dazu verpflichtet, die Meinungsfreiheit sowohl als alleinstehendes Recht als auch als wesentliches „enabling right" (also als wesentliche Grundlage) für andere Rechte *im* Internet zu schützen. Wie der ehemalige UN-Sonderberichterstatter für Meinungsfreiheit *Frank La Rue* schrieb, "by acting as a catalyst for individuals to exercise their right to freedom of opinion and expression, the Internet also facilitates the realisation of a range of other human rights".[19]

B. Rechtsprechung des EGMR

Die Rechtsprechung des Europäischen Gerichtshofs für Menschenrechte hilft zu verstehen, wie die in der EMRK verankerte Meinungsfreiheit als indirekter Schutz der Integrität des Internets angesehen werden kann (als "modern means of imparting information"[20]). Aufgrund der Reichweite des Internets ist jedoch besondere Vorsicht geboten, da das Internet auch negative Seiten (laut-)verstärkt. Dementsprechend stellte der EGMR fest, dass die Wirkung von Informationen vervielfacht wird, wenn sie in der Öffentlichkeit mit einem Verweis auf die Adresse einer Website angezeigt werden, die für jedermann über das Internet zugänglich ist.[21] Der Gerichtshof wies auch auf den großen Unterschied zwischen Internet und Printmedien hin, da das Internet in der

---

18 UN Human Rights Council Resolution 38/7, The promotion, protection and enjoyment of human rights on the Internet, UN Doc A/HRC/RES/38/7 vom 05.07.2018.

19 Report of the Special Rapporteur on the promotion and protection of the right to freedom of opinion and expression, UN Doc A/HRC/17/27 vom 16.05.2011, Abs 22 und 23.

20 EGMR, Research Division (2015), Internet: case-law of the European Court of Human Rights, June 2015.

21 EGMR 13.01.2011, No 16354/06, *Mouvement Raëlien Suisse vs Switzerland*, Abs 54.

Lage ist, Informationen zu speichern und zu übermitteln, was das Risiko erhöht, dass andere Menschenrechte, insbesondere auch das Recht auf Privatheit, beeinträchtigt werden.[22]

Die Online-(Meinungs-)Freiheit besteht wie ihre Offline-Version im Wesentlichen aus zwei Hauptkomponenten, der Meinungs- und Vermittlungsfreiheit und der Freiheit, Informationen und Ideen zu erhalten. Die Informationsfreiheit umfasst das Recht auf Zugang zu Ideen. Das Gericht betonte "the right of the public to be properly informed on matters of public interest."[23]

Die Meinungs- und Informationsfreiheit im Internet setzt die Verfügbarkeit des Zugangs zum Internet voraus, das daher als eigenständiges Recht betrachtet werden kann.[24] Der EGMR hat anerkannt: "the Internet plays an important role in enhancing the public's access to news and facilitating the dissemination of information in general".[25] Bereits in *Yildirim gegen Türkei* stellte das Gericht fest, dass die vollständige Sperrung des Zugangs zu Google-Websites eine ungerechtfertigte (unverhältnismäßige) Einschränkung des Internetzugangs darstellt.[26] In *Cengiz gegen Türkei* bestätigten die Straßburger Richter*innen, dass eine generelle Sperrung des Zugangs zu YouTube einen Verstoß gegen Art 10 EMRK darstellt.

Der Zugang zum Internet ist eine funktionale Voraussetzung für die Ausübung der Meinungsäußerungsfreiheit. Die Parlamentarische Versammlung des Europarates forderte deshalb ein Recht auf Internetzugang: „everyone shall have the right to Internet access as an essential requirement for exercising rights under the European Convention on Human Rights".[27] Auf globaler Ebene haben die regionalen Berichterstatter zur Meinungsäußerungs-

---

22 EGMR 05.05.2011, No 33014/05, *Editorial Board of Pravoye Delo and Shteckel vs Ukraine*, Abs 63.

23 EGMR 26.04.1979, No 6538/74, *Sunday Times vs United Kingdom.*

24 *Benedek/Kettemann* in *Susi* 41 und 75.

25 EGMR 01.02.2015, Nos 48226/10 and 14027/11, *Cengiz and Others vs Turkey*, Abs 49.

26 EGMR 18.12.2012, No 3111/10, *Yildirim vs Turkey.*

27 *Council of Europe*, Parliamentary Assembly, The Right to Internet Access, Resolution 1987 (2014).

freiheit in ihrer jährlichen gemeinsamen Erklärung bereits im Jahr 2011 erklärt, die Meinungsäußerungsfreiheit „imposes an obligation on states to promote universal access to the Internet."[28]

Es gibt tatsächlich ein doppeltes Recht auf Internetzugang, das für den Schutz der Menschenrechte von entscheidender Bedeutung ist: Zugang zu Internetinhalten (bedroht, unter anderem, durch Filtertechnologien) und Zugang zum Internet an sich (bedroht, unter anderem, durch unzureichende Nutzung von Informations- und Kommunikationstechnologien). Sowohl der *physische* Zugang zum Internet als auch der Zugang zu *Inhalten* im Internet sind notwendig, um die Meinungsfreiheit im Internet zu gewährleisten.[29] Es reicht nicht aus, über die für den Internetzugang erforderliche Infrastruktur (Kabel, Computer, Router) zu verfügen. Das Recht auf Internetzugang umfasst eindeutig den Zugang zu Inhalten "without any restrictions except in a few limited cases permitted under international human rights law".[30]

Ein eingeschränktes Recht auf Zugang zum Internet wurde auch vom EGMR in zwei Häftlingsfällen bestätigt: In *Kalda gegen Estland* stellte das Gericht einen Verstoß gegen Art 10 EMRK fest, weil die Behörden einem Häftling den Zugang zu drei Internet-Websites mit Rechtsinformationen verweigert hatten, die für die Vorbereitung seiner Verteidigung relevant waren. Die Richter*innen stellten fest, dass es keine allgemeine Verpflichtung gäbe, Gefangenen Zugang zum Internet zu gewähren, aber wenn Staaten grundsätzlich Zugang gewährten, könnten sie nicht willkürlich den Zugang zu bestimmten Websites mit rechtlichen Informationen verweigern.[31] In *Jankovskis gegen Litauen* beschwerte sich ein Gefangener, dass ihm kein Zugang zur Website des Ministeriums für Bildung und Wissenschaft gewährt worden sei, nachdem das Ministerium seiner schriftlichen Anfrage nach Bildungsinformationen mit Bezug auf die Website entsprochen habe. Das Gericht stellte einen Verstoß gegen Art 10 EMRK fest, da die Einmischung der litauischen Behörden in einer demokratischen Gesellschaft nicht notwendig (nicht rechtmäßig) war.

---

[28] International Mechanisms for Promoting Freedom of Expression, Joint Declaration on Freedom of Expression and the Internet (2011), https://www.osce.org/fom/78309?download=true, Abs 6 (a).

[29] Vgl Report of the Special Rapporteur on the promotion and protection of the right to freedom of opinion and expression, Frank La Rue, UN Doc A/HRC/17/27, vom 26.05.2011, Abs 3.

[30] Ibid Abs 3.

[31] EGMR 19.01.2016, No 17429/10, *Kalda vs Estonia*.

Es wurde erneut festgestellt, dass das Internet eine wichtige Rolle im Alltag der Menschen spielt, auch weil bestimmte Informationen ausschließlich im Internet verfügbar sind.[32]

Die Ausübung der Meinungsfreiheit im Internet erfordert klare Regeln, die den Besonderheiten (der Strukturen) des Internets Rechnung tragen müssen. Was den Online-Journalismus anbelangt, so forderte der EGMR einen „ausreichenden nationalen Rechtsrahmen für die Nutzung der aus dem Internet gewonnenen Informationen". Die Abwesenheit eines solchen Rahmens hindert die Presse unter Umständen daran, ihre wichtige Funktion als öffentliche Beobachter*in wahrzunehmen.[33] Daraus ergibt sich die positive Verpflichtung, einen angemessenen nationalen Rechtsrahmen zu schaffen, um die Meinungsfreiheit im Internet, insbesondere für Journalist*innen, zu gewährleisten. Im Zusammenhang mit einem verantwortungsvollen Journalismus betont der EGMR, „in a world in which the individual is confronted with vast quantities of information circulated via traditional and electronic media […] monitoring compliance with journalistic ethics takes an added importance."[34] In einem weiteren Fall wurde festgestellt, dass die besondere Verantwortung der Journalist*innen auch für die Veröffentlichung von Informationen im Internet, wie beispielsweise öffentliche Internetforen, gilt.[35]

Dieses Prinzip ist auch in Hinblick auf das zunehmende Problem von Desinformationen relevant.[36] Die Veröffentlichung falscher Informationen im Internet ist nicht geschützt,[37] aber auch nicht prinzipiell verboten. In solchen Fällen kann der Gerichtshof aber auf Art 17 EMRK zurückgreifen. Im Falle von fremdenfeindlichen Äußerungen eines Politikers auf seiner Website stellte das Gericht fest, dass es ein dringendes soziales Bedürfnis gibt, die

---

32 EGMR 17.01.2017, No 21575/08, *Jankovskis vs Lithuania.*

33 EGMR 05.05.2011, No 33014/05, *Editorial Board of Pravoye Delo and Shteckel vs Ukraine*, Abs 64.

34 EGMR *10.12.2007*, No 69698/01, *Stoll vs Switzerland*, Abs 104.

35 EGMR 22.04.2010, No 40984/07, *Fatullayev vs Azerbaijan*, Abs 94.

36 *European Parliament*, Final report of the High Level Expert Group on Fake News and Online Disinformation, 12 March 2018, https://ec.europa.eu/digital-single-market/en/news/final-report-high-level-expert-group-fake-news-and-online-disinformation.

37 EGMR 03.06.2014, No 52517/13, *Schuman vs Poland.*

Rechte der Einwanderergemeinschaft zu schützen. Die Aufforderung zu *Rassen*diskriminierung und zum Hass konnte nicht durch die Äußerung im Rahmen eines Wahlkampfes gerechtfertigt werden.[38]

IV. Grenzen der Meinungsäußerungsfreiheit im Internet

Die Meinungsfreiheit im Internet hat auch ihre negativen Aspekte: Qualifizierte Hassrede (hate speech), Verherrlichung von Terrorismus, Aufruf zum Völkermord sowie sexuelle Ausbeutung von Kindern sind online präsent. Diese vier Kategorien von „Sprache" sind durch das Völkerrecht verboten. Alle Staaten sind verpflichtet, diese zu kriminalisieren. Die Mehrheit der Online-Äußerungen kann jedoch nicht diesen besonders schweren Fällen zugeordnet werden. Wie es in der Empfehlung des Europarates zu Internetintermediären heißt,

> „the rise of the Internet and related technological developments have created substantial challenges for the maintenance of public order and national security, for crime prevention and law enforcement, and for the protection of the rights of others". Insbesondere in Sozialen Netzwerken fänden sich „targeted disinformation campaigns, designed specifically to sow mistrust and confusion and to sharpen existing divisions in society, [and] may [therefore] also have destabilising effects on democratic processes."[39]

Das Recht der freien Meinungsäußerung, das sich von der Meinungsfreiheit als solche unterscheidet, ist ja kein absolutes Recht. In Art 10 Abs 2 EMRK heißt es:

> „the exercise of these freedoms, since it carries with it duties and responsibilities, may be subject to such formalities, conditions, restrictions or penalties as are prescribed by law and are necessary in a democratic society, in the interests of national security, territorial integrity or public safety, for the prevention of disorder or crime, for the protection of health or morals, for the protection of the reputation or rights of

[38] EGMR 16.07.2009, No 15615/07, *Féret vs Belgium*.

[39] Recommendation CM/Rec (2018)2 of the Committee of Ministers to member States on the roles and responsibilities of internet intermediaries, vom 07.03.2018.

> others, for preventing the disclosure of information received in confidence, or for maintaining the authority and impartiality of the judiciary."

Das Recht auf freie Meinungsäußerung kann somit durchaus eingeschränkt werden.

Eine ausgefeilte Dogmatik der legitimen Beschränkungen wurde in der jahrzehntelangen Rechtsprechung des EGMR entwickelt, die weit vor dem Internetzeitalter ansetzt. Wie das Straßburger Gericht passim in *Yildirim* und *Cengiz* bestätigt hat, gelten die Grundsätze für Beschränkungen *off*line auch *on*line. Bei der Feststellung, was „in einer demokratischen Gesellschaft notwendig" ist, verwendet der Gerichtshof ein Prüfungsschema, das auf dem Konzept der „dringenden sozialen Bedürfnisse" aufbaut. Das Ziel des Straßburger Gerichtshofs ist eine pluralistische, demokratisch regierte Gesellschaft, zu der Medien einen wichtigen Beitrag leisten.

In der ersten einer Reihe von Verfahren gegen die Blockade von Internetplattformen durch die Türkei, *Yildirim gegen Türkei* (2012) bestätigte der Gerichtshof, dass die Veröffentlichung von Informationen im Internet ein Mittel zur Ausübung der Meinungsfreiheit darstellt[40] und dass die Öffentlichkeit gemäß Art 10 EMRK das Recht hat, diese Informationen zu erhalten.[41] Insbesondere stellte das Gericht fest, dass staatliche Maßnahmen, die den Zugang zu bestimmten Websites unterbinden, die Verantwortung des Staates nach Art 10 EMRK verletzen.[42]

In dem Urteil *Cengiz gegen Türkei* aus dem Jahr 2015 ging der Gerichtshof noch weiter und bekannte sich klar zur Bedeutung des Internets als Forum der Meinungsfreiheit (was wiederum dessen Integrität voraussetzt). Die Begründung des Gerichtshofs, ein türkisches Verbot von YouTube auf Antrag von drei Wissenschaftlern abzulehnen, unterstrich die Bedeutung des Internets: „[T]he Internet has now become one of the principal means by which individuals exercise their right to freedom to receive and impart information and ideas, providing as it does essential tools for participation in activities and discussions concerning political issues and issues of general interest." Das

---

40 EGMR 18.12.2012, No 3111/10, *Yildirim vs Turkey*, Abs 49.

41 Ibid Abs 50.

42 Ibid Abs 53, Bezug nehmend auf EGMR 19.12.1994, No 15.153/89, *Vereinigung demokratischer Soldaten Österreichs et Gubi vs Austria*, Abs 27.

Internet als solches ist daher zu einem wichtigen Mittel zur Ausübung der Meinungsfreiheit geworden. Spezifische Sites, insbesondere „[u]ser-generated expressive activity on the Internet[,] provides an unprecedented platform for the exercise of freedom of expression". Dies gilt auch für die Nutzung von Nachrichten und die Verbreitung von Informationen: „in the light of [the Internet's] accessibility and its capacity to store and communicate vast amounts of information, [it] plays an important role in enhancing the public's access to news and facilitating the dissemination of information in general."[43]

In *Stoll gegen Schweiz* stellte das Gericht fest, dass die Behörden, wenn es um die Pressefreiheit geht, nur einen begrenzten Ermessensspielraum haben, um ein dringendes soziales Bedürfnis geltend zu machen.[44] Der wichtigste Grund oder Wert für Beschränkungen in der Praxis ist der Schutz des Rufs oder der Rechte anderer, darunter die Achtung des Privatlebens und der Schutz von Minderjährigen.[45] Für den Jugendschutz können auch der Schutz von Gesundheit und Moral und die Prävention von Kriminalität eine Rolle spielen.[46]

V. Staatliche „Programmierung" privater Rechtsdurchsetzung?

Die Verabschiedung des Gesetzes zur Verbesserung der Rechtsdurchsetzung in sozialen Netzwerken (Netzwerkdurchsetzungsgesetz, NetzDG)[47] wurde durch Ängste vor äußeren Einflüssen bei den Bundestagswahlen motiviert und hat zum Ziel, soziale Netzwerke von strafrechtlich verbotenen Inhalten

---

43 EGMR 01.02.2015, Nos 48226/10 and 14027/11, *Cengiz and Others vs Turkey*, Abs 49 und 52.

44 EGMR 10.12.2007, No 69698/01, *Stoll vs Switzerland*, Abs 105.

45 EGMR 02.12.2008, No 2872/02, *K.U. vs Finland*.

46 EGMR 13.01.2011, No 16354/06, *Mouvement Raëlien Suisse vs Switzerland*, Abs 72.

47 Gesetz zur Verbesserung der Rechtsdurchsetzung in sozialen Netzwerken (Netzwerkdurchsetzungsgesetz – NetzDG) BGBl I S 2252.

freizuhalten. Es wurde gegen den Rat der meisten[48] (aber nicht aller[49]) Expert*innen, darunter des UN-Sonderberichterstatters für Meinungsäußerungsfreiheit,[50] und der meisten zivilgesellschaftlichen Organisationen[51] angenommen. Das NetzDG trat am 1. Oktober 2017 in Kraft, wobei die wichtigsten Bestimmungen ab dem 1. Januar 2018 gelten. Derzeit sind vier Anträge auf vollständige oder teilweise Nichtigerklärung des NetzDG beim Bundestag anhängig.[52]

§ 1 Abs 1 NetzDG sieht vor, dass das Gesetz für Telemediendiensteanbietende gilt, die mit Gewinnerzielungsabsicht Plattformen im Internet betreiben, die dazu bestimmt sind, dass Nutzer*innen beliebige Inhalte mit anderen teilen oder der Öffentlichkeit zugänglich machen (soziale Netzwerke). Nicht umfasst sind Plattformen mit journalistisch-redaktionell gestalteten Angeboten, Plattformen zur Individualkommunikation oder Plattformen zur Verbreitung spezifischer Inhalte. Abs 2 sieht vor, dass das soziale Netzwerk im Inland mindestens zwei Millionen registrierte Nutzer*innen haben muss.

Zentrale Pflicht des NetzDG ist, dass soziale Netzwerke „offensichtlich rechtswidrige" Inhalte binnen 24 Stunden nach Eingang einer Beschwerde löschen oder sperren müssen. Ein Inhalt ist dann „offensichtlich rechswidrig", wenn er sich ohne tiefere Prüfung als strafbar erweist. Über gemeldete Inhalte,

---

48 Vgl die Verweise in *Alexander Peukert*, Gewährleistung der Meinungs- und Informationsfreiheit in sozialen Netzwerken. Vorschlag für eine Ergänzung des NetzDG um sog. Put-back-Verfahren, MMR 2018, 572, FN 2, im Besonderen *Nikolaus Guggenberger*, Das Netzwerkdurchsetzungsgesetz – schön gedacht, schlecht gemacht, ZRP 2017, 98; *Georg Nolte*, Hate-Speech, Fake-News, das »Netzwerkdurchsetzungsgesetz« und Vielfaltsicherung durch Suchmaschinen, ZUM 2017, 552.

49 Vgl *Rolf Schwartmann*, Verantwortlichkeit Sozialer Netzwerke nach dem Netzwerkdurchsetzungsgesetz, GRUR-Prax 2017, 317, 319*;* *Alexander Schiff*, Meinungsfreiheit in mediatisierten digitalen Räumen. Das NetzDG auf dem Prüfstand des Verfassungsrechts, MMR 2018, 366; *Stefan Magen*, Kontexte der Demokratie. Parteien – Medien – Sozialstrukturen, VVDStRL 77 (2018) 67; *Alexander Roßnagel* et al, Das Netzwerkdurchsetzungsgesetz, Forum Privatheit Policy Paper (2018).

50 Letter of the Special Rapporteur for freedom of opinion and expression to the German Ambassador at the United Nations in Geneva, OL DEU 1/2017.

51 *Markus Beckedahl*, Breites Bündnis stellt sich mit Deklaration für die Meinungsfreiheit gegen Hate-Speech-Gesetz, 11.04.2017, Netzpolitik.org.

52 *Matthias C. Kettemann*, Stellungnahme zum NetzDG, Ausschuss für Recht und Verbraucherschutz, Bundestag, 15.05.2019, 7.

die nicht offensichtlich rechtswidrig sind, müssen soziale Netzwerke spätestens innerhalb von sieben Tagen nach Eingang der Beschwerde entscheiden. In § 1 Abs 3 sind strafbare Handlungen im Sinne des Gesetzes aufgelistet.[53] In strittigen Fällen (zB Frage der Wahrheit/Unwahrheit einer Tatsachenbehauptung) kann das soziale Netzwerk Nutzer*innen vor der Entscheidung Gelegenheit zur Stellungnahme zu der Beschwerde geben und die Frist überschreiten.

Wird die Berichtspflicht nicht eingehalten oder ein wirksames Beschwerdemanagement nicht vorgehalten, können Strafen bis zu 50 Millionen Euro verhängt werden. Ordnungswidrig handelt ein soziales Netzwerk nicht schon bei einer falschen (Nicht-)Sperrung, sondern nur dann, wenn es vorsätzlich oder fahrlässig strukturelle Mängel beim Beschwerdemanagement aufweist. Adressat*in des Bußgeldbescheids ist der*die Leiter*in der unternehmensinternen Beschwerdestelle oder eine Person aus der Leitung des sozialen Netzwerks.

Darüber hinaus sieht das NetzDG eine Berichtspflicht für Netzwerke vor, die im Kalenderjahr mehr als 100 Beschwerden über rechtswidrige Inhalte erhalten. Der Bericht muss Folgendes umfassen: Informationen zum Umgang mit Beschwerden über strafbare Inhalte auf der Plattform, insbesondere die Mechanismen zur Übermittlung von Beschwerden über strafbare Inhalte und die Entscheidungskriterien für Löschung und Sperrung von strafbaren Inhalten,

[53] Die vom Gesetz erfassten rechtswidrigen Inhalte sind solche, die folgende Tatbestände des Strafgesetzbuchs erfüllen: § 86 („Verbreiten von Propagandamitteln verfassungswidriger Organisationen"), § 86a („Verwenden von Kennzeichen verfassungswidriger Organisationen"), § 89a („Vorbereitung einer schweren staatsgefährdenden Gewalttat"), § 91 („Anleitung zur Begehung einer schweren staatsgefährdenden Gewalttat"), § 100a („Landesverräterische Fälschung"), § 111 („Öffentliche Aufforderung zu Straftaten"), § 126 („Störung des öffentlichen Friedens durch Androhung von Straftaten"), § 129 („Bildung krimineller Vereinigungen"), § 129a („Bildung terroristischer Vereinigungen"), § 129b („Kriminelle und terroristische Vereinigungen im Ausland"), § 130 („Volksverhetzung"), § 131 („Gewaltdarstellung"), § 140 („Belohnung und Billigung von Straftaten"), § 166 („Beschimpfung von Bekenntnissen, Religionsgesellschaften und Weltanschauungsvereinigungen"), § 184b („Verbreitung, Erwerb und Besitz kinderpornographischer Schriften") in Verbindung mit § 184d („Zugänglichmachen pornographischer Inhalte mittels Rundfunk oder Telemedien"), §§ 185 bis 187 („Beleidigung", „Üble Nachrede", „Verleumdung"), § 201a („Verletzung des höchstpersönlichen Lebensbereichs durch Bildaufnahmen"), § 241 („Bedrohung") oder § 269 („Fälschung beweiserheblicher Daten").

die Anzahl der im Berichtszeitraum eingegangenen Beschwerden über strafbare Inhalte sowie die Anzahl der Beschwerden, die im Berichtszeitraum zur Löschung oder Sperrung des beanstandeten Inhalts führten. Mit dem NetzDG wurde auch eine Auskunftspflicht für soziale Netzwerke eingeführt. Wer im Anwendungsbereich des Gesetzes in seinem allgemeinen Persönlichkeitsrecht verletzt wird, kann von dem*der Betreiber*in des sozialen Netzwerks Auskunft darüber verlangen, wer die Rechtsverletzung begangen hat.

Inzwischen liegen je drei Transparenzberichte vor. Diese sind hilfreich, um generelle Aussagen über Trends des Beschwerdeaufkommens und -managements zu machen. Auffallend sind aber die niedrigen Zahlen mancher Anbieter*innen und die mangelnde Aussagekraft der gesammelten Daten. Angesichts unterschiedlich leicht auffindbarer Meldewege bei verschiedenen Anbieter*innen lassen sich auch kaum belastbare Aussagen zu den jeweiligen Hassredehäufigkeiten machen.

VI. Gerichtliches Schnittstellenmanagement

Nicht nur gesetzgeberische Maßnahmen, auch juristische Ansätze beeinflussen den Kampf gegen Hassrede im Internet. Entscheidend hierbei ist, welche Rolle den Intermediären zukommt. Grundsätzlich bietet Art 14 der E-Commerce Directive[54] einen starken Schutz für die Dienste der Informationsgesellschaft, über deren Plattformen die Nutzer*innen Inhalte öffentlich zugänglich machen. Die Mitgliedstaaten dürfen eine*n Anbieter*in nur dann für die in der Nutzerordnung gespeicherten Inhalte verantwortlich machen, wenn er*sie „actually has knowledge of the illegal activity or information" oder „the illegal activity […] is evident".[55] Eine allgemeine Recherchepflicht wäre jedoch europarechtswidrig (siehe Art 15, Abs 1 der E-Commerce-Richtlinie und die Rechtsprechung des EuGH, insbesondere SABAM).[56] Die Forderung nach einem präventiven Filtersystem würde die Funktionalität des Netzwerks verändern und die Meinungsfreiheit verletzen. In *Delfi gegen Estland* entschied der EGMR, dass es den Vertragsstaaten im Hinblick auf die Rechte und Interessen anderer und die Gesellschaft als Ganzes unter bestimmten Be-

54 E-Commerce-RL, Abl L 178, 17.07.2000, 1–16.

55 Ibid Art 14.

56 EuGH 16.02.2012, C-360/10, *SABAM vs Netlog NV*.

dingungen gestattet ist, Vermittler*nnen (in diesem Fall ein Internet-Nachrichtenportal) haftbar zu machen und eine bestimmte Form der tatsächlichen Live-Überprüfung von Inhalten zu verlangen, um nach offensichtlichen Fällen von Rechtswidrigkeit zu filtern.[57]

Zu den *Delfi*-Bedingungen gehört, dass es sich um ein kommerzielles Nachrichtenportal handelt, dass das Unternehmen die *bedenklichen* Kommentare nicht sofort gelöscht hat (das Unternehmen hatte dies bis zu sechs Wochen nach ihrer Veröffentlichung getan), dass Kommentare eindeutig illegal waren (etwa qualifizierte Hassrede) und dass das Portal den Autorinnen oder Autoren erlaubte, anonym zu bleiben. Nach dem Straßburger System der Haftung von Intermediären müssen Vermittler*innen jedoch auf den ersten Blick beurteilen, ob ein Beitrag lediglich beleidigend oder ob er „an sich" bereits illegal (und sofort zu löschen) ist. In *MTE und Index.hu ZRT gegen Ungarn* (2016) qualifizierte der EGMR seinen Ansatz und betonte, dass die „Notice-and-Takedown"-Verfahren legitim und ausreichend blieben, es sei denn, die Kommentare selbst seien eindeutig rechtswidrig.[58]

Bei *Pihl gegen Schweden* (2017),[59] betreffend die Kommentare im Blog einer Person, beschränkte der Gerichtshof die Aufsichtspflichten der Plattformanbieter*innen, indem er feststellte, dass nicht nur die Art der Äußerung und der Kontext, sondern auch die Größe (hier: kleiner) und die (nicht) kommerzielle Natur der Plattform wichtige Elemente bei der Entscheidung über die Möglichkeit der direkten Haftung des*der tatsächlichen Autor*in und die (finanziellen) Folgen der nationalen Entscheidung über die Entfernung oder Nicht-Entfernung von Inhalten sind.

Wir wissen aus der Rechtsprechung, dass der EGMR der Meinungsfreiheit im Allgemeinen eine sehr hohe Priorität einräumt. Die ständige Rechtsprechung des Europäischen Gerichtshofs für Menschenrechte besagt: „freedom of expression constitutes one of the essential foundations for a democratic society and one of the basic conditions for its progress and for each individual's self-fulfilment".[60] Unter dem EGMR sind sogar Stellungnahmen, die „offend,

---

[57] EGMR 16.06.2015, No 64569/09, *Delfi* AS *vs Estonia*.

[58] EGMR 02.02.2016, No 22947/13, *MTE and Index.hu ZRT vs Hungary*.

[59] EGMR 07.02.2017, No 74742/14, *Pihl vs Sweden*.

[60] EGMR 10.12.2007, No 69698/01, *Stoll vs Switzerland*, Abs 101.

shock or disturb,"[61] geschützt. In den Fällen *Yildirim gegen Türkei*[62] und *Cengiz gegen Türkei*[63] wurde dieser Ansatz auf das Internet angewendet.

Nationale Gesetze, die de facto Filterpflichten vorab vorsehen, um das Wiederauftauchen von „Kopien" der belasteten Inhalte zu verhindern, verstoßen gegen die in der E-Commerce-Richtlinie enthaltenen Haftungsbefreiungen für Host-Provider.[64] Im Fall *Glawischnig-Piesczek* wurde der Gerichtshof der Europäischen Union gebeten zu klären, wann verbotene Beleidigungen gleichlautend sind und wie weit die Filterpflichten gehen.[65] Sehr sensibel wog der EuGH in *Glawischnig-Piesczek gegen Facebook Ireland Limited* die gegenläufigen Interesse nicht ab.[66] Bei der Begründung ließ der EuGH Interessen wie Daten- und Persönlichkeitsrechtsschutz der Nutzer*innen außer Acht (Rz 44–46). Außerdem bedachte er nicht, dass das Verständnis von Ehrverletzung durch Äußerungen in den Rechtsordnungen und Traditionen der Mitgliedstaaten stark variiert und die gerichtlichen Anordnungen entsprechend uneinheitliche Maßstäbe zu Grunde legen. Das Verbot nationaler Gesetze, die eine allgemeine Überwachung vorsehen, steht im Widerspruch zu der Empfehlung der Europäischen Kommission aus dem Jahr 2018 bezüglich der Maßnahmen zur wirksamen Bekämpfung illegaler Online-Inhalte.[67] Diese empfiehlt den Staaten, die Hosting-Service-Provider*innen zu ermutigen, „angemessene und spezifische proaktive Maßnahmen in Bezug auf illegale Inhalte" zu ergreifen. Wenn diese Maßnahmen automatisiert werden (wie sie es sein müssten), müssen sie „verhältnismäßig sein und wirksamen und angemessenen Begründungen unterliegen". Diese *Begründungen* sollten

---

61 EGMR 07.12.1976, No 5493/72, *Handyside vs UK*, Abs 49.

62 EGMR 18.12.2012, No 3111/10, *Yildirim vs Turkey*.

63 EGMR 01.02.2015, Nos 48226/10 and 14027/11, *Cengiz and Others vs Turkey*.

64 Vgl EuGH 15.09.2016, C-484/14, *McFadden vs Sony* (Verpflichtungen von Zugangs-Providern); EuGH 16.02.2012, C-360/10, *SABAM vs Netlog NV* und EuGH 24.11.2011, C-70/10, *Scarlet vs SABAM* (keine generellen Filterpflichten für Intermediäre).

65 OGH 25.10.2017, 6 Ob 116/17b, K&R 2018, 144 – ‚miese Volksverräterin II'.

66 EuGH 03.10.2019, C-18/18. Vgl dazu *Matthias C. Kettemann/Anna Sophia Tiedeke*, Welche Regeln, welches Recht? Glawischnig-Piesczek und die Gefahren nationaler Jurisdiktionskonflikte im Internet, Verfassungsblog 10.10.2019, https://verfassungsblog.de/welche-regeln-welches-recht/.

67 European Commission Recommendation of 1 March 2018 on measures to effectively tackle illegal content online (C(2018) 1177 final), http://ec.europa.eu/newsroom/dae/document.cfm?doc_id=50095, Abs 19.

sicherstellen, dass Filter- und Löschentscheidungen „genau und fundiert“ sind, dass menschliche Aufsicht und Überprüfungen vorhanden sind und dass eine „detaillierte Bewertung des relevanten Kontextes“ durchgeführt wird.[68] Dies scheint angesichts der großen Anzahl der *Take-Down*-Entscheidungen, die von den Plattformen abgewickelt werden, unwahrscheinlich.

Im Fall *Glawischnig-Piesczek* erteilt der EuGH dem Providerprivileg eine partielle Absage und legt den Plattformen umfangreiche Pflichten auf, auch „sinngleiche Äußerungen“ aufzuspüren und zu löschen. Er begründet dies damit, dass es sich nicht um eine „allgemeine Verpflichtung [….] zu überwachen“ handle (die Plattformen nicht auferlegt werden dürfte), sondern vielmehr um „spezifische Fälle“ (Rz 34). Andererseits stellt er fest, dem Plattformbetreiber*innen würde trotzdem keine übermäßige Verpflichtung zugemutet, da „Unterschiede in der Formulierung [des] sinngleichen Inhalts im Vergleich zu dem für rechtswidrig erklärten Inhalt [...] jedenfalls nicht so geartet sein [dürfen], dass sie den Hosting-Anbieter zwingen, eine autonome Beurteilung dieses Inhalts vorzunehmen“ (Rz 45), weshalb dieser daher dann auch „auf automatisierte Techniken und Mittel zur Nachforschung zurückgreifen kann“ (Rz 46).

Problematisch ist auch das Vertrauen des EuGH auf nationale Gerichte. Gerade in der Vergangeheit haben erstinanzliche Urteile (man denke nur an die Fälle *Künast* und *Maurer*) rechtsfehlerhafte Schlüsse gezogen. Die überdurchschnittlich hohe Verurteilungsquote Österreichs bei Meinungsäußerungsfällen vor dem EGMR zeigt auch, dass die Rechtsprechungslinien zumal österreichischer Gerichte im Bereich Presse- und Meinungsäußerungsfreiheit nicht (immer) mit dem europäischen Menschenrechtsschutz übereinstimmen.[69]

VII. Gendered Hate Speech

A. Fortschreibung von Marginalisierung

Lange Zeit galten das Internet und die einhergehenden Informations- und Kommunikationstechnologien als neutrale Instrumente, die öffentliche

---

[68] Ibid.

[69] *Lukas Gahleitner*, Wie meinen? Ein Streifzug durch die schwierige Beziehung Österreichs mit der Meinungsfreiheit, juridikum 2019, 122.

Räume schaffen, die eine einfache und effektive Beteiligung für alle ermöglichen und sogenannte Minderheitenfragen in einen größeren gesellschaftlichen Diskurs einbinden, wodurch Integration gefördert und Machtunterschiede überwunden werden, mit denen traditionelle und lineare Medien zu kämpfen haben. Mit Blick auf die Distribution von Wissen, Informationen, Ideen und Meinungen ist es noch immer ein schützenswerter Raum, der den demokratischen Prozess unterstützen kann – ihn auf demselben Wege aber ebenso konterkarieren kann. Das Internet, als orts- und zeitungebundenes Medium, ist mächtiger als die Printpresse, hinterliegende Technologien und Algorithmen lautverstärken nicht selten das Gesagte.

Gerade für marginalisierte Gruppen galt das Internet lange als *das* emanzipatorische Instrument zur Überwindung aller Arten von Ausgrenzung. Auch wenn das Internet für viele marginalisierte soziale Gruppen der Gesellschaft (#metoo, #metwo, #schauhin, #ThingsDisabledPeopleKnow) Raum für kommunikative Selbstverwirklichung bietet, sind diese Gruppen auch in der digitalen Welt nach wie vor in besonderem Maß von Diskriminierung betroffen. Digitale Gewalt, anhaltende Ausgrenzung und Hate Speech sind immer noch im Netz präsent. Sexismus, Rassismus, Antisemitismus, Diskriminierung, Trans- und Homophobie sind die Hauptthemen von Hate Speech. Darüber hinaus erhöht die Zugehörigkeit zu mehr als einer *Minderheit*, die im Netz angefeindet wird, die Gefahr, Opfer digitaler Gewalt zu werden.

Amnesty International bestätigte 2018, dass „Frauen mit dunkler Hautfarbe, Frauen religiöser oder ethnischer Minderheiten, lesbische, bisexuelle, transsexuelle oder intersexuelle (LBTI) Frauen, Frauen mit Behinderungen oder nichtbinäre Personen, die den traditionellen Geschlechternormen von Männern und Frauen nicht entsprechen, [im Internet] oft Formen von digitaler Gewalt ausgesetzt sind, die sie auf einzigartige oder besondere Weise betrifft.“[70]

---

70 „In the case of online violence and abuse, women of colour, religious or ethnic minority women, lesbian, bisexual, transgender or intersex (LBTI) women, women with disabilities, or non-binary individuals who do not conform to traditional gender norms of male and female, will often experience abuse that targets them in a unique or compounded way" (Amnesty International, Online Violence against Women (2018), Kap 2, https://www.amnesty.org/en/latest/research/2018/03/online-violence-against-women-chapter-2).

An selber Stelle weist Amnesty darauf hin, dass Frauen wie Feministinnen, die sich gezielt für Frauenrechte einsetzen, und Frauen, die in der Öffentlichkeit stehen, wie Journalistinnen und Politikerinnen, besonders von Hate Speech betroffen sind.[71] Diese Verquickung von Vulnerabilitäts-Faktoren bestätigt auch das, was das vom Europarat gegründete No-Hate Speech-Movement festhält: „Wenn man sich anschaut, welche Frauen von Hate Speech betroffen sind, fällt auf: Neben muslimischen und geflüchteten Frauen betrifft dieses Phänomen vor allem Feministinnen und jene, die in der Öffentlichkeit stehen."[72]

Legt man einen besonderen Fokus auf den Komplex Sexist oder Gendered Hate Speech, so wird schnell deutlich, dass Hate Speech Frauen unterschiedlich stark betrifft, sie aber vor allem *in ihrer Unterschiedlichkeit* betrifft und dass das Thema daher nie aus dem intersektionalen Kontext gehoben werden darf.

Die derzeit aktuellste vorliegende Studie zu den Erfahrungen deutscher Internetnutzer*innen mit Hate Speech im Internet zeigt deutlich, dass Menschen, die Hate Speech erfahren, sich nicht selten aus dem Internet zurückziehen. Sogenanntes durch Hate Speech hervorgerufenes *Silencing* wird oftmals gezielt eingesetzt, um gegen bestimmte (marginalisierte) Gruppen vorzugehen. Fast immer zieht dies mit Blick auf die Verursachenden keine rechtlichen Konsequenzen nach sich, führt aber nicht selten erfolgreich zu einem Rückzug der Betroffenen. Fast die Hälfte (länderabhängig zwischen 42 % und 57 %) der Betroffenen von Hate Speech bestätigten die Aussage: „Ich selbst beteilige mich wegen Hassrede seltener an Diskussionen im Netz." Dies führt nicht zuletzt zu einer (gefährlichen) Verringerung der Räume für Betroffene, ihre Meinungsäußerungsfreiheit auszuüben und somit zu einer verzerrten Mehrheitswahrnehmung im sogenannten öffentlichen Raum.[73]

Ebenso macht die Studie deutlich, gegen welche Gruppen in Deutschland Hate Speech beobachtet wird: Dazu gehören mehrheitlich Menschen mit

---

71 Ibid.

72 *Sara Geisler*, Öfter im Shitstorm, fluter.de, 2016, https://www.fluter.de/Frauen-oefter-Opfer-von-Hate-Speech.

73 *Daniel Geschke/Anja Klaßen/Matthias Quent/Christoph Richter*, Hass im Netz – Der schleichende Angriff auf unsere Demokratie, IDZ Jena (2019), https://www.idz-jena.de/fileadmin/user_upload/_Hass_im_Netz_-_Der_schleichende_Angriff.pdf, 28.

Migrationshintergrund, Muslim*innen und Jüd*innen, Geflüchtete, Frauen, Menschen, die nicht dem aktuellen Schönheitsideal entsprechen, homo- und transsexuelle Menschen, arme Menschen und Menschen mit Behinderung.[74]

In der oben genannten Aufzählung finden sich alle Gruppen von *verwundbaren* Minderheiten wieder; es spiegeln sich die etablierten Ausschlusssysteme von *sex* und *gender; class, race* und *ethnicity; language, age; ability* und *lookism*.

Die UN-Sonderberichterstatterin zu Gewalt gegen Frauen weist 2018, bezugnehmend auf eine Studie der European Union Agency for Fundamental Rights „Violence against women: an EU-wide survey" (2014), darauf hin: „it has been estimated that 23 per cent of women have reported having experienced online abuse or harassment at least once in their life."[75] Das Pew Research Center bestätigt dies 2017, die dort gefundene Fallzahl ist noch höher: „37 % of women have experienced at least one of the six behaviors this study uses to define online harassment."[76] Deutlich wird hier auch, dass Frauen wesentlich stärker betroffen sind als Männer: „women – and especially young women – encounter sexualized forms of abuse at much higher rates than men. Some 21 % of women aged 18 to 29 report being sexually harassed online, a figure that is more than double the share among men in the same age group (9 %)."[77] Wie gravierend die Bedrohung empfungen wird, unterstreicht eine Studie von Amnesty aus dem Jahr 2017: „Alarmingly, 41 % of women who had experienced online abuse or harassment said that on at least one occasion, these online experiences made them feel that their physical safety was threatened."[78]

---

74 Ibid 20.

75 Report of the Special Rapporteur on violence against women, its causes and consequences on online violence against women and girls from a human rights perspective, 2018, https://digitallibrary.un.org/record/1641160?ln=en, 5; die genannte Studie findet sich hier: *European Union Agency for Fundamental Rights*, Violence against women: an EU-wide survey, 2014, https://fra.europa.eu/en/publication/2014/violence-against-women-eu-wide-survey-main-results-report.

76 *Pew Research Center*, Online Harassment 2017, https://www.pewinternet.org/2017/07/11/online-harassment-2017.

77 Ibid.

78 *Amnesty International*, Amnesty reveals alarming impact of online abuse against women, 2017, https://www.amnesty.org/en/latest/news/2017/11/amnesty-reveals-alarming-impact-of-online-abuse-against-women.

Das Thema Hate Speech hat politisch zuletzt am Fall *Lübke*[79] Fahrt aufgenommen. Betrachtet man aber das Thema Gendered Hate Speech und die Betroffenheit von Frauen, verbleibt der politische Diskurs vor allem in Deutschland diffus. Der gesamte Kontext *Digitale Gewalt* findet bisher weder wissenschaftlich (was den Mangel an validen Daten, Zahlen und Statistiken erklärt) noch politisch und juristisch Beachtung. Als Fortschreibung des Diskurses um Gewalt gegen Frauen sollte er aber zunehmend ins Bewusstsein gerückt werden: „Cyber violence and hate speech online against women constitute gender-based violence and are part of a continuum of violence against women starting offline and reverberating online and vice versa.“[80] Digitale Gewalt kennt neben Hate Speech noch eine Vielzahl weiterer Varianten: Dazu gehören kontrollierende Überwachungstechnologien wie Apps und Hardware ebenso wie das Doxing, Stalking und Revenge Porn.[81]

B. Die Genderdimension digitaler Gewalt

Auf europäischer Ebene wird das Thema bereits stärker in den Fokus gerückt: Das Policy Department for Citizens' Rights and Constitutional Affairs des Europäischen Parlamentes hat 2018 eine Studie zu *Cyber violence and hate speech online against women* veröffentlicht, die die wenigen validen Zahlen, Analysen und Studien über die Ausmaße von Sexist Hate Speach, über Opfer

---

[79] Der Kasseler Regierungspräsident wurde im Sommer 2019 durch einen Kopfschuss ermordet, im Nachgang stellte sich heraus, dass der Politiker aufgrund seiner positiven Haltung zur Flüchtlingpolitik der Bundesregierung schon zu Lebzeiten im Internet von Hate Speech und Doxing betroffen war. Nachzulesen unter anderem hier: https://www.zdf.de/nachrichten/heute/fall-luebcke-hass-im-internet-hate-speech-100.html.

[80] Policy Department for Citizens' Rights and Constitutional Affairs des Europäischen Parlamentes: Cyber violence and hate speech online against women, 2018, http://www.statewatch.org/news/2018/sep/ep-study-cyber-violence-women.pdf, 63 ff; in eine ähnliche Richtung stoßen die Background Note on Sexist Hatespeech der Gender Equality Unit des Europarates von 2016, https://rm.coe.int/CoERMPublicCommonSearchServices/DisplayDCTMContent?documentId=090000168059ad42, sowie Europarat, Combating Sexist Hate Speech, https://rm.coe.int/CoERMPublicCommonSearchServices/DisplayDCTMContent?documentId=0900001680651592.

[81] Vgl *Anne Roth*, CCC Congress, Dezember 2018: https://media.ccc.de/v/35c3-10023-stalking_spy_apps_doxing_digitale_gewalt_gegen_frauen#t=549, und beim CCC Camp im August 2019: https://media.ccc.de/v/Camp2019-10346-was_tun_gegen_digitale_gewalt_gegen_frauen#t=159.

(mehrheitlich Frauen) und Verursachende (mehrheitlich Männer) zusammenführt. Im Ergebnis wird deutlich, dass es sowohl aufseiten der Datenerhebung wie aufseiten der Positionierung des Themas im öffentlichen Diskurs wie in der anhängenden Rechtsprechung noch deutlichen Nachholbedarf gibt.

Wie *Snežana Samardžić-Marković* vom Europarat nachdrücklich betonte: „Let's be clear from the outset: sexist hate speech is a human rights violation. It is a form of violence against women and girls that feeds into gender-based discrimination. Sexist hate speech presents a serious obstacle to the achievement of real gender equality. [...] There is no acceptable excuse for sexist hate speech, and action is necessary to counter its rise. [...] Free speech and free expression are not 'free' if they are hijacked to intimidate, demean and – ultimately – to try to silence women, subjecting them to hate speech."[82]

Der EGMR ist sich seiner Verantwortung, gegen Gendered Hate Speech im Netz vorzugehen, zumindest im Prinzip bewusst: In seiner Judikatur verweigert er Gendered Hate Speech als Ausdruck des Verbots des Missbrauchs der Konventionsrechte (Art 17) den Schutz oder schließt diese – in weniger offensichtlichen Fällen – nach Art 10 Abs 2 vom Schutzbereich der Konvention aus.[83]

In der Erklärung des Europarates zu den Rechten von Internetnutzer*innen betonte dieser seine besondere Verantwortung, „gender equality on the Internet" zu fördern und Genderstereotype in den Medien zu bekämpfen. Normativ geschieht dies unter anderem durch die Istanbul-Konvention, die sich auch der Rolle des kommunikationstechnologischen Sektors widmet.

Hate Speech an sich ist in Deutschland kein Straftatbestand, nicht selten aber liegen im Zusammenhang mit Hate Speech folgende Straftatbestände vor:

---

82 *Snežana Samardžić-Marković*, Director General of Democracy, Council of Europe Seminar *Combating Sexist Hate Speech*, 2016, https://rm.coe.int/16806cac1f.

83 EGMR, Hate Speech, 2019, https://www.echr.coe.int/Documents/FS_Hate_speech_ENG.pdf, 1.

Volksverhetzung, Beleidigung, Nötigung, Bedrohung, Üble Nachrede, Verleumdung, Nachstellung und Gewaltdarstellung.[84] Polizeien und Staatsanwaltschaften müssen zunehmend darauf sensibiliert und politische Zuständigkeiten definiert werden.[85]

Auch das in Deutschland seit 2017 gültige NetzDG ist im Umgang mit Sexist Hate Speech wenig wirksam; die Transparenzberichte der Plattformanbieter sagen wenig über gemeldete Delikte aus; Delikte, die einem Straftatbestand entsprechen, werden nicht automatisch an die Strafvollzugsbehörden weitergegeben. Vielmehr müsste das bestehende deutsche Strafrecht (nicht das Zivilrecht!) nachhaltig Anwendung finden und in Teilen erweitert werden. So auch der Deutsche Juristinnenbund in seiner Anlayse des NetzDG: „Der djb hält zum Schutz der Persönlichkeitsrechte von Frauen im Netz und zur Bekämpfung digitaler Gewalt gegen Frauen ein Gesamtpaket von Maßnahmen für dringend erforderlich. Das NetzDG ist dabei nur ein Baustein."[86]

Neben einigen positiven Beispielen, darunter die Stärkung von Hashtag-Bewegungen und Möglichkeiten für schnelle und globale Mobilisierungs- und Aufklärungskampagnen, stärkt das Internet so eher bestehende und tradierte Macht- und Ausgrenzungssysteme. Die Geschlechterdimension der digitalen Gewalt ist bei der Politikentwicklung im Internet stets mitzudenken. Die Gefahr muss erkannt und benannt werden, nur so kann sie bekämpft werden: „Offenbar geht es darum, Frauen zu zwingen, sich aus der Debatte zurückzuziehen, den öffentlichen Raum zu verlassen. Sie sind Pöbeleien, sexistischer Anmache, der Androhung von Vergewaltigung bis hin zu Morddrohungen ausgesetzt."

---

84 Nachzuschlagen beim bff/Frauen gegen Gewalt eV: https://www.aktiv-gegen-digitale-gewalt.de/de/hatespeech/rechtliche-moeglichkeiten-2018.html.

85 Interessante Anregungen zur deutschen Antidiskriminierungs-Rechtsprechung und der kollektiven Rechtsmobilisierung sind darüber hinaus nachzulesen bei *Ulrike Lembke*, Kollektive Rechtsmobilisierung gegen digitale Gewalt, 2017, https://www.gwi-boell.de/sites/default/files/e-paper_43_kollektive_rechtsmobi.pdf.

86 Pressemitteilung des Deutschen Juristinnenbundes vom 15.05.2019: Hate speech und digitale Gewalt haben eine Geschlechterdimension, https://www.djb.de/verein/Kom-u-AS/ASDigi/pm19-18.

VIII. Schlussfolgerungen

Das Internet ist zu einem unverzichtbaren Kommunikationsmedium geworden, das einen großen Teil unserer kommunikativen Interaktionen vermittelt und durch das Einzelpersonen ihre Menschenrechte ausüben, insbesondere ihr Recht auf freie Meinungsäußerung, einschließlich des Rechts, Informationen und Ideen aller Art unabhängig von Landesgrenzen zu suchen, zu empfangen und weiterzugeben.

Die Resolution des Menschenrechtsrates über die Förderung, den Schutz und die Nutzung der Menschenrechte im Internet (2018) bekräftigt schon in Abs 1, dass „die gleichen Rechte, die Menschen offline haben, auch online geschützt werden müssen, insbesondere die Meinungsfreiheit, die unabhängig von Grenzen und über beliebige Medien ihrer Wahl gilt". Die primären normativen Objekte sind hier die Rechte, die online ebenso wie offline anwendbar sind. Indirekt wird aber auch die immaterielle Dimension des Internets, einen Raum für die Ausübung dieser Rechte zu bieten, geschützt. Die Integrität des Internets ist eine strukturelle Voraussetzung für die Ausübung der Menschenrechte, die durch die Technologie zugleich in Frage gestellt, aber ebenso realisiert werden können.[87]

Der Schutz des Internets in seinen beiden Dimensionen, einschließlich eines schützenden normativen Rahmens, liegt im gemeinsamen Interesse aller Staaten. Er ist Voraussetzung für die Ausübung der Meinungsfreiheit, dem Schlüsselrecht der Informationsgesellschaft, durch die freie Wahl der Medien, unabhängig von Grenzen.

Der Europäische Gerichtshof für Menschenrechte hat eine umfangreiche und solide Rechtsprechung zur Meinungsfreiheit entwickelt. Auch wenn ein Ausdruck „beleidigend, schockierend oder verstörend" sein sollte,[88] ist er geschützt. Übertragen in das Internetzeitalter durch die Fälle *Yildirim*[89] und *Cengiz*[90] (der Zugang zum Internet als wichtigstes Mittel zur Ausübung der

---

[87] Vgl *Giovanni Sartor*, Human Rights and Information Technologies, in *Roger Brownsword/Eloise Scotford/Karen Yeung* (Eds), Oxford Handbook of Law, Regulation, and Technology (2017) 424–450.

[88] EGMR 07.12.1976, No 5493/72, *Handyside vs UK*, Abs 49.

[89] EGMR 18.12.2012, No 3111/10, *Yildirim vs Turkey*.

[90] EGMR 01.12.2015, Nos 48226/10 and 14027/11, *Cengiz and Others vs Turkey*.

Meinungsfreiheit muss gewährleistet sein; die Beschränkungen müssen verhältnismäßig sein), gilt das Prinzip auch heute noch.

Das Internet, wie oben gezeigt, ist auch ein Ort der Rechtsverletzungen, ein Ort, der missbraucht wird, um Menschen zu radikalisieren und Hassrede zu platzieren. Die Meinungsfreiheit erstreckt sich nicht auf völkerrechtlich verbotene Äußerungen und Darstellungen. Dazu gehören Aufrufe zu Völkermord, Terrorismus, schwere Diskriminierung in Form von gewalttätiger Hassrede und die sexuelle Ausbeutung von Minderjährigen. Wie Staaten sind auch Intermediäre verpflichtet, selbst aktiv zu werden, um solche und andere klar illegale Inhalte nach der *Delfi*-Rechtsprechung des EGMR zu löschen.[91] Für die meisten anderen Inhalte hat sich jedoch die Haftungsbefreiung für Intermediäre als wichtiges Instrument zur Gewährleistung der Meinungsfreiheit erwiesen.

Staaten sind verpflichtet, ihre Bürger*innen in Bezug auf das Internet (und ihre Online-Aktivitäten, einschließlich der Ausübung der Meinungsfreiheit) zu schützen. Dabei sind sie verpflichtet, sie auch vor den Aktivitäten Dritter, seien es andere Personen oder Unternehmen, zu schützen. Auch Technologieunternehmen, einschließlich Social-Networking-Plattformen, haben eine soziale Verantwortung für die Achtung der Menschenrechte in ihrem Einflussbereich, der – im Internet – rasant wächst, da die Mehrheit der relevanten kommunikativen Handlungen in privaten Räumen stattfindet. Die besondere Rolle der Vermittler ist eine weitere Herausforderung für die Regulierung des Internets. Da sich die Mehrheit der Online-Räume in privater Hand befindet, ist es das Privatrecht, das viele Normenkonflikte online umrahmt. Wenn Staaten verspätet durch Gesetze oder Urteile reagieren, kann dies durchaus zu übermäßigen Blockaden oder rechtlichen Konflikten zwischen konkurrierenden Rechtsordnungen führen.[92]

Das Thema Gendered oder Sexist Hate Speech hängt eng mit der Forderung der Gleichstellung von Frauen in allen Lebensbereichen zusammen ebenso wie mit dem Bekämpfen der Gewalt gegen Frauen im öffentlichen und privaten Raum. Hate Speech fördert Verdrängungsmechanismen; das ist gefähr-

---

91 EGMR 16.06.2015, No 64569/09, *Delfi AS vs Estonia.*

92 Siehe Recht, entlistet zu werden (Recht auf Vergessenwerden): EuGH 13.05.2014, C-131/12, *Google Spain and Google vs Agencia Española de Protección de Datos (AEPD).*

lich. Wenn sozial diskriminierte, ohnehin benachteiligte Gruppen in der digitalen Welt zusätzliche Gewalt erleben und sich daher zurückziehen, hat dies nachteilige Folgen für die Rationalität des technologisch vermittelten gesellschaftspolitischen Diskurses und so für die Demokratie selbst.

An der Entwicklung und Durchsetzung neuer Regeln für soziale Medien führt angesichts ihrer Reichweite und der gewandelten Kommunikationspraktiken heutiger Mediennutzer*innen kein Weg vorbei. Das, was wir eine politische Öffentlichkeit nennen, die Artikulation und die Aggregation von Meinungen, findet auch und zunehmend auf Internetplattformen statt.[93] Neue Regeln für soziale Medien müssen daher aufbauen auf dem Bekenntnis aller Stakeholder – insbesondere der Staaten und der Unternehmen – zu einer geteilten, rollenspezifischen Verantwortung für den Schutz des Rechts und der Menschenrechte. Die Verantwortung allein auf Nutzer*innen zu übertragen, greift zu kurz. Staaten dürfen neue Regulierungsprozesse für soziale Medien aber auch nicht dazu verwenden, partikulare Interessen durchzusetzen, die dem Ziel der Völkerrechtsgemeinschaft zuwiderlaufen, das Internet menschenrechts- und entwicklungsorientiert zu gestalten.

Unzureichend ist bislang die Regulierung von Algorithmen, die in sozialen Medien sowohl die Vorschlagsselektion als auch die Löschpraxis bestimmen. Automatische Entscheidungssysteme sind menschenrechtssensibel auszugestalten. Eine grundlegendere Debatte über die Regulierung von Algorithmen als Steuerungsinstrumenten der Governance von Meinungsäußerungen in sozialen Medien steht indes noch aus.

---

[93] Diese habe ich zuerst formuliert bei: *Matthias C. Kettemann*, Internationale Regeln für soziale Medien. Menschenrechte wahren und Desinformation bekämpfen, Global Governance Spotlight 2/2019, Stiftung Entwicklung und Frieden Bonn (sef:) (2019), http://www.sef- bonn.org/publikationen/global-governance-spotlight/22019.html = *Matthias C. Kettemann*, International Rules for Social Media. Safeguarding human rights, combating disinformation, Global Governance Spotlight 2/2019, Development and Peace Foundation Bonn (sef:) (2019), https://www.sef- bonn.org/en/publications/global-governance-spotlight/22019.html.

IX. Literatur

Gahleitner Lukas, Wie meinen? Ein Streifzug durch die schwierige Beziehung Österreichs mit der Meinungsfreiheit, juridikum 2019, 122

Geisler Sara, Öfter im Shitstorm, fluter.de, 2016, https://www.fluter.de/Frauen-oefter-Opfer-von-Hate-Speech

Geschke Daniel/Anja Klaßen/Matthias Quent/Christoph Richter, Hass im Netz – Der schleichende Angriff auf unsere Demokratie, IDZ Jena (2019), https://www.idz-jena.de/fileadmin/user_upload/_Hass_im_Netz_-_Der_schleichende_Angriff.pdf

Guggenberger Nikolaus, Das Netzwerkdurchsetzungsgesetz – schön gedacht, schlecht gemacht, ZRP 2017, 98

Hoffmann-Riem Wolfgang, Freiheitsschutz in den globalen Kommunikationsinfrastrukturen, 69 JZ 2/2014, 53–63

Kettemann Matthias C., Menschenrechte im Multistakeholder-Zeitalter: Mehr Demokratie für das Internet, ZFMR 1/2016, 24–36

Kettemann Matthias C., Hassrede und Katzenbilder: Wie können im globalen Netz nationale Gesetze respektiert werden? in *Lorena Jaume-Palasí/Julia Pohle/Matthias Spielkamp* (Hrsg), „Digitalpolitik – eine Einführung“ (2017), https://irights.info/wp-content/uploads/2017/05/Digitalpolitik_-_Eine_Einfuehrung.pdf

Kettemann Matthias C., The Future of the NetzDG: Balanced Briefing Materials on the German Network Enforcement Act, Deliberative Polling, Briefing Materials for Multistakeholder Discussion entwickelt für Stanford University, Center on Deliberative Democracy anlässlich des Internet Governance Forum Deutschland (2018)

Kettemann Matthias C., Internationale Regeln für soziale Medien. Menschenrechte wahren und Desinformation bekämpfen, Global Governance Spotlight 2/2019, Stiftung Entwicklung und Frieden Bonn (sef:) (2019), http://www.sef-bonn.org/publikationen/global-governance-spotlight/22019.html

Kettemann Matthias C./Wolfgang Benedek, Freedom of expression online, in *Mart Susi* (Ed), Human Rights, Digital Society and the Law. A Research Companion (2019) 58–74

Kettemann Matthias C./Anna Sophia Tiedeke, Welche Regeln, welches Recht? Glawischnig-Piesczek und die Gefahren nationaler Jurisdiktionskonflikte im Internet, Verfassungsblog 10.10.2019, https://verfassungsblog.de/welche-regeln-welches-recht/

Land Molly K., Toward an International Law of the Internet, Harvard International Law Journal, 54 (2013), 393–458

Magen Stefan, Kontexte der Demokratie. Parteien – Medien – Sozialstrukturen, VVDStRL 77 (2018) 67

Nolte Georg, Hate-Speech, Fake-News, das »Netzwerkdurchsetzungsgesetz« und Vielfaltsicherung durch Suchmaschinen, ZUM 2017, 552

Peukert Alexander, Gewährleistung der Meinungs- und Informationsfreiheit in sozialen Netzwerken. Vorschlag für eine Ergänzung des NetzDG um sog. Put-back-Verfahren, MMR 2018, 572

Roßnagel Alexander et al, Das Netzwerkdurchsetzungsgesetz, Forum Privatheit Policy Paper (2018)

Samardžić-Marković Snežana, Combating Sexist Hate Speech, 2016, https://rm.coe.int/16806cac1f.

Sartor Giovanni, Human Rights and Information Technologies, in *Roger Brownsword/Eloise Scotford/Karen Yeung* (Eds), Oxford Handbook of Law, Regulation, and Technology (2017) 424–450

Schiff Alexander, Meinungsfreiheit in mediatisierten digitalen Räumen. Das NetzDG auf dem Prüfstand des Verfassungsrechts, MMR 2018, 366

Schwartmann Rolf, Verantwortlichkeit Sozialer Netzwerke nach dem Netzwerkdurchsetzungsgesetz, GRUR-Prax 2017, 317

„HASS IM NETZ“ IM STRAFRECHT? – EINE ÜBERSICHT ZUR GEGENWÄRTIGEN RECHTSLAGE UND EIN RECHTSPOLITISCHER AUSBLICK ZUR STRAFRECHTLICHEN SANKTIONIERUNG VON PSYCHISCHER GEWALT IM INTERNET

Katharina Beclin

I. Vorbemerkungen

A. Gerichtliches Strafrecht als Ultima Ratio

Taucht ein verstörendes Phänomen neu oder verstärkt auf, wie in den letzten Jahren sogenannte „Hasspostings" in sozialen Medien, so ertönt oft rasch der Ruf nach (strengerer) strafrechtlicher Sanktionierung. Dabei wird regelmäßig „übersehen", dass das gerichtliche Strafrecht als „schärfste Waffe" des Staates – schon im Hinblick auf den prinzipiell drohenden schweren Grundrechtseingriff einer Freiheitsstrafe oder einer freiheitsentziehenden vorbeugenden Maßnahme – grundsätzlich nur als Ultima Ratio zum Einsatz kommen dürfte, also als Mittel der letzten Wahl, wenn andere Reaktionen bzw Sanktionen nicht als ausreichend erachtet werden können.[1] Stattdessen werden gerichtliche Strafdrohungen aber in vielen Bereichen zur Durchsetzung allgemeiner politischer Anliegen eingesetzt, wie etwa als Mittel der Drogenpolitik oder zum Zweck der Migrationskontrolle, wie die Entstehungsgeschichte des Straftatbestandes Schlepperei plakativ zeigt, der ohne viel Diskussion sukzessive verschärft wurde.[2]

B. Zur Notwendigkeit der gerichtlichen Strafbarkeit psychischer Gewalt

Umgekehrt gibt es Erscheinungsformen schwerer psychischer Gewalt, die unbestrittenermaßen Lebensqualität und Gesundheit von Menschen erheblich beeinträchtigen können, aber dennoch bis heute nicht vom gerichtlichen Strafrecht erfasst sind. Und gerade in diesem sensiblen Bereich – nicht etwa bei Ladendiebstahl, Cannabis-Konsum oder Schlepperei – stößt man in der Fachliteratur immer wieder auf den Einwand, dass die Ultima Ratio Funktion des

---

[1] Siehe zB *Triffterer*, Österreichisches Strafrecht Allgemeiner Teil[2], Springer-Verlag Wien 1994, 5, wonach der Gesetzgeber das Strafrecht nur dort einsetzen soll, wo zur Ahndung schwerwiegender Verletzungen besonders schutzwürdiger Rechtsgüter soziale, zivilrechtliche und verwaltungsrechtliche Reaktionen nicht ausreichen.

[2] Bei Einführung des Straftatbestandes Schlepperei 1990 war der Grundtatbestand der entgeltlichen Schlepperei in § 14 FPG aF noch ein Verwaltungsdelikt, 2000 wurde er als § 104 Fremdengesetz gerichtlich strafbar. Von 2006 bis 2009 war sogar die unentgeltliche Schlepperei gerichtlich strafbar (§ 114 FPG idF BGBl I Nr 100/2005). Diese überschießende Kriminalisierung wurde allerdings 2009 wieder zurückgenommen.

Strafrechts einer weiteren Kriminalisierung von psychischer Gewalt entgegenstünde.[3] Dies obwohl Akte erheblicher psychischer Gewalt Menschenrechtsverletzungen darstellen und sich Österreich durch die Ratifizierung internationaler Konventionen, insbesondere der Istanbul-Konvention[4], aber auch schon zuvor der Convention on the Elimination of All Forms of Discrimination against Women (CEDAW)[5] zur Strafverfolgung solcher Übergriffe verpflichtet hat.

Die Istanbul-Konvention fordert in Art 3 iVm Art 5 von den Vertragsstaaten gebührende Sorgfalt bei Verhütung, Untersuchung und Bestrafung (auch) von psychischer Gewalt. Art 33 Istanbul-Konvention schafft eine konkrete Verpflichtung, vorsätzliches Verhalten unter Strafe zu stellen, „durch das die psychische Unversehrtheit einer Person durch Nötigung oder Drohung ernsthaft beeinträchtigt wird".

Mit der „General Recommendation No 19: Violence against women" hat das unabhängige CEDAW Komitee[6] 1992 klargestellt, dass genderspezifische Gewalt gegen Frauen von der Definition von „Diskriminierung" in Art 1 der

---

[3] So schreiben die Autor/innen des Bericht der Kommission Strafrecht der Task Force Strafrecht *Pilnacek/Eigner/Fink/Gölly/Grafl/Kert/Knibbe/Koller/Manquet/Plöchl-Schneider/Schmitzberger/Schwab* auf Seite 20: „Die Unterscheidung zwischen Ehrdelikten, die dem gerichtlichen Strafrecht unterliegen, und Ehrenkränkungen, die im Verwaltungsstrafrecht geahndet werden, ist wohl durchdacht und entspricht dem Ultima Ratio Gedanken des Strafrechtes". Vgl dazu auch einzelne Stellungnahmen im Begutachtungsverfahren zur Einführung des Tatbestandes der Beharrlichen Verfolgung mit dem StRÄG 2006, wie zB *Presslauer*, Stellungnahme der Generalprokuratur zum StRÄG 2006 (6/SN-349/ME) 3, sowie *Birklbauer*, Stellungnahme zum StRÄG 2015 (106/SN-98/ME) 5, der zur Einführung des Straftatbestandes Cybermobbing anmerkte, dass „die Strafbarkeit – entsprechend dem Ultima-ratio-Grundsatz – " zurecht auf Fälle begrenzt würde, „in denen solche Mobbing-Handlungen im nur schwer kontrollierbaren Internet erfolgen".

[4] Übereinkommen des Europarates zur Verhütung und Bekämpfung von Gewalt gegen Frauen und häuslicher Gewalt, Istanbul, 11.05.2011, von Österreich ratifiziert am 14.11.2013, in Kraft getreten am 01.08.2014.

[5] Die UN-Konvention CEDAW wurde von Österreich 1982 ratifiziert (siehe BGBl Nr 443/1982).

[6] Dem CEDAW-Komitee obliegt gemäß Art 21 die Überwachung der Umsetzung der CEDAW-Konvention, insbesondere die Auswertung der verpflichtenden Staatenberichte, das Erstatten konkreter Vorschläge, aber auch das Formulieren allgemeiner Empfehlungen, sogenannter „General Recommendations".

CEDAW-Konvention erfasst wird.[7] In Abs 9 dieser Allgemeinen Empfehlung wird klargestellt, dass die Vertragsstaaten verpflichtet sind, einschlägige Gewalttaten mit der gebotenen Sorgfalt aufzuklären und zu bestrafen. Von Gewalt sind in diesem Zusammenhang ausdrücklich auch Handlungen erfasst, die psychische Verletzungen oder Leiden zufügen, wobei von geschlechtsspezifischer Gewalt gegen Frauen auszugehen ist, wenn sich die Gewalt gezielt gegen Frauen wegen ihres Geschlechts richtet oder überproportional Frauen betrifft.[8]

Die internationalen Abkommen tragen somit der empirisch begründeten Erkenntnis Rechnung, dass die Folgen psychischer Gewalt jenen von physischer Gewalt nicht nachstehen. So ergab eine deutsche Studie, dass sich verbal ausgedrückte Missachtung deutlich und sogar stärker als erlittene körperliche Gewalt auf das Wohlbefinden und Selbstvertrauen junger Menschen auswirken kann.[9]

Sowohl die vorliegenden wissenschaftlichen Erkenntnisse als auch die völkerrechtliche Verpflichtung Österreichs zur strafrechtlichen Ahndung schwerer Formen psychischer Gewalt legen nahe, die Reichweite einschlägiger Straftatbestände zu überprüfen und nötigenfalls auszudehnen. Schließlich handelt es sich bei schweren Formen psychischer Gewalt um Menschenrechtsverletzung, sodass die Anwendung strafrechtlicher Sanktionen grundsätzlich als verhältnismäßig angesehen werden kann. Die Notwendigkeit dieser Sanktionierung ergibt sich aus den möglicherweise irreversiblen

---

7 General Recommendation No 19: Violence against women, adopted by the Committee on the Elimination of Discrimination against Women, eleventh session (1992), par 6.

8 Abs 6 der General Recommendation No 19 lautet: „The Convention in article 1 defines discrimination against women. The definition of discrimination includes gender-based violence that is violence that is directed against a woman because she is a woman or that affects women disproportionately. It includes acts that inflict physical, mental or sexual harm or suffering, threats of such acts, coercion and other deprivations of liberty. Gender-based violence may breach specific provisions of the Convention, regardless of whether those provisions expressly mention violence."

9 *Ziegler*, Gewalt- und Missachtungserfahrungen von Kindern und Jugendlichen in Deutschland (Abstract zur Gewaltstudie 2013) 3.

Folgen psychischer Gewalt, die durch andere Rechtsfolgen wie Schmerzengeldansprüche oder Verwaltungsstrafen nicht angemessen sanktioniert werden können.[10]

Schließlich sei für die nicht strafrechtsaffinen Leser/innen angemerkt, dass das Strafrecht mit der Diversion auch eine mildere Reaktion als die klassischen strafrechtlichen Sanktionen Freiheits- und Geldstrafe kennt, sodass auch auf weniger schwerwiegende Verstöße adäquat reagiert werden und den Beschuldigten – wenn bestimmte weitere Voraussetzungen erfüllt sind[11] – eine formelle Verurteilung und somit eine Vorstrafe erspart werden kann.

Nachdem nun ausführlich begründet wurde, wieso eine strafrechtliche Sanktionierung schwerer Formen psychischer Gewalt angemessen und geboten erscheint, werden im nächsten Abschnitt jene Straftatbestände dargestellt, die nach der geltenden Rechtslage bereits strafrechtlichen Schutz gegen „Hass im Netz“ bieten.

Anschließend sollen die Schwächen dieser Straftatbestände bzw Lücken im strafrechtlichen Schutz aus Opfersicht zusammenfassend dargestellt und entsprechende Reformvorschläge unterbreitet werden.

II. Strafrechtlicher Schutz gegen „Hass im Netz“ im geltenden Recht

Um den Rahmen dieses Beitrags nicht zu sprengen, beschränkt sich die folgende Darstellung auf die strafrechtliche Sanktionierung jener, die selbst „Hass im Netz“ verbreiten, also Akte psychischer Gewalt setzen. Hingegen werden Fragen der strafrechtlichen Verantwortung sogenannter Host-

10 Vgl dazu Art 45 der Istanbul-Konvention, wonach die Vertragsparteien sicherstellen müssen, dass die in „diesem Übereinkommen umschriebenen Straftaten mit wirksamen, angemessenen und abschreckenden Sanktionen bedroht werden, die ihrer Schwere Rechnung tragen“.

11 Zu diesen Voraussetzungen zählen unter anderem, dass es sich um leichte oder mittelschwere Kriminalität handelt, der Sachverhalt hinreichend geklärt ist und dass davon auszugehen ist, dass die Diversionsmaßnahme ausreicht, um die Beschuldigte/den Beschuldigten von der Begehung strafbarer Handlungen abzuhalten und der Begehung strafbarer Handlungen durch andere entgegenzuwirken. Siehe dazu die §§ 198 ff StPO.

Provider/innen iSd § 16 ECG und Medieninhaber/innen gemäß § 1 Abs 1 Z 8 MedienG für Postings anderer Personen auf ihrer Seite ausgeklammert.[12] Auch Aspekte der Meinungsfreiheit, Wissenschaftsfreiheit und Freiheit der Kunst, die zu Einschränkungen der Strafbarkeit bei einigen der im Folgenden beschriebenen Delikten führen können, klammere ich aus, da sie im Falle gezielter psychischer Gewalt idR keine praktische Bedeutung entfalten werden.

A. Verhetzung gemäß § 283 StGB

Als erster Tatbestand soll die in § 283 StGB geregelte Verhetzung dargestellt werden, zumal hier der Terminus „Hass" sogar im Gesetzestext vorkommt und dieses Delikt auch in der öffentlichen Diskussion zu „Hass im Netz" sehr präsent ist.

§ 283 Abs 1 Z 1 lautet: „Wer öffentlich auf eine Weise, dass es vielen Menschen zugänglich wird," „zu Gewalt gegen eine Kirche oder Religionsgesellschaft oder eine andere nach den vorhandenen oder fehlenden Kriterien der Rasse, der Hautfarbe, der Sprache, […][13] oder der sexuellen Ausrichtung definierte Gruppe von Personen oder gegen ein Mitglied einer solchen Gruppe ausdrücklich wegen der Zugehörigkeit zu dieser Gruppe auffordert oder zu Hass gegen sie aufstachelt", „ist mit Freiheitsstrafe bis zu zwei Jahren zu bestrafen". Ein Schwachpunkt dieser Bestimmung springt beim kritischen Lesen gleich ins Auge: Richtet sich die Handlung gegen ein Mitglied einer der geschützten Gruppen, so ist sie nur tatbestandsmäßig, wenn die fragliche Person *ausdrücklich* wegen der Zugehörigkeit zu dieser Gruppe zum Ziel wird. Das erleichtert den Täter/innen die Umgehung des Tatbestandes und kann dazu führen, dass zwar zB ein rassistisches Motiv naheliegt, mangels ausdrücklicher Benennung des Motives jedoch eine Strafbarkeit nach § 283 StGB ausscheidet.

---

12 Ich möchte aber doch kurz darauf hinweisen, dass man beispielsweise als Inhaber/in eines Facebook-Profils als Medieninhaber/in zur Verantwortung gezogen werden kann, wenn man fremde, strafrechtlich relevante Postings nicht unverzüglich aus dem eigenen Profil löscht. Es ist also empfehlenswert, sich mit diesen Vorschriften näher auseinanderzusetzen, wenn man in sozialen Netzwerken aktiv ist.

13 In dieser Aufzählung werden des Weiteren Religion oder Weltanschauung, Staatsangehörigkeit, Abstammung oder nationale oder ethnische Herkunft, das Geschlecht, eine körperliche oder geistige Behinderung und das Alter angeführt.

§ 283 Abs 1 Z 2 stellt das Beschimpfen der in Z 1 genannten Gruppen unter Strafe, wenn zwei weitere Voraussetzungen hinzutreten: zum einen die Absicht, die Menschenwürde anderer zu verletzen, zum anderen, dass die Beschimpfung in einer Weise erfolgt, die geeignet ist, diese Gruppe in der öffentlichen Meinung verächtlich zu machen oder herabzusetzen. Insbesondere die erste Voraussetzung bedeutet eine gravierende Einschränkung der Reichweite dieses Tatbestandes. Laut *Plöchl* wird die Menschenwürde verletzt, „wenn durch die Tathandlung den Angehörigen der angegriffenen Gruppe unmittelbar das Recht auf Menschsein schlechthin abgesprochen wird, […] oder sie als minderwertige oder wertlose Teile der Gesamtbevölkerung dargestellt werden.“ Als Beispiele werden die Beschimpfung als „Brut“ oder „Untermenschen“ genannt sowie die Aussage, man solle sie „vertilgen“.[14]

§ 283 Abs 1 Z 3 inkriminiert das Billigen, Leugnen, gröbliche Verharmlosen oder Rechtfertigen rechtskräftig gerichtlich festgestellter schwerer Verbrechen, wie des Völkermordes, Kriegsverbrechen oder Verbrechen gegen die Menschlichkeit. Auch diese Handlungen müssen zusätzlich geeignet sein, zu Gewalt oder Hass aufzustacheln. „Bloß abfällige Herabsetzungen, aber auch beleidigende und verletzende Äußerungen, die nicht auf die Erweckung von Hassgefühlen gegen andere abzielen, genügen nicht.“[15]

Der Tatbestand der Verhetzung wurde in der Vergangenheit immer wieder als zu eng und daher unpraktikabel kritisiert. Diesbezüglich kam es mit 2016 zu zwei wesentlichen Verbesserungen: Zum einen genügt nunmehr in Abs 1 für den Aufruf zur Gewalt die öffentliche Begehung, sodass es vielen, nämlich rund 30 Menschen[16], zugänglich wird, während bis Ende 2015 eine potentielle Gefährdung der öffentlichen Ordnung oder die Wahrnehmbarkeit für eine breite Öffentlichkeit – etwa für 150 Personen, zB im Rahmen einer Massenveranstaltung – notwendig war.[17] Öffentliche Begehung setzt laut § 69 StGB voraus, dass die Handlung unmittelbar von einem größeren Personenkreis wahrgenommen werden kann. Darunter sind in etwa 10 Personen zu verstehen.[18] Dies wird in den sozialen Medien noch leichter zu erreichen sein als im normalen Alltag. Dieses Öffentlichkeitserfordernis gilt nun einheitlich für alle

---

14 *Plöchl* in *Höpfel/Ratz*, WK² StGB § 283 (Stand 01.03.2013, rdb.at) Rz 18 mwN.

15 OGH 15 Os 33/18v, Entscheidung vom 23.05.2018.

16 Siehe EBRV 689 BlgNR XXV. GP 41.

17 *Plöchl*, WK² StGB § 283 Rz 13.

18 *Plöchl*, WK² StGB § 283 Rz 12.

Tatbestandsvarianten von Z 1 bis Z 3. Die Einschränkung durch die vorangegangene Novelle (BGBl I 2011/103), die das Auffordern oder Aufreizen zu „feindseligen Handlungen“ durch das Auffordern oder Aufreizen zu „Gewalt“ ersetzte, wurde allerdings nicht rückgängig gemacht.

Möglicherweise ist es den genannten Anpassungen des Straftatbestandes zu verdanken, dass zuletzt die Verurteilungen wegen Verhetzung tendenziell anstiegen, wenngleich die absoluten Zahlen immer noch gering sind: 2012 wurden österreichweit von der Statistik Austria 15 Verurteilungen nach § 283 StGB, dann pro Kalenderjahr im Zeitverlauf jeweils 8, 30, 44, 52, 135 und zuletzt, im Jahr 2018, 73 Verurteilungen ausgewiesen.

Die weiteren Absätze des § 283 StGB enthalten unter anderem strengere Strafdrohungen für den Fall, dass eine einschlägige Handlung einer breiten Öffentlichkeit zugänglich wird oder tatsächliche Gewalt gegen Mitglieder der geschützten Gruppen auslöst.

B. „Cyber-Mobbing“ gemäß § 107c StGB

Das Phänomen Cyber-Mobbing wurde mit dem relativ jungen, mit BGBl I 2015/154 eingeführten Straftatbestand § 107c StGB unter Strafe gestellt, der den sperrigen Titel „Fortgesetzte Belästigung im Wege einer Telekommunikation oder eines Computersystems“ trägt. Demnach droht jenen bis zu ein Jahr Freiheitsstrafe oder eine Geldstrafe von bis zu 720 Tagessätzen, die im Wege einer Telekommunikation oder eines Computersystems längere Zeit hindurch fortgesetzt entweder eine Person – für eine größere Zahl von Menschen wahrnehmbar – an der Ehre verletzen, oder Tatsachen oder Bildaufnahmen des höchstpersönlichen Lebensbereiches einer Person ohne deren Zustimmung für eine größere Zahl von Menschen wahrnehmbar machen.

§ 107c StGB erfasst neben Telefonanrufen, SMS, E-Mails etc auch Internettelefonie (zB Skype), instant messages (zB WhatsApp) und das Platzieren von Bildern und Nachrichten auf Webseiten oder in Internetplattformen, wie Twitter oder Facebook.[19] Eine „größere Zahl von Menschen“ entspricht nach

---

[19] Vgl dazu *Schwaighofer* in *Höpfel/Ratz*, WK² StGB § 107c (Stand 01.05.2016, rdb.at) Rz 15.

herrschender Meinung in etwa 10 Personen.[20] Die Postings oder Nachrichten müssen aber nicht tatsächlich von 10 oder mehr Personen gesehen oder abgehört worden sein, es reicht vielmehr für die Vollendung des Delikts das „Wahrnehmbar-Machen“, dass also die entsprechende Möglichkeit geschaffen wurde.[21] Weitere Voraussetzung der Strafbarkeit ist, dass das inkriminierte Verhalten dazu *geeignet* sein muss, eine Person in ihrer Lebensführung unzumutbar zu beeinträchtigen. Es muss also zwar noch keine tatsächliche Beeinträchtigung eingetreten sein, das Verhalten muss jedoch geeignet sein, eine unzumutbare Beeinträchtigung herbeizuführen. Diese Eignung ist im Rahmen einer Gesamtbetrachtung ex-ante zu beurteilen, wobei das Verhalten „eine solche Intensität aufweisen“ muss, dass „ein Durchschnittsmensch in dieser Situation“ auf Grund derartiger Handlungen möglicherweise seine Lebensgestaltung nicht bloß unwesentlich geändert hätte[22], wobei *Schwaighofer* und *Salimi* als Beispiele das Löschen des Facebook-Profils oder den Rückzug aus dem „Online-Leben“ nennen.[23] Höchstgerichtliche Judikatur zur Auslegung dieses Tatbestandes gibt es leider noch nicht. Da die allgemeinen Tatbestandsvoraussetzungen sich jedoch weitgehend mit jenen der Beharrlichen Verfolgung (§ 107a StGB) decken, kann man sich bei ihrer Auslegung auch an Schrifttum und Judikatur zu diesem Straftatbestand orientieren. Es ist daher davon auszugehen, dass „Art, Schwere, Inhalt, Zahl, Häufigkeit, Dauer und Regelmäßigkeit der einzelnen tatbildlichen Handlungen“ „in einer Gesamtbetrachtung im Sinne eines beweglichen Systems zu beurteilen“ sind.[24] In den Erläuternden Bemerkungen zur Regierungsvorlage zur Beharrlichen Verfolgung stand diesbezüglich, dass der Zeitfaktor in Relation zu den jeweiligen Tathandlungen und nach den Besonderheiten des Einzelfalles zu beurteilen sei.[25] Vereinfacht gesagt bedeutet dies, dass ein kürzerer Zeitraum für die Deliktsvollendung ausreicht, wenn die Tathandlungen schwerer wiegen und häufiger wiederholt werden.

---

[20] *Schwaighofer*, WK² StGB § 107c Rz 8.

[21] *Schwaighofer*, WK² StGB § 107c Rz 13.

[22] *Schwaighofer*, WK² StGB § 107c Rz 18 mit Verweis auf *Schwaighofer* in *Höpfel/Ratz*, WK² StGB § 107a (Stand 01.05.2016, rdb.at) Rz 11.

[23] *Schwaighofer*, WK² StGB § 107c Rz 18 mit Verweis auf *Salimi*, Cybermobbing – auf dem Weg zu einem neuen Straftatbestand, JSt 2015, 196.

[24] *Schwaighofer*, WK² StGB § 107c Rz 16 mit Verweis auf *Fuchs/Reindl-Krauskopf*, Strafrecht BT I⁵, Verlag Österreich, Wien 2015, 98.

[25] EBRV 1316 BlgNR XXII. GP 5.

Ein spezielles Problem stellen sogenannte „Shitstorms" dar. Darunter versteht man ein stark gehäuftes Auftreten von Kritik aber auch von unsachlichen verbalen Attacken auf eine Person – idR in sozialen Medien als Reaktion auf eine bestimmte Handlung oder Äußerung des späteren Opfers. Die strafrechtliche Verfolgung der einzelnen Akteure/Akteurinnen eines Shitstorms ist jedoch oft kaum möglich. Bei Fehlen einer vorangegangenen Verabredung liegt nämlich keine Mittäterschaft der Poster/innen vor, sodass jede einzelne Person auch nur für ihre eigenen Postings zur Verantwortung gezogen werden kann.[26] Wenn keine der Personen im Rahmen eines Shitstorms so viele Handlungen setzt, dass ihr Verhalten schon für sich gesehen die von § 107c StGB geforderte Intensität erreicht, kann also unter Umständen niemand zur Verantwortung gezogen werden.[27] Allerdings kann ein Shitstorm auf die Bewertung der Handlungen einer einzelnen Person wohl insofern einen Einfluss haben, als er bei der Beurteilung ihrer *Eignung*, die betroffene Person in ihrer Lebensführung unzumutbar zu beeinträchtigen, mit zu berücksichtigen ist. Schließlich wird kaum jemand bestreiten, dass ein Durchschnittsmensch, der gerade einem Shitstorm ausgesetzt ist, empfindlicher auf Hasspostings reagieren wird, als wenn diese Postings isoliert auftreten würden. So gesehen wird im Kontext eines Shitstorms wohl schon eine geringere Intensität der Handlungen des/r Einzelnen für seine Strafbarkeit ausreichen, wenn er oder sie vorsätzlich im zeitlichen Zusammenhang mit einem Shitstorm agiert.

Strittig ist auch die mögliche Strafbarkeit einzelner, besonders belastender Postings, zB der Veröffentlichung eines besonders kompromittierenden Nacktfotos des Opfers, gemäß § 107c StGB. Die Erläuternden Bemerkungen zur Regierungsvorlage bejahen dies für den Fall, dass der/die Poster/in die Möglichkeit hat, das Foto zu entfernen, dies aber längere Zeit hindurch unterlässt. Begründet wird dies damit, dass § 107c StGB ein Dauerdelikt sei, das auch durch Unterlassen begangen werden könne.[28] Das überzeugt, denn natürlich trifft denjenigen/diejenige, der/die ein solches Foto rechtswidrig postet, die Verpflichtung, dieses schnellstmöglich wieder zu entfernen, sodass man von einer fortgesetzten Begehung sprechen kann, wenn die Person, trotz ihrer Garantenstellung[29] und der faktischen Möglichkeit, das Foto zu löschen,

---

[26] *Schwaighofer*, WK[2] StGB § 107c Rz 18 mit Verweis auf *Salimi*, JSt 2015, 196.

[27] *Reindl-Krauskopf/Salimi/Stricker*, Handbuch IT-Strafrecht, Manz 2018, 172.

[28] EBRV StRÄG 2015, 689 BlgNR XXV. GP 19.

[29] „Garantenstellung" meint in diesem Zusammenhang, dass eine Person, die eine „gefährliche Situation" schafft, für die Folgen und somit auch für die Beseitigung dieser

dies unterlässt. Zumal der Ausdruck „fortgesetzt“ auch als Synonym für „andauernd“ und „ununterbrochen“ gebräuchlich ist.[30] Dennoch wird im Schrifttum die Meinung vertreten, dass der Wortlaut „fortgesetzt“ nur erfüllt sei, wenn mehrere Handlungen gesetzt würden.[31] Abgesehen davon, dass nicht nachvollziehbar ist, warum nicht auch wiederholte Unterlassungen dieses Kriterium erfüllen sollten, würde diese einschränkende Auslegung zu dem grotesken Ergebnis führen, dass gerade die aus Sicht des Gesetzgebers zentrale Mobbing-Handlung im Fall Amanda Todd, nämlich das Veröffentlichen des kompromittierenden Fotos im Internet[32], nicht von dem Straftatbestand erfasst würde, der geschaffen wurde, um solche Fälle künftig zu verhindern.

Als Tathandlungen des § 107c StGB kommen zum einen gemäß Z 1 Verletzungen der Ehre in Betracht, also „die in den §§ 111, 113 und 115 aufgezählten Verhaltensweisen, die geeignet sind, das Ansehen und die Achtung eines Menschen in seiner Umwelt herabzusetzen“. Diese Tathandlungen werden zwar durch die aufgezählten Straftatbestände, die anschließend noch näher dargestellt werden, bereits unter Strafe gestellt, allerdings als Privatanklagedelikte. Wenn dieselben Handlungen aber über längere Zeit hindurch fortgesetzt begangen werden – und die weiteren, schon beschriebenen zusätzlichen Voraussetzungen des § 107c StGB erfüllt sind – liegt ein Offizialdelikt vor, was für das Opfer einige Vorteile mit sich bringt.[33]

Die zweite mögliche Begehungsweise des § 107c StGB erfasst laut Z 2 das Veröffentlichen von Tatsachen oder Bildaufnahmen des höchstpersönlichen Lebensbereichs ohne Zustimmung der betroffenen Person. Zum höchstpersönlichen Lebensbereich zählen das Sexualleben, das Familienleben, Krankheiten, Behinderungen und religiöse Ansichten. Inkriminierte Verhaltensweisen wären also zum Beispiel das Bekanntmachen eine AIDS-Erkrankung, bestimmter sexueller Vorlieben oder des Umstandes, dass eine Person seine/ihre Partner/in betrügt.[34] Die einzelnen Eingriffe in die

---

Gefahr verantwortlich ist. Die Garantenstellung ist grundsätzlich Voraussetzung für eine Strafbarkeit wegen Unterlassens. Siehe dazu zB *Fuchs/Zerbes*, Strafrecht Allgemeiner Teil I[10], Verlag Österreich, Wien 2018, 405.

30 Vgl https://synonyme.woxikon.de/synonyme/fortgesetzt.php und https://www.duden.de/rechtschreibung/fortgesetzt.

31 *Salimi*, JSt 2015, 195; *Schwaighofer*, WK2 StGB § 107c Rz 17.

32 EBRV StRÄG 2015, 689 BlgNR XXV. GP 19.

33 Auf die Bedeutung dieses Unterschieds wird in Kapitel III.D. näher eingegangen.

34 *Schwaighofer*, WK[2] StGB § 107c Rz 11.

Privatsphäre müssen für sich gesehen nicht strafbar sein, und es ist auch irrelevant, ob die behaupteten Tatsachen falsch oder richtig sind. Das Opfer muss auf dem Foto oder Film auch gar nicht erkennbar sein, es reicht, dass aus dem Kontext hervorgeht, dass es sich dabei um das Opfer handeln soll.[35]

Die praktische Bedeutung des § 107c StGB ist allerdings bisher gering. In den ersten drei Jahren seit Inkrafttreten wurden nach diesem Delikt österreichweit nur 31 Personen verurteilt.[36]

Sollte keiner der beiden bisher dargestellten Tatbestände greifen, bleiben immer noch eine Reihe anderer Delikte des StGB, an die man zwar vielleicht angesichts des Phänomens „Hass im Netz" nicht primär denkt, die aber doch je nach den Umständen des Einzelfalles zur Anwendung kommen können.

C. Gefährliche Drohung gemäß § 107 StGB

Hass im Netz kann auch in Form von Gefährlichen Drohungen in Erscheinung treten. Ziel einer gefährlichen Drohung ist definitionsgemäß, eine andere Person in Furcht und Unruhe zu versetzen. Das kann einem hasserfüllten Menschen bzw jemandem, der psychische Gewalt ausüben will, schon als Ziel ausreichen. Bisweilen geht es dem/der Drohenden aber auch darum, die andere Person aus einem Forum zu vertreiben, sie überhaupt zum Schweigen zu bringen oder auch zu einer Handlung oder Unterlassung zu bewegen, die gar nicht mit dem Internet-Kontakt in Zusammenhang steht. In diesen Fällen wäre die gefährliche Drohung zugleich ein Mittel zur Nötigung – und somit auch dieser Tatbestand zu prüfen.

Gemäß § 107 StGB macht sich strafbar, wer einem/einer anderen mit einer Verletzung an Körper, Ehre, Freiheit, Vermögen oder des höchstpersönlichen Lebensbereiches droht, um ihn/sie in Furcht und Unruhe zu versetzen. Gemäß § 74 Abs 1 Z 5 StGB muss die angedrohte Verletzung geeignet sein, „dem Bedrohten mit Rücksicht auf die Verhältnisse und seine persönliche Beschaffenheit oder die Wichtigkeit des angedrohten Übels begründete Besorgnisse

---

35 *Schwaighofer*, WK² StGB § 107c Rz 12.

36 Im ersten Jahr nach Inkrafttreten des Straftatbestandes, also 2016, wurden 271 Tatverdächtige nach § 107c StGB angezeigt, 2017 359 und 2018 316 Tatverdächtige. Die Zahl der Verurteilungen lag in denselben Jahren bei 5, 16 und 10, was – übergreifend über die drei Jahre berechnet – einer Verurteilungsquote von rund 3 % entspricht.

einzuflößen". Als Mittel zur Verletzung des höchstpersönlichen Lebensbereiches kommt das Zugänglichmachen, Bekanntgeben oder Veröffentlichen von entsprechenden Tatsachen oder Bildaufnahmen in Frage. Die Strafdrohung liegt bei einem Jahr Freiheitsstrafe bzw 720 Tagessätzen Geldstrafe und erhöht sich auf bis zu drei Jahre Freiheitsstrafe, wenn mit besonders gravierenden Übeln gedroht wird, wie beispielsweise mit dem Tod, einer erheblichen Verstümmelung, einer Entführung oder einer Brandstiftung.

Wenn jemand öffentlich oder für viele sichtbar postet und das vielleicht auch noch unter seinem richtigen Namen, wird er/sie jedoch idR Formulierungen vermeiden, die eindeutig als gefährliche Drohung einzuordnen sind. Da finden sich dann beispielsweise Formulierungen wie „Mich würde es nicht wundern, wenn dir etwas passiert, so unvorsichtig, wie du bist!" oder „An deiner Stelle würde ich mich in Acht nehmen". Die Grenzen zur gefährlichen Drohung sind fließend und insbesondere, wenn Täter/in und Opfer einander gut kennen oder kannten, kann es gelingen, eine subtile Drohung so zu verklausulieren, dass sie für Außenstehende nicht als solche erkennbar ist, beim Opfer aber Angst auslöst. Zudem können plumpe Zudringlichkeiten oder gar explizite verbale sexuelle Belästigungen, die für sich gesehen noch nicht strafrechtlich relevant sind, berechtigte Ängste auslösen. In all diesen Fällen wird § 107 StGB regelmäßig nicht anwendbar sein. Das Opfer findet sich vielmehr in der unbefriedigenden Situation, zuwarten zu müssen bis solche an sich schon für sich gesehen irritierenden Handlungen durch fortgesetzte Begehung über längere Zeit die Schwelle zur Strafbarkeit erreichen, damit es sich mit gewissen Erfolgsaussichten an die Polizei wenden kann.

D. Beharrliche Verfolgung gemäß § 107a StGB

In den eben geschilderten Fällen kommt erst bei entsprechender fortgesetzter Begehung über einen längeren Zeitraum eine gerichtliche Strafbarkeit in Frage. Sind die „Öffentlichkeitserfordernisse" von Cyber-Mobbing auch nicht erfüllt, kann die Beharrliche Verfolgung gemäß § 107a StGB als Auffangtatbestand in Frage kommen.

Nach dieser Bestimmung ist mit Freiheitsstrafe bis zu einem Jahr oder mit Geldstrafe bis zu 720 Tagessätzen zu bestrafen, wer eine Person widerrechtlich beharrlich verfolgt, indem er ihre räumliche Nähe aufsucht, im Wege einer Telekommunikation oder unter Verwendung eines sonstigen Kommunikationsmittels oder über Dritte Kontakt zu ihr herstellt, unter Verwendung ihrer personenbezogenen Daten Waren oder Dienstleistungen für sie bestellt oder unter Verwendung ihrer personenbezogenen Daten Dritte veranlasst, mit ihr Kontakt aufzunehmen. Mit Ausnahme des Aufsuchens der räumlichen Nähe können alle Tathandlungen auch via Internet begangen werden. Damit die Strafbarkeit nach § 107a StGB eintritt, müssen solche Handlungen allerdings auch – wie bei Cyber-Mobbing – längere Zeit hindurch fortgesetzt begangen werden, und zwar in einer Weise, die geeignet ist, die andere Person in ihrer Lebensführung unzumutbar zu beeinträchtigen.

Für die Auslegung, was unter „längere Zeit hindurch" zu verstehen ist, gilt, wie schon zu Cyber-Mobbing ausgeführt, dass der Zeitfaktor in Relation zu Art und Anzahl der jeweiligen Tathandlungen und nach den Besonderheiten des Einzelfalles im Sinne eines beweglichen Systems zu beurteilen ist.[37] Schon hinsichtlich der jedenfalls nötigen Mindestdauer zeigen sich große Auffassungsunterschiede. *Schwaighofer* schlägt als Richtlinie für schwerere Fälle eine Mindestdauer von einem Monat und mindestens drei Einzelhandlungen vor, gesteht aber ein, dass in Extremfällen, wie einem „Dauerbombardement" mit SMS auch schon zwei Wochen ausreichen können.[38] *Seling* wiederum betont die Sinnhaftigkeit, dass der Gesetzgeber auf die Festlegung einer Mindestdauer verzichtet hat, und hält den Vorschlag[39] für interessant, wonach bei normalem Tatverlauf zwei bis drei Wochen ausreichen müssten. Dies decke sich mit der Feststellung, dass aus kriminologischer Sicht „ein Monat jedenfalls für die Bejahung von Stalking ausreicht".[40] Bei besonders intensiven Verfolgungshandlungen, wie wiederholtem nächtlichen Sturmläuten oder mehrmaligem stundenlangen Verharren vor der Tür, sollte aber schon nach einigen Tagen von einer längeren Zeit gesprochen werden können.

Die großen Auffassungsunterschiede zur Auslegung der unbestimmten Gesetzesbegriffe dürften ein Grund für die hohen Einstellungsraten in Strafverfahren wegen Stalking sein, die sich anlässlich der Evaluierung der Anti-Stalking-Regelungen im Auftrag des Bundesministeriums für Justiz zeigten.

---

37 Vgl FN 24.

38 *Schwaighofer*, WK^2 StGB § 107a Rz 10.

39 *Beclin*, § 107a StGB – Bekämpfung von „Stalking" auf Kosten der Rechtssicherheit? in *Bundesministerium für Justiz* (Hrsg), 34. Ottensteiner Fortbildungsseminar aus Strafrecht und Kriminologie, NWV Wien Graz 2006, 115.

40 *Seling*, § 107a StGB Eine Strafvorschrift gegen Stalking, NWV Wien Graz 2006, 56.

Sie betrugen, bezogen auf die jeweilige Gesamtzahl der erfassten Tatverdächtigen bzw Beschuldigten, 73 % in Linz (n=135), 82 % in Wien (n=282) und 83 % in St. Pölten (n=150).[41] Von den insgesamt nur 20 Verurteilungen, die ausschließlich wegen § 107a StGB ergingen und zu denen sich im Akt Angaben zum Zeitraum der Stalking-Handlungen fanden, bezogen sich 5 auf einen Zeitraum von unter einem Monat. In St. Pölten betraf dies einen Fall, in dem der Verurteilte wiederholt, am Wochenende sogar vier- bis fünfmal täglich, mit verstellter Stimme aus sexuellen Motiven angerufen hatte. In Linz sah das Gericht eine Woche als ausreichend an, weil der Betreffende ständig vor dem Haus des Opfers stand und anläutete und in demselben Zeitraum rund 90 SMS schrieb.[42]

Die Evaluierung ergab auch, dass die unbestimmten Gesetzesbegriffe sehr restriktiv ausgelegt wurden und eine Versuchsstrafbarkeit praktisch nicht in Erwägung gezogen wurde. Dies deutet darauf hin, dass das Delikt Beharrliche Verfolgung hinsichtlich seiner Eingriffsintensität, also betreffend die Auswirkungen auf die Opfer, tendenziell von Staatsanwalt- und Richter/innenschaft unterschätzt wurde. Inwiefern diesbezüglich mittlerweile eine Änderung eingetreten ist, lässt sich schwer abschätzen. 2018 kamen jedenfalls österreichweit auf rund 1800 ermittelte Tatverdächtige wegen Beharrlicher Verfolgung nur 180 Verurteilungen wegen dieses Delikts.

E. Fortgesetzte Gewaltausübung gemäß § 107b StGB und Quälen oder Vernachlässigen unmündiger, jüngerer oder wehrloser Personen gemäß § 92 StGB

Das Delikt der fortgesetzten Gewaltausübung in § 107b StGB soll nur kurz erwähnt werden, zumal es primär auf körperliche Übergriffe abstellt und wohl überwiegend im sozialen Nahraum – ohne Involvierung des Internets – verwirklicht werden dürfte. Da zu den möglichen Tathandlungen des § 107b StGB gemäß Abs 2 jedoch alle vorsätzlichen mit Strafe bedrohten Handlungen gegen Leib und Leben oder gegen die Freiheit mit Ausnahme der strafbaren Handlungen nach den §§ 107a, 108 und 110 StGB zählen, kann dieser Tatbestand theoretisch auch durch psychische Gewaltakte gemäß

---

41 *Beclin/Konecny/Mitgutsch/Brandstetter/Stummer-Kolonovits*, Evaluierung der Anti-Stalking Regelungen (nicht veröffentlichte Studie im Auftrag des Bundesministeriums für Justiz) Wien 2009, 46 (49).

42 *Beclin/Konecny/Mitgutsch/Brandstetter/Stummer-Kolonovits*, Evaluierung, 74.

§ 92 StGB und § 107c StGB verwirklicht werden. Allerdings liegt die Vermutung nahe, dass bloß anlässlich der Einführung des § 107 c StGB übersehen wurde, dass dieser Tatbestand in die Aufzählung der Ausnahmen in § 107b StGB aufzunehmen gewesen wäre. Es wird aber wohl diesbezüglich gegebenenfalls eine teleologische Reduktion des § 107b StGB geboten sein.

Dass das von § 92 StGB unter dem Titel „Quälen oder Vernachlässigen unmündiger, jüngerer oder wehrloser Personen" erfasste Zufügen seelischer Qualen – das natürlich auch im Wege von Sozialen Medien möglich ist – eine Tathandlung des § 107b darstellt, ist auch nur von theoretischem Interesse, da eine einzelne entsprechende Handlung nach § 92 StGB ohnedies schon mit derselben Strafdrohung bedroht ist, die gemäß § 107b StGB erst bei fortgesetzter Begehung greift.

F. Üble Nachrede gemäß § 111 StGB

Gemäß § 111 StGB macht sich strafbar, wer einen anderen in einer für einen Dritten wahrnehmbaren Weise einer verächtlichen Eigenschaft oder Gesinnung zeiht oder eines unehrenhaften oder gegen die guten Sitten verstoßenden Verhaltens beschuldigt, das geeignet ist, ihn in der öffentlichen Meinung verächtlich zu machen oder herabzusetzen. Die Strafdrohung beträgt im eben beschriebenen Grunddelikt bis zu sechs Monate Freiheitsstrafe oder Geldstrafe bis zu 360 Tagessätzen, erhöht sich aber auf Freiheitsstrafe bis zu einem Jahr oder Geldstrafe bis zu 720 Tagessätzen, wenn die Äußerung einer breiten Öffentlichkeit zugänglich gemacht wird.

Die Tat ist grundsätzlich – zu den Ausnahmen kommen wir gleich – nicht zu bestrafen, wenn die Behauptung als wahr erwiesen wird. Wurde die Behauptung nicht vorsätzlich einer breiten Öffentlichkeit zugänglich gemacht, so ist der Täter schon dann nicht zu bestrafen, wenn er nachweislich hinreichende Gründe hatte, die Behauptung für wahr zu halten. Der Wahrheitsbeweis und der Beweis des guten Glaubens sind jedoch gemäß § 112 StGB ausgeschlossen, soweit es sich um Tatsachen des Privat- und Familienlebens handelt oder um strafbare Handlungen, die nur auf Verlangen eines Dritten verfolgt werden. Das bedeutet, dass nach diesem Tatbestand grundsätzlich auch zutreffende Vorwürfe bestraft werden können, deren Richtigkeit bewiesen werden kann. Außerdem sind diese Beweise nur aufzunehmen, wenn sich der/die Beschuldigte auf die Richtigkeit der Aussagen beruft.

Das Delikt der üblen Nachrede gehört zu den sogenannten Delikten gegen die Ehre, weshalb an dieser Stelle kurz darauf eingegangen werden soll, was unter „Ehre“ in diesem Zusammenhang zu verstehen ist, zumal es keine Legaldefinition dieses Begriffes gibt. Die herrschende Meinung versteht unter Ehre im strafrechtlichen Sinn das Ansehen und die Achtung, die ein Mensch in den Augen seiner Umwelt genießt, also die Ehre im objektiven Sinn oder die äußere Ehre.[43] Das sei daran erkennbar, dass Kränkungen gegenüber dem Opfer nicht gerichtlich strafbar seien, wenn sie keine Außenwirkung entfalten.[44] Meines Erachtens spricht für den objektiven Ehrbegriff vor allem der Umstand, dass dessen Inhalt und Umfang von allgemeinen gesellschaftlichen Einschätzungen bestimmt wird und nicht von den Wertvorstellungen der betroffenen Person. Das folgt ja direkt aus dem Gesetzestext, wonach das entscheidende Kriterium ist, ob die Behauptung geeignet ist, das Opfer in der öffentlichen Meinung verächtlich zu machen. Der Oberste Gerichtshof stellt beim Begriff Ehre auf die „aktuelle (gesamt-)gesellschaftliche Werthaltung“ ab, „die von den Vorstellungen über die sozialen, personalen und sittlichen Pflichtanforderungen abhängt“.[45] Eine verächtliche Eigenschaft wäre beispielsweise Bestechlichkeit oder eine verächtliche Gesinnung wie die nationalsozialistische. Als unehrenhaftes oder gegen die guten Sitten verstoßendes Verhalten zählen die Verletzung von Amts- oder Standespflichten, die zweckwidrige Verwendung fremden Geldes oder unsittliche Belästigungen. Nicht tatbestandsmäßig sollen dagegen die Behauptungen sein, jemand sei ein/e Querulant/in, sei beruflich unfähig oder habe beruflich versagt.[46]

Geschützt wird vor jeder potentiellen Verringerung der „Ehre“, sodass auch „schlecht beleumundete“ Personen grundsätzlich denselben Schutz vor einschlägigem rücksichtslosen oder respektlosen Verhalten genießen wie Menschen mit „gutem Ruf“.[47]

Auch der Vorwurf, gerichtlich strafbare Handlungen begangen zu haben, ist tatbestandsmäßig. Diesbezüglich sind jedoch zwei Einschränkungen zu beachten. Zum einen jene in § 112 2. Satz StGB, wonach der Wahrheitsbeweis und der Beweis des guten Glaubens hinsichtlich einer strafbaren Handlung

---

43 Vgl *Rami* in *Höpfel/Ratz*, WK² StGB Vor §§ 111-117 (Stand 30.08.2019, rdb.at) Rz 6.

44 *Rami*, WK2 Vor §§ 111–117 Rz 6.

45 Zitiert nach *Rami*, WK² StGB Vor §§ 111–117 Rz 6/1.

46 Vgl *Rami* in *Höpfel/Ratz*, WK² StGB § 111 (Stand 30.08.2019, rdb.at) Rz 11 u 11/1.

47 Siehe *Rami*, WK² Vor §§ 111–117 Rz 6.

nicht zulässig sind, wenn diese nur auf Verlangen eines Dritten verfolgt werden kann. Zum anderen stellt der im Folgenden näher beschriebene § 113 StGB ausdrücklich den – wohl idR zutreffenden – Vorwurf einer schon „abgetanen“ strafbaren Handlung unter Strafe.

Zwei weitere Einschränkungen der Strafbarkeit statuiert § 114 StGB. Zum einen ist ein Vorwurf gerechtfertigt, wenn jemand damit ein Recht ausübt oder einer Rechtspflicht nachkommt, zB der Anzeigepflicht gemäß § 78 StPO. Zum anderen ist die Bestrafung ausgeschlossen, wenn man durch besondere Umstände zu dem Vorwurf genötigt wurde und eine eventuelle Unrichtigkeit der Behauptung nicht vorwerfbar ist, weil der Beschuldigte die nötige Sorgfalt aufgewandt hatte. Dieser persönliche Strafausschließungsgrund ist aber praktisch bedeutungslos.[48]

G. Vorwurf einer schon abgetanen gerichtlich strafbaren Handlung gemäß § 113 StGB

§ 113 StGB stellt das Vorwerfen einer gerichtlichen strafbaren Handlung, „für die die Strafe schon vollzogen oder wenn auch nur bedingt nachgesehen oder nachgelassen oder für die der Ausspruch der Strafe vorläufig aufgeschoben worden ist,“ unter Strafe. Die Freiheitsstrafe bis zu drei Monaten bzw die Geldstrafe bis zu 180 Tagessätzen droht bereits, wenn der Vorwurf für „einen Dritten“ wahrnehmbar ist, was bei einer Begehung mit Hilfe des Internets wohl regelmäßig der Fall sein wird, wenn man von persönlichen (Direkt-) Nachrichten absieht. „Vorwerfen“ erfordert nach herrschender Meinung zusätzlich zu der Tatsachenmitteilung auch die Äußerung eines Tadels. Diese enge Auslegung widerspricht jedoch der Intention des Gesetzgebers, der mit dieser Vorschrift die Resozialisierung der potentiellen Opfer erleichtern möchte. Außerdem missachtet diese Interpretation den Umstand, dass der Gesetzgeber die Strafbarkeit gemäß § 113 StGB bewusst nicht mehr von der Absicht abhängig machen wollte, die betreffende Person mit diesem Vorwurf auch zu „schmähen“.[49]

---

[48] Siehe *Rami* in *Höpfel/Ratz*, WK^2 StGB § 114 (Stand 30.08.2019, rdb.at) Rz 6–7.

[49] Diese Tatbestandsvoraussetzung wurde nämlich bewusst nicht mehr aus der Vorläuferbestimmung übernommen. Siehe *Rami* in *Höpfel/Ratz*, WK^2 StGB § 113 (Stand 30.08.2019, rdb.at) Rz 4, mit Hinweis auf EBRV 30 BlgNR XIII. GP 247.

Zu beachten ist allerdings auch hier die Einschränkung der Strafbarkeit gemäß § 114 StGB, die oben im Zusammenhang mit der Üblen Nachrede beschrieben wurde.

H. Beleidigung gemäß § 115 StGB

Gemäß § 115 StGB ist mit Freiheitsstrafe bis zu drei Monaten oder mit Geldstrafe bis zu 180 Tagessätzen zu bestrafen, wer öffentlich oder vor mehreren Leuten eine/n andere/n beschimpft, verspottet, am Körper misshandelt oder mit einer körperlichen Misshandlung bedroht. „Vor mehreren Leuten“ wird eine Handlung gemäß § 115 Abs 2 StGB begangen, „wenn sie in Gegenwart von mehr als zwei vom Täter und vom Angegriffenen verschiedenen Personen begangen wird und diese sie wahrnehmen können“. Diese Personen müssen die Handlung aber nicht tatsächlich wahrnehmen, es muss nur die Möglichkeit hierzu gegeben sein. Unter einer „öffentlichen“ Begehung versteht man wiederum, dass eine Handlung unmittelbar von einem größeren Personenkreis, nämlich von etwa 10 Personen, wahrgenommen werden kann. Auch hier muss es nicht tatsächlich zu Wahrnehmungen kommen.

Abgesehen von der körperlichen Misshandlung können alle Delikte über das Internet begangen werden. Die gleichzeitige Anwesenheit von ausreichend anderen Personen kann etwa in einem Chatroom gegeben sein[50], aber wohl zB auch auf Twitter, wenn Täter/in und/oder Opfer hinreichend „Follower“ haben.

Unter Beschimpfen versteht man das Ausdrücken der Missachtung durch beleidigende Gesten, Worte oder Abbildungen, wie die Bezeichnung als „Wahnsinniger“ oder „Arschloch“, das Zeigen des Vogels oder des gestreckten Mittelfingers. Minderschwere Schimpfworte bleiben aber uU als „milieubedingte Unmutsäußerungen“ straflos.[51]

Von Verspotten spricht man, wenn jemand verhöhnt oder lächerlich gemacht wird, etwa durch Nachäffen eines körperlichen Gebrechens. Auch hier sind die Grenzen zwischen strafrechtlich relevanten und nicht strafbaren Handlun-

---

[50] *Reindl-Krauskopf/Salimi/Stricker*, IT-Strafrecht, 164 Rz 2.543.

[51] *Reindl-Krauskopf/Salimi/Stricker*, IT-Strafrecht, 162 Rz 2.533.

gen fließend. Laut *Rami* ist „harmloser, auf humoristische Wirkung abzielender Spott“ nicht tatbestandsmäßig. Darunter fallen laut Gerichtsentscheidungen auch die Bezeichnung eines Journalisten als „Old Schmierhand“ oder die Bezeichnung eines jugendlichen Rechtsbrechers als „Milchbubi“.[52]

Gemäß § 115 Abs 3 StGB ist eine Beleidigung entschuldigt, also mangels Schuldvorwurfs nicht zu bestrafen, wenn sich der Täter/die Täterin nur aus Entrüstung über das Verhalten des Opfers dazu hinreißen ließ, dieses in einer den Umständen nach entschuldbaren Weise zu beschimpfen, zu verspotten, zu misshandeln oder mit Misshandlungen zu bedrohen, und seine/ihre Entrüstung, insbesondere auch im Hinblick auf die seit dem Anlass verstrichene Zeit, allgemein begreiflich ist. Wann das Gericht eine Entrüstung als allgemein begreiflich einschätzt oder eine Misshandlung noch als „den Umständen nach entschuldbar“, wird im Vorhinein nicht immer leicht abzuschätzen sein.

III. Probleme der strafrechtlichen Sanktionierung psychischer Gewalt im Internet

Nachdem bereits im Rahmen der Darstellung der Straftatbestände, die sich zur Ahndung psychischer Gewalt im Netz anbieten, immer wieder theoretische und praktische Probleme angesprochen wurden, die die Strafverfolgung erschweren können, sollen die zentralen Schwachpunkte nun im Folgenden zusammengefasst und näher analysiert werden.

A. Anknüpfen an Ehrverletzung statt an psychische Gewalt

Eine zentrale Frage ist, ob es nicht zielführender und auch eher zeitgemäß wäre, anstelle der Ehrverletzung die psychische Beeinträchtigung als Rechtsgutverletzung in den Mittelpunkt zu stellen. An die Verletzung der „Ehre“, die nicht einmal gesetzlich definiert und auch mittels Analyse der einschlägigen Straftatbestände nicht leicht fassbar ist, knüpfen nicht nur die klassischen „Strafbaren Handlungen gegen die Ehre“ an, insbesondere die hier näher dargestellten §§ 111, 113 und 115 StGB, sondern zum Teil auch die gefährliche Drohung, die fortgesetzte Gewaltausübung und die erste Alternative des Tatbestandes „Cyber-Mobbing“.

---

52 *Reindl-Krauskopf/Salimi/Stricker*, IT-Strafrecht, 162.

Eigentlich könnte man das Rechtsgut Ehre – praktisch ohne Rechtsschutzeinbuße – durch das Rechtsgut „Psychische Integrität“ ersetzen. Ein Eingriff in das „Ansehen und die Achtung, die ein Mensch in den Augen seiner Umwelt genießt“[53], wie die Ehre laut herrschender Meinung definiert wird, kann nämlich für die betroffene Person unter zwei Gesichtspunkten zu Beeinträchtigungen führen: zum einen im beruflichen Bereich, da eine Verringerung des Ansehens wohl zu Misstrauen seitens der Geschäftspartner/innen oder der Arbeitgeber/innen führen kann. Dieser Bereich wird aber im Wesentlichen bereits durch das Delikt der Kreditschädigung in § 152 StGB abgedeckt. Zum anderen ist Ansehen und Achtung eines Menschen im privaten Bereich eine wichtige Grundlage von Beziehungen, sei es zu Bekannten, Freunden oder Familienmitgliedern. Beeinträchtigungen in diesem Bereich werden wohl primär in Form von emotionalen Einbußen oder Kränkungen spürbar, stellen also Verletzungen der psychischen Integrität dar.

Soweit die inkriminierten Handlungen – beispielsweise über das Internet – (potentiell) einen sehr weiten Personenkreis erreichen, könnte das Opfer angesichts der Vorstellung, „die halbe Welt“ hätte nun die Beschimpfung der eigenen Person oder die Üble Nachrede wahrgenommen, ein nachvollziehbares Unbehagen empfinden. Allerdings hält dieses einer vernünftigen Analyse kaum stand, da solche Äußerungen insbesondere im Internet sehr häufig auftreten und deshalb meist nur sehr flüchtig wahrgenommen und gleich wieder vergessen werden, wenn man die betreffende Person nicht kennt. Hier lässt sich eigentlich nur schwer ein realer Schaden festmachen. Anders ist das möglicherweise bei Personen des öffentlichen Lebens, wobei die Rechtsgutsbeeinträchtigung dann vermutlich in erster Linie der Kreditschädigung zuzurechnen wäre.

Das Rechtsgut Ehre erscheint auch im Hinblick auf die Auslegung ziemlich problematisch. Wie oben dargestellt, ist die Abgrenzung zwischen strafbaren Beschimpfungen und milieubedingten Unmutsäußerungen ebenso schwierig, wie jene zwischen strafbarem Verspotten und „harmlosem humoristischen“ Spott. Das wird besonders deutlich, wenn man verschiedene Beispiele aus Judikatur und Literatur vergleicht. So sind Zweifel angebracht, ob sich die als „humoristisch“ eingestufte spöttische Bezeichnung eines Journalisten als „Old Schmierhand“ nicht eher nachteilig auf diesen auswirken kann als bösartiges Verspotten aus anderen Gründen. Die Auslegung, was als ehrenrühriges Verhalten zu beurteilen ist, ist außerdem „dynamisch“ vorzunehmen,

---

[53] Vgl *Rami*, WK^2 Vor §§ 111–117 Rz 6.

ändert sich also mit dem Zeitablauf aufgrund des gesellschaftlichen Wertewandels. Deshalb ist erfreulicherweise die Bezeichnung als „homosexuell“ laut OGH nun nicht mehr ehrenrührig[54], andererseits soll die Behauptung, jemand gehe der Prostitution nach, sehr wohl noch den Tatbestand des § 111 StGB erfüllen, also eine Üble Nachrede darstellen.[55]

Diese Auslegungsprobleme könnte man sich ersparen, wenn der Straftatbestand nicht mehr auf die potentielle Beeinträchtigung des Ansehens abstellen würde, sondern stattdessen darauf, ob eine Äußerung darauf abzielt, die andere Person in ihrer psychischen Integrität zu beeinträchtigen.

Dazu kommt, dass man ernsthaft infrage stellen sollte, ob nicht jemand, der einen anderen unflätig beschimpft, damit in erster Linie seinem eigenen Ansehen schadet und nicht jenem des Beschimpften.

Insgesamt liegt der Schluss nahe, dass die Ehre ein anachronistisches Rechtsgut ist, an dem man nicht länger festhalten sollte. Stattdessen ist es höchste Zeit, dass die psychische Integrität als selbständiges Rechtsgut ernst genommen wird und in das Strafgesetzbuch Eingang findet.

Dass im Jahr 2015 nur „Cyber-Mobbing“ unter Strafe gestellt wurde, ist eine Folge dieses falschen Zugangs zur Kriminalisierung psychischer Gewalt. Selbst eine Vielzahl persönlicher Kränkungen oder Erniedrigungen wurde nicht als ausreichend strafwürdig angesehen, solange nicht gleichzeitig eine gewisse Öffentlichkeit erreicht wird.[56] Damit wurde verkannt, dass fortgesetzte psychische Gewalt jedenfalls gravierende Auswirkungen auf die Betroffenen hat. Diese Auswirkungen sind sogar typischerweise im sozialen Nahraum gravierender, zum einen, weil Übergriffe durch nahestehende Menschen zusätzlich mit einem Vertrauensbruch einhergehen, zum anderen weil ein Ausweichen im sozialen Nahraum besonders schwierig ist und sich die psychische Gewalt deshalb häufig über einen längeren Zeitraum erstreckt. Der Umstand, dass familiäre Gewalt im Verborgenen passiert und besonders schambesetzt ist, verhindert oft lange, dass sich die Opfer Außenstehenden anvertrauen und professionelle Hilfe in Anspruch nehmen.

---

54 *Reindl-Krauskopf/Salimi/Stricker*, IT-Strafrecht, 155 Rz 2.509 mit Verweis auf die Entscheidung 12 Os 90/13x.

55 *Reindl-Krauskopf/Salimi/Stricker*, IT-Strafrecht, 154 Rz 2.507.

56 Dies gilt jedenfalls, solange man die jeweiligen Handlungen nicht unter „Beharrliche Verfolgung“ oder unter „Fortgesetzte Gewaltausübung“ subsumieren kann.

Wie gravierend sich psychische Gewalt auswirken kann, hat die französische Psychotherapeutin und Autorin *Marie France Hirigoyen* 2013 im Rahmen einer Fachtagung in Wien bezogen auf Paarbeziehungen beschrieben. Gewalt bezeichnet sie als Prozess der Kontrolle und Dominanz, der in einer Beziehung, oft verstärkt durch Isolation und Intimität, nach und nach „durch verletzende Worte, herablassendes Verhalten und verhöhnende Äußerungen" die Selbstachtung der Frau/selten des Mannes bricht. Dadurch besteht die Gefahr, dass das Opfer die negativen Zuschreibungen verinnerlicht, sich tatsächlich schwach fühlt und überzeugt ist, sich nicht selbst verteidigen zu können.[57] Wenn ein Opfer systematischer Gewalt es dann doch schafft, aus der Beziehung auszubrechen, ist es leider nicht unwahrscheinlich, dass sich die massiv belastenden psychischen Übergriffe in Form von Stalking, zB auf elektronischem Wege, fortsetzen. Je nach Inhalt und Art der Übermittlung der Nachrichten kommen dann die Tatbestände „Stalking" (§ 107a StGB) oder „Cyber-Mobbing" (107c StGB) in Betracht. Empirische Untersuchungen haben gezeigt, dass Stalking unter Ex-Partner/innen die häufigste Täter-Opfer-Konstellation im Hellfeld ist.[58] Im Sinne von Prävention und früher Intervention wäre es daher gerade in Paarbeziehungen wichtig, die psychische Gewalt frühestmöglich strafrechtlich zu ahnden, um auch eine eventuelle Eskalationsspirale in Richtung physischer Gewalt zu durchbrechen.

B. Sind schwerwiegende einzelne Eingriffe in die psychische Integrität nicht strafwürdig?

Dass Anzeigen wegen Cyber-Mobbings, wie oben bereits dargestellt, nur relativ selten zu Verurteilungen führen, hängt wohl zum einen mit den „Öffentlichkeiterfordernissen" zusammen, zum anderen aber auch mit den Tatbestandsvoraussetzungen der fortgesetzten Begehung über längere Zeit hindurch. Diese erheblichen Hürden für die Strafverfolgung sind nicht gerechtfertigt, wenn man bedenkt, dass die Täter/innen in aller Regel auf die

---

57 *Hirigoyen*, Von psychischer Unterdrückung zu erkennbarer Gewalt, in *Verein Wiener Frauenhäuser* (Hrsg), Tagungsbericht 35 Jahre Verein Wiener Frauenhäuser, Wien 2014, 19 u 22 (Transkript übersetzt aus dem Französischen von *Dohnal*).

58 Vgl *Beclin/Konecny/Mitgutsch/Brandstetter/Stummer-Kolonovits*, Evaluierung, 36, wonach von 300 erfassten Täter-Opferbeziehungen der Wiener Stichprobe 54 % auf ehemalige Partner/innen entfielen und weitere 5 % auf aufrechte Partnerschaften.

Beeinträchtigung der psychischen Integrität der Opfer abzielen oder diese zumindest für möglich halten und billigend in Kauf nehmen. Zumal niemand ernsthaft bestreiten kann, dass einzelne besonders gravierende Beleidigungen oder herabwürdigende sexualisierte Anspielungen ausreichen können, um tiefgreifende Irritationen zu verursachen. Dies gilt insbesondere für „Selbstmordempfehlungen“ oder „Vergewaltigungswünsche“, die im Internet leider immer wieder gegenüber Frauen und Mädchen geäußert werden, die zB durch besonderes Engagement im Mittelpunkt des öffentlichen Interesses stehen, wie etwa Greta Thunberg.[59]

C. Das „Öffentlichkeitserfordernis“

Gerade angesichts so gravierender verbaler Übergriffe, wie sie Aufforderungen zum Selbstmord oder „Vergewaltigungswünsche“ darstellen, wird klar, dass es höchst unbefriedigend und unangemessen ist, dass solche Übergriffe derzeit nur strafrechtlich verfolgt werden können, wenn sie öffentlich oder zumindest vor mehreren Personen begangen werden.

Die Argumentation, dass das gerichtliche Strafrecht im Hinblick auf die Ultima Ratio Funktion auf öffentliche Ehrverletzungen beschränkt bleiben solle und die Abgrenzung zu den Ehrenkränkungen im Verwaltungsstrafrecht wohl durchdacht sei, ist nicht nachvollziehbar. Zum einen hängt das Ausmaß der psychischen Beeinträchtigung nur zum Teil vom Umfang der erreichten Öffentlichkeit ab, zum anderen greift auch das Verwaltungsstrafrecht teilweise nur bei öffentlicher Begehung, wenn auch die Voraussetzungen an die Öffentlichkeit im Vergleich zum gerichtlichen Strafrecht weniger streng sind.

So sieht etwa die am 01.05.2019 in Kraft getretene einschlägige burgenländische Verwaltungsstrafbestimmung[60] vor, dass den öffentlichen Anstand verletzt, wer eine/n andere/n an öffentlichen Orten in unzumutbarer Weise belästigt. Laut Abs 4 dieser Bestimmung ist es zwar nicht erforderlich, dass die Anstandsverletzung von einem größeren Personenkreis wahrgenommen

59 Vgl https://www.derstandard.at/story/2000109181929/vergewaltigungswuensche-thunberg-hassgruppe-fridays-for-hubraum-ging-offline, abgerufen am 15.11.2019.

60 Siehe § 2 Burgenländisches Landessicherheitsgesetz (LGBl Nr 30/2019).

wird, die „konkrete Möglichkeit der Kenntnisnahme über den Kreis der Beteiligten hinaus“ muss jedoch gegeben sein.[61]

D. Zur Problematik von Privatanklagedelikten

Die Ausgestaltung von Strafnormen als Privatanklagedelikte, wie das unter anderem bei den §§ 111 und 115 StGB der Fall ist, bringt für Opfer eine Reihe von Problemen mit sich. Ein Nachteil wurde bereits thematisiert, nämlich, dass die Begehung von Privatanklagedelikten den Täter/innen nicht einmal für einen Dritten wahrnehmbar vorgeworfen werden darf, selbst wenn man den Wahrheitsbeweis für die Begehung der Straftaten erbringen könnte.

Ein ganz wesentlicher Nachteil ist, dass Privatankläger/innen das Kostenrisiko im Strafverfahren tragen, sodass die finanzielle Situation der Opfer eine entscheidende Rolle bei der Frage spielen dürfte, ob sie sich den strafrechtlichen Schutz der eigenen „Ehre“ bzw der psychischen Integrität leisten können und wollen. Umgekehrt können finanzkräftige Personen weniger finanzkräftige Menschen mit Klageandrohungen einschüchtern und dadurch uU erreichen, dass diese nicht mehr wagen, berechtigte Kritik zu üben. Das Kostenrisiko ist gerade bei den strafbaren Handlungen gegen die Ehre besonders schwer abzuschätzen, da sich der Verfahrensausgang wegen der zahlreichen unbestimmten Gesetzesbegriffe und des sich „dynamisch“ verändernden Ehrbegriffs oft kaum vorhersagen lässt.

Dazu kommt, dass die Opfer selbst die Identität der Tatverdächtigen ermitteln müssen, was bei Begehung unter einem Spitznamen im Internet sehr schwierig sein kann. Die Ermittlung des Benutzers/der Benutzerin einer IP-Adresse ist nämlich gemäß § 76a Abs 2 StPO nur im staatsanwaltschaftlichen Ermittlungsverfahren zulässig. Ein solches findet bei Privatanklagedelikten aber nicht statt.

Ein weiteres Defizit betrifft schließlich den unmittelbaren Schutz der Betroffenen. Dadurch, dass die Begehung von Privatanklagedelikten keinen

---

[61] Damit wurde in den nun näher bestimmten Tatbestand jene Formulierung aufgenommen, die sich schon in einer Entscheidung des Verwaltungsgerichtshofs zur alten Rechtslage fand (VwGH vom 30.04.1992 (GZ 90/10/0039) zu PolStG Bgld 1986 § 1).

„gefährlichen Angriff" iSd § 16 SPG darstellt, stehen der Polizei auch nicht die entsprechenden Befugnisse des SPGs zur Gefahrenabwehr zur Verfügung.[62]

IV. Zusammenfassung der Reformvorschläge

Angesichts der möglicherweise gravierenden, oft nicht reversiblen Auswirkungen von „Hass im Netz", Mobbing, aber auch anderen schweren Übergriffen auf die psychische Integrität, steht die Notwendigkeit, schwere Übergriffe psychischer Gewalt generell mit gerichtlicher Strafe zu bedrohen außer Zweifel. Österreich ist außerdem aufgrund internationaler Vorgaben zur strafrechtlichen Ahndung schwerer Formen psychischer Gewalt verpflichtet.

Um diese Vorgaben zu erfüllen, besteht dringender Reformbedarf. Insbesondere sollte endlich auf den anachronistischen, schwer fassbaren und einem stetigen Wandel unterworfenen Begriff der Ehre verzichtet werden. Stattdessen müsste die psychische Integrität als zu schützendes Rechtsgut in den Vordergrund treten.

Als Folge des Rechtsgutwechsels müsste das Öffentlichkeitserfordernis zumindest im Grundtatbestand aller einschlägigen Delikte wegfallen, da, wie oben näher ausgeführt, die psychische Beeinträchtigung nur zum Teil mit zunehmender Öffentlichkeit wächst, während psychische Gewalt im sozialen Nahraum, die meist im Geheimen passiert, sogar besonders belastend ist.

Im Zuge der Neugestaltung der bisherigen strafbaren Handlungen gegen die Ehre als neue „Strafbare Handlungen gegen die psychische Integrität" müsste konsequenterweise die Ausgestaltung als Privatanklagedelikte wegfallen, da Österreich ja aufgrund internationaler Konventionen nicht nur zur angemessenen Bestrafung von psychischer Gewalt verpflichtet ist, sondern auch eine effektive Strafverfolgung gewährleisten muss. Überdies ist es aus sozialpolitischer Sicht inakzeptabel, dass ärmeren Menschen wegen des mit einer Privatanklage verbundenen Kostenrisikos in einem so wichtigen Bereich wie der psychischen Integrität der Zugang zu strafrechtlichem Schutz deutlich erschwert wird.

---

[62] Vgl *Reindl-Krauskopf/Salimi/Stricker*, IT-Strafrecht, 150.

Ein erster, praktisch durchaus bedeutsamer und leicht umzusetzender Reformschritt wäre, die schon mehrfach kritisierte Rechtsschutzlücke zu schließen und § 76a Abs 2 StPO, der die Zuordnung von IP-Adressen zu User/innen zulässt, auch in Verfahren wegen Privatanklagedelikten anwendbar zu machen.[63]

Das Delikt Cyber-Mobbing sollte, wie von *Reindl-Krauskopf* vorgeschlagen, um eine Tatbestandsvariante erweitert werden, die als Teilnahmedelikt – angelehnt an die Idee des Raufhandels – die vorsätzliche Mitwirkung an einem Shitstorm per se unter Strafe stellt, sobald der Shitstorm in seiner Gesamtheit die Eignung zur Beeinträchtigung der Lebensführung erreicht.[64]

Schließlich wäre sowohl in § 107a StGB als auch in § 107c StGB die Klarstellung wünschenswert, dass auch eine einmalige Handlung tatbestandsmäßig sein kann, wenn der durch sie geschaffene Rechtsgutseingriff anschließend durch Unterlassen prolongiert wird.

Vielleicht könnte durch diese Maßnahmen sogar der Tatbestand „Cyber-Mobbing" aus dem „Dornröschenschlaf" geweckt werden.

V. Literatur

Beclin, § 107a StGB – Bekämpfung von „Stalking" auf Kosten der Rechtssicherheit? in *Bundesministerium für Justiz* (Hrsg), 34. Ottensteiner Fortbildungsseminar aus Strafrecht und Kriminologie, NWV Wien Graz 2006

Beclin/Konecny/Mitgutsch/Brandstetter/Stummer-Kolonovits, Evaluierung der Anti-Stalking Regelungen (nicht veröffentlichte Studie im Auftrag des Bundeministeriums für Justiz) Wien 2009

Birklbauer, Stellungnahme zum StRÄG 2015 (106/SN-98/ME)

Fuchs/Reindl-Krauskopf, Strafrecht BT I^5, Verlag Österreich, Wien 2015

Fuchs/Zerbes, Strafrecht Allgemeiner Teil I^{10}, Verlag Österreich, Wien 2018

[63] Vgl *Reindl-Krauskopf/Salimi/Stricker*, IT-Strafrecht, 150.
[64] Vgl *Reindl-Krauskopf/Salimi/Stricker*, IT-Strafrecht, 172.

Hirigoyen, Von psychischer Unterdrückung zu erkennbarer Gewalt, in *Verein Wiener Frauenhäuser* (Hrsg), Tagungsbericht 35 Jahre Verein Wiener Frauenhäuser, Wien 2014

Pilnacek/Eigner/Fink/Gölly/Grafl/Kert/Knibbe/Koller/Manquet/Plöchl/Schneider/Schmitzberger/Schwab, Task Force Strafrecht – Bericht der Kommission Strafrecht, Wien 2019

Plöchl in *Höpfel/Ratz*, WK^2 StGB § 283 (Stand 01.03.2013, rdb.at)

Presslauer, Stellungnahme der Generalprokuratur zum StRÄG 2006 (6/SN-349/ME)

Rami in *Höpfel/Ratz*, WK^2 StGB Vor §§ 111–117 (Stand 30.08.2019, rdb.at)

Rami in *Höpfel/Ratz*, WK^2 StGB § 111 (Stand 30.08.2019, rdb.at)

Rami in *Höpfel/Ratz*, WK^2 StGB § 113 (Stand 30.08.2019, rdb.at)

Rami in *Höpfel/Ratz*, WK^2 StGB § 114 (Stand 30.08.2019, rdb.at)

Reindl-Krauskopf/Salimi/Stricker, Handbuch IT-Strafrecht, Manz 2018

Salimi, Cybermobbing – auf dem Weg zu einem neuen Straftatbestand, JSt 2015, 191–197

Schwaighofer in *Höpfel/Ratz*, WK^2 StGB § 107a (Stand 01.05.2016, rdb.at)

Schwaighofer in *Höpfel/Ratz*, WK^2 StGB § 107c (Stand 01.05.2016, rdb.at)

Seling, § 107a StGB Eine Strafvorschrift gegen Stalking, NWV, Wien Graz 2006

Triffterer, Österreichisches Strafrecht Allgemeiner Teil^2, Springer-Verlag Wien 1994

Ziegler, Gewalt- und Missachtungserfahrungen von Kindern und Jugendlichen in Deutschland (Abstract zur Gewaltstudie 2013)

AKTION STATT REAKTION – DIE STRATEGIE DER BRITISCHEN POLIZEI IM KAMPF GEGEN HASS IM NETZ

Isabel Haider

I. Einführung

Unter dem Schlagwort „Hass im Netz" werden verschiedenste Formen von Missbrauch, Hass und Extremismen diskutiert. Eine allgemeingültige oder gar internationale Definition gibt es nicht. Je nach Kontext können darunter somit auch Bereiche wie die Darstellung von Kindesmissbrauch, pornografische Darstellungen ohne Einwilligung der Beteiligten (zB „Revenge porn"), Cybermobbing, Cyberstalking sowie generelle Beleidigungen im Internet bis hin zur Verbreitung terroristischen Propagandamaterials fallen. Hass im Netz im „klassischen" Sinn wird zumeist mit dem englischen Begriff „Hate Speech" gleichgesetzt. International wird dieses verschiedentlich entweder als Teilgebiet oder Ausprägung sogenannter Hate Crimes gesehen, zumindest werden aber Gemeinsamkeiten in Vorurteilsmotivation und den gesamtgesellschaftlichen Auswirkungen bejaht. Insbesondere im Rahmen internationaler Organisationen unter Beteiligung der USA, allen voran der in diesem Bereich sehr aktiven Organisation für Sicherheit und Zusammenarbeit in Europa (OSZE), wird betont, dass Hate Speech nicht von deren Definition von Hate Crime erfasst ist.[1] Im Gegensatz zu europäischen Rechtsordnungen und der Rechtsprechung des Europäischen Gerichtshofs für Menschenrechte,

---

[1] Vgl *OSZE/ODIHR* 2011, 25–27; *OSZE* 2019.

erfasst die verfassungsrechtliche Meinungsäußerungsfreiheit nach der Rechtsprechung des US Supreme Court grundsätzlich auch Hate Speech. Strafrechtlich verfolgbar sind vorurteilsmotivierte Äußerungen in den USA daher generell nur, wenn diese unmittelbare Gewalt provozieren oder eine direkte Bedrohung darstellen.[2] In den Mitgliedsstaaten der Europäischen Union werden Strafgesetze gegen Hate Speech als Teil der Hate Crime Gesetzgebung bzw Umsetzung angesehen.[3]

Hate Crime beschreibt ein Konzept wonach eine Straftat aus einer bestimmten Vorurteilsmotivation begangen wird (daher auch Vorurteilskriminalität/Bias Crime).[4] Welche Vorurteilsmotive strafbar sind, entscheidet grundsätzlich der nationale Gesetzgeber[5], welcher jedoch allenfalls an internationale und europarechtliche Vorgaben gebunden ist.[6] Dabei kann die zugrundeliegende Straftat, welche unter einer Vorurteilsmotivation begangen wird, grundsätzlich jede im Strafgesetz enthaltene sein. Die Vorurteilsmotivation selbst wird in diesem Fall gesetzlich oftmals als Erschwerungsgrund oder in Form anderer Strafbemessungsvorgaben erfasst. Hate Speech hingegen wird üblicherweise in spezifischen Delikten kriminalisiert. Mit anderen Worten, wäre das der Hate Speech zugrundeliegende Verhalten, anders als bei Hate Crimes, ohne die Vorurteilsmotivation bzw der sich gegen bestimmte Merkmale richtende Vorsatz des/r TäterIn, nicht strafbar. Dies wird auch als ein Argument vorgebracht, warum Hate Speech nicht unter das Hate Crime Konzept zu subsumieren sei.[7] Jedoch gibt es Abweichungen. So sind Hate Crimes in einigen Ländern sehr wohl als spezifische Delikte erfasst[8] und Ehrenbeleidigungsdelikte, soweit man diese als Hate Speech versteht, sind im europäischen Raum grundsätzlich auch ohne Vorurteilsmotivation strafbar.[9]

---

2 Vgl *Bleich* 2014, 284.

3 Vgl *FRA* 2018a; Rahmenbeschluss 2008/913/JI DES RATES vom 28. November 2008 zur strafrechtlichen Bekämpfung bestimmter Formen und Ausdrucksweisen von Rassismus und Fremdenfeindlichkeit, Abl L 2008/328, 55.

4 Vgl *OSZE* 2019.

5 Vgl *OSZE/ODIHR* 2011, 16 f.

6 Vgl EU Rassismus-Rahmenbeschluss 2008; zur Rechtsprechung des EGMR in Hate Crime Fällen zB: *FRA* 2018b, 82 ff.

7 Vgl *OSZE/ODIHR* 2011, 25.

8 Vgl etwa für Großbritannien: *FRA* 2018a, 89.

9 Vgl dagegen *OSZE/BDIMR* 2011, 26.

Die mangelnde Definition von Hate Speech wird als eines der Probleme angesehen, das eine zuverlässige automatische Ausfilterung von Hass im Netz (derzeit noch) verhindert.[10] In der Praxis ist außerdem üblicherweise zwischen Definitionen zu unterscheiden, welche rechtlich verankert und somit von den Strafverfolgungsbehörden bzw allenfalls von den Zivilgerichten heranzuziehen sind und solchen, mit welchen AnbieterInnen sozialer Medien bzw andere Technologieunternehmen arbeiten. Letztere geben sich diese, innerhalb der rechtlichen Vorgaben, denen sie unterliegen, üblicherweise selbst.[11] Facebook definiert Hassrede in seinen Gemeinschaftsstandards als „direkten Angriff auf Personen aufgrund geschützter Eigenschaften: ethnische Zugehörigkeit, nationale Herkunft, religiöse Zugehörigkeit, sexuelle Orientierung, Kaste, Geschlecht, Geschlechtsidentität, ernsthafte Erkrankung oder schwere Behinderung. Auch der Einwanderungsstatus ist in gewissem Umfang eine geschützte Eigenschaft. Wir definieren Angriff als gewalttätige oder entmenschlichende Sprache, Aussagen über Minderwertigkeit oder Aufrufe, Personen auszuschließen oder zu isolieren."[12] Die Richtlinie zu Hass schürendem Verhalten von Twitter lautet: „Du darfst keine Gewalt gegen andere Personen fördern, sie direkt angreifen oder ihnen drohen, wenn diese Äußerungen aufgrund von Abstammung, ethnischer Zugehörigkeit, nationaler Herkunft, sexueller Orientierung, Geschlecht, Geschlechtsidentität, religiöser Zugehörigkeit, Alter, Behinderung oder ernster Krankheit erfolgen."[13] Natürlich existieren zahlreiche weitere Definitionen anderer AnbieterInnen sozialer Medien oder Websites.

Aufgrund der schieren Menge und Schnelllebigkeit der Kommunikation im Internet, scheint an einer Automatisierung der Filterung von Hass im Netz kein Weg vorbeizuführen. Der folgende Beitrag gibt daher in seinem zweiten Abschnitt einen Einblick, wie eine aktive Polizeiarbeit und behördlich genutzte, automatisierte Systeme in Großbritannien, als derzeit einzigem Land, im Kampf gegen Hass im Netz eingesetzt werden. Im dritten Abschnitt werden neueste Studienergebnisse zu einigen der bestehenden Problemfelder in der Anwendung von Artificial Intelligence (AI) zur Filterung von Online Hate Speech dargestellt. Der vierte Abschnitt schließt mit einigen vergleichenden Ausführungen zur Situation in Österreich.

---

10 Vgl *MacAvaney* et al 2019.

11 Vgl *Davidson* et al 2017.

12 Vgl *Facebook* 2019.

13 Vgl *Twitter* 2019.

II. Aktion statt Reaktion – die Strategie der britischen Polizei im Kampf gegen Hass im Netz

In der Bekämpfung von Online Hate Speech baut die britische Polizei bzw Regierung auf fünf Säulen. Diese umfassen i) Anzeigen und Durchsetzung, ii) Opferunterstützung, iii) Bildung, iv) Zusammenarbeit und v) Gegennarrative (*counter-narratives*). Dabei verfolgt diese den Ansatz, Rede am besten mit Gegenrede zu bekämpfen. So wird etwa versucht auf „Fake News" basierende Hate Speech eine Reaktion der britischen Polizei in Form eines Gegennarrativs entgegenzusetzen, welches beispielsweise unter Kooperation mit in der entsprechenden Betroffenengruppe tätigen zivilgesellschaftlichen AkteurInnen entwickelt wird. Des Weiteren werden etwa auch bezahlte Facebook Werbungen an bestimmte Opfergruppen geschalten.[14] Diese dienen etwa für Aufklärungskampagnen, Informationen über Anzeigemöglichkeiten und der Bekräftigung der Null-Toleranz-Politik gegenüber Hate Crimes.[15] Diese Nutzung von Social Media durch die Polizei wurde als moderne Form des Community Policing identifiziert.[16]

In Verwendung ist derzeit auch bereits eine Messung von Social Media Aktivitäten mithilfe eines sogenannten Online Hate Speech Dashboards. Dieses ist nunmehr seit Oktober 2019 durch den britischen National Police Chief Council (NPCC) im Probebetrieb, und der Brexit soll als Trigger-Event fungieren.[17] Soweit ersichtlich, verwendet das Dashboard *Artificial Intelligence* (AI), um Tweets[18] zu einem bestimmten Thema, in diesem Fall Brexit, zu kennzeichnen und daraus jene herauszufiltern, die als Hate Speech zu klassifizieren sind.[19] Anzumerken ist dabei, dass die AI dabei selbstverständlich

---

14 Vgl *Giannasi* 2019.

15 Vgl *Lu* 2019.

16 Vgl *Davis* et al 2014, 2.

17 Vgl *Bernal* 2019.

18 Der Fokus auf Twitter begründet sich durch seine Struktur, indem es öffentlich und somit für Forschung und Strafverfolgung leicht zugänglich ist sowie NutzerInnen unabhängig vom Eingehen von „Freundschaften" miteinander interagieren können. Durch die Hashtag-Funktion können Meldungen einfach einem bestimmten Thema zugeordnet und damit für andere Nutzende auffindbar gemacht werden (*Williams/Burnap* 2016, 218). Die aktuellsten verfügbaren Daten ergeben einen NutzerInnenanteil von 23,4 % der britischen Bevölkerung (aus 2013; *Rose* 2014), im Vergleich zu nur rund 1,4 % in Österreich (aus 2014; *Der Standard* 2014).

19 Vgl *Lu* 2019.

keine rechtliche Qualifizierung vornehmen kann und somit nicht alle von ihr als solche gefilterten Tweets auch strafrechtliche Relevanz besitzen.[20] Die erlangten Informationen werden insbesondere auch nicht Strafverfolgungszwecken zugeführt und die Funktion auch nicht zum Aufspüren strafrechtlich relevanter Hate Tweets verwendet.[21] Das Dashboard zeigt die gefilterten Hate Tweets mit Geolokalisierung in Großbritannien sodann auf einem Plan mit Hotspots an. Ebenfalls angezeigt werden etwaige Cluster an Verbindungen, um gegebenenfalls die koordinierte und organisierte Verbreitung von Hate Speech aufzuspüren. Die Informationen sollen an lokale Polizeikräfte weitergegeben und für Gegenstrategien eingesetzt werden.[22] Als Weiterentwicklung wäre eine Art Alarmsystem geplant, wonach bei Erreichen einer bestimmten Marke an Hate Tweets, ein automatischer Report an die relevanten Stellen geschickt wird.[23] Interessant ist auch, dass die britische Polizei eine derartige Beobachtung der sozialen Medien auch schon bisher vornahm, dies jedoch ohne automatisierte Unterstützung.[24] Ihre Anfänge nahm die Praxis der Informationsgewinnung aus sozialen Medien während den Unruhen in England 2011. Zum damaligen Zeitpunkt wurden freie Twitter-Analyseplattformen genutzt, um Spannungen und Unruhen zu beobachten und diese zusammen mit Informationen aus anderen Quellen zur gezielten örtlichen Platzierung von Einsatzkräften zu nutzen. In der britischen Polizeiarbeit zur Aufrechterhaltung der öffentlichen Ordnung fand ein genereller Wechsel von der reaktiven Einzeltat-motivierten Perspektive hin zur präventiven Informationsgewinnung statt.[25] Diese Strategie wird nun auch in der Bekämpfung von Hass im Netz einerseits und der Bekämpfung bzw Verhinderung von, allenfalls daraus resultierenden, Offline Hate Crimes weiterverfolgt.

Das Dashboard wurde im Rahmen des *HateLab* in Zusammenarbeit mit dem NPCC National Online Hate Crime Hub entwickelt. Das Hate Lab ist an der Cardiff University angesiedelt und ist ein interdisziplinäres Projekt der Sozial- und Computerwissenschaften. Es versteht sich als „global hub for data and insight into hate speech and crime" unter Verwendung datenwissenschaftlicher Methoden, inklusive ethischer Formen von AI.[26] Die britische

---

20 Vgl *Williams* et al 2019, 9.

21 Vgl *Bernal* 2019.

22 Vgl *Lu* 2019.

23 Vgl *Giannasi* 2019.

24 Vgl *Lu* 2019.

25 Vgl *Williams* et al 2013, 464 und 466 mit Verweis auf *King* 2006.

26 *HateLab* 2019.

Polizei bzw Regierung implementiert damit in ihrer Strategie in der Bekämpfung von Hass im Netz direkt neueste Forschungsergebnisse aus diesem Bereich. Diese setzt auf eine großflächigere und aktuellere Eindämmung bzw auch Verhinderung einer weiteren Verbreitung, anstatt sich auf die bloße Strafverfolgung einzelner PosterInnen zu beschränken, wie dies etwa in Österreich der Fall ist. Es wird versucht eine aktivere, statt bloß passiv-reaktive Rolle in der Bekämpfung einzunehmen.

In einer 2016 veröffentlichten britischen Studie des *HateLab* Forschungsteams *Williams* und *Burnap* wurde die Entstehung und der Verlauf von Reaktionen auf Twitter auf eine Terrorattacke analysiert. Dabei handelte es sich um eine islamistische Terrorattacke in Woolwich, London im Jahr 2013. Ähnliche Studien zu vorurteilsgeleiteten Straftaten offline ergaben eine kurzfristige Beeinflussung in Häufigkeit und Schwere durch Trigger-Ereignisse. In sämtlichen dieser Studien handelte es sich dabei um Terrorattacken.[27] Die Studie aus 2016 ist hingegen die erste, welche die Ausbreitung von Online Hass in sozialen Medien nach einem derartigen Trigger-Ereignis empirisch erforscht. Als theoretischer Rahmen wird an *Cohens* Modell der Abweichungsverstärkungsspirale angesetzt. Nach dieser bestimmt die Reaktion auf ein bestimmtes abweichendes bzw kriminelles Verhalten deren Wirkung auf die Gesellschaft und kann zu weiterem abweichenden Verhalten führen. Als Verstärker sah *Cohen* die Massenmedien, welche die Wahrnehmung des devianten Verhaltens zu einem Großteil prägen. *Williams* und *Burnap* setzen an diesem Modell an, indem sie die traditionellen Massenmedien durch die sozialen Medien als aktuelle Formen der Informations- und Meinungsverbreitung ersetzen. Die Annahme wäre sohin, dass Hass im Netz, als eine Reaktion von Massenpanik, zu weiterem devianten Verhalten offline, in der Form von Hate Crimes führen könnte. Die Tweets, als die gemessene soziale Reaktion, werden in Anlehnung an *Cohen* in drei Stufen unterteilt, nämlich eine Phase der Einwirkung des Ereignisses, eine Phase der Bestandsaufahme und eine Phase der Reaktion. Von der klassischen Theorie *Cohens* unterscheidet sich ihre Anwendung in der Studie insbesondere dahingehend, dass die Verstärkung der Devianz nicht bei jener Gruppe beobachtet werden soll, welche das erste deviante Verhalten gesetzt hat, sondern von BeobachterInnen, im Sinne von Twitter UserInnen. Ein weiterer Unterschied besteht nach Ansicht der Autorin darin, dass die (neue) Devianz in derselben Gruppe gemessen wird, in der die soziale Reaktion erfolgte, und nicht wie in der klassischen

---

27 Vgl *Williams/Burnap* 2016, 214 mit weiteren Nachweisen.

Theorie, wo Devianz und soziale Reaktion in unterschiedlichen Gruppen erfolgen.[28]

In der ersten Phase der Einwirkung zeigt sich ein Schwerpunkt der Kommunikationsinhalte auf Informationen, dass die Attacke passiert ist, und Spekulationen zum/r TäterIn. Die zweite Phase der Bestandsaufnahme, die ersten vier Tage nach dem Ereignis, zeigten einen Wechsel der Themen von Spekulationen zu Details im Bezug auf TäterIn, Opfer und Entwicklungen des Falls. Während diese üblicherweise von traditionellen Massenmedien verbreitet werden, war in der Studie ersichtlich, dass diese bereits zuvor auf Twitter erschienen sind. Die letzte Phase der Reaktion, angesiedelt in den letzten drei des insgesamt fünfzehntägigen Erhebungsrahmens, zeigt einen Schwerpunkt der Kommunikation hin zu generelleren, mit dem Ereignis verbundenen Themen. Diese wurden als mit diversen Kommentaren aus der Politik verbunden interpretiert.[29]

Ein Prozent der insgesamt 210.807 Tweets innerhalb der fünfzehn Tage nach dem Ereignis wurde als Hate Tweets eingestuft. Dabei handelte es sich um gezielte Hate Tweets gegen die TäterInnen und ethnische Minderheiten sowie religiöse Gruppen, welche Charakteristiken aufwiesen, die mit den TäterInnen in Verbindung gebracht wurden. Die Twitter Daten der Studie wurden in Echtzeit ab der Terrorattacke gesammelt, und es kann daher nicht statistisch überprüft werden, ob es zu einem Anstieg von Hate Tweets kam.[30] Hinsichtlich der UserInnen fand die Studie, dass 95 % der Hate Tweets von nicht-institutionellen UserInnen bzw solchen der „digitalen Öffentlichkeit" stammten. Nur bei politischen Rechtsaußen-AkteurInnen war eine signifikante Verbindung mit der Produktion von Hate Tweets vorhanden. Die Kommunikation von Hate Tweets war bei diesen AkteurInnen, im Vergleich zur sonstigen „digitalen Öffentlichkeit", dreimal wahrscheinlicher. Bei diesen handelte es sich mehrheitlich um Gruppen und Individuen mit dieser politischen Einstellung und in geringerem Umfang um Parteien und deren Mitglieder.[31]

Hinsichtlich der Verbreitung von Hate Tweets ist von Interesse, dass diese in der Veröffentlichung und Weiterverbreitung einen Höhepunkt in der ersten

---

28 Vgl *Williams/Burnap* 2016; *Cohen* 1972.

29 Vgl *Williams/Burnap* 2016, 221–223.

30 Vgl *Williams/Burnap* 2016, 223.

31 Vgl ibid 226.

Stunde nach der Attacke erreichten, in den Tagen danach aber stark abfielen.[32] Diese bildeten jedoch keine großen Informationsströme, sondern waren im Gegensatz zu anderen Tweets um 45 % weniger wahrscheinlich weiterverbreitet zu werden. Tweets, welche positive Aussagen enthielten, waren zudem um 38 % wahrscheinlicher retweeted zu werden als solche mit negativen. Darüber hinaus waren Tweets von traditionellen Medien und der Polizei wahrscheinlicher verbreitet zu werden.[33]

Die Halbwertszeit der Hate Tweets nimmt je nach Ausprägung ab, wonach solche extremer Natur nach spätestens 24 und jene moderater Natur nach spätestens 42 Stunden aussterben, andere Tweets diese Zeitspannen jedoch überleben. Während in den ersten 36 Stunden Informationsströme vor allem von politischen Rechtsaußen-AkteurInnen und der Polizei überlebten, wichen diese danach solchen der klassischen Medien.[34]

Tweets von Polizei und traditionellen Medien waren somit wahrscheinlicher verbreitet zu werden. Jene traditioneller Medien überlebten darüber hinaus in ihrer Dauer Informationsströme von Rechtsaußen, jene der Polizei hielten zumindest gleich lang an und lagen in ihrer Stärke in den ersten 24 Stunden sogar über jenen der Medien. *Williams* und *Burnap* interpretieren die Studienergebnisse daher dahingehend, dass Informationsströme sowohl der Polizei als auch der traditionellen Medien die Reaktion in sozialen Medien beeinflussen und zur Reduzierung von Hate Speech beitragen könnten. Die Studie ergab auch kleine, aber anhaltende Informationsströme von Rechtsaußen, welche einer nur limitierten Ausbreitung außerhalb dieser Kerngruppe unterliegen. Des Weiteren gab es Ansätze von Counter-Speech „normaler" Twitter UserInnen, deren Auswirkungen in der Studie jedoch nicht weiter untersucht wurden.[35]

Eine in Österreich bisher wenig diskutierte, mögliche Auswirkung von Hass im Netz ist der dadurch bedingte Anstieg von Hate Crimes in der realen Welt. In einer Reihe von Gewalttaten konnten Zusammenhänge mit Social Media Aktivitäten festgestellt werden.[36] In Studien sowie Statistiken konnten

---

[32] Vgl *Williams/Burnap* 2016, 227.

[33] Vgl ibid 228.

[34] Vgl ibid 229.

[35] Vgl ibid 233.

[36] Vgl *Laub* 2019; *Mozur* 2018; *Williams* et al 2019a, 5 mit weiteren Nachweisen.

Zusammenhänge zwischen Offline Hate Crimes und Hate Speech im Netz mit sogenannten „Trigger-Events", wie Terroranschlägen oder dem Brexit Referendum, nachgewiesen werden.[37] Eine aktuelle britische Studie fand darüber hinaus generelle Muster von zeitlichen und örtlichen Zusammenhängen eines Anstiegs von Hass im Netz und Offline Hate Crimes, konkret solche mit rassistischen oder religionsfeindlichen Motiven. Dazu wurden Twitter Daten und polizeilich registrierte Hate Crime Daten in London über einen achtmonatigen Zeitraum gesammelt und deren Zusammenhang anhand einer Reihe statistischer Auswertungen getestet.[38] Während eine Verbindung zwischen Twitter Hate Posts und Offline Hate Crime herausgearbeitet werden konnte, konnte nicht herausgelesen werden, welche der beiden Erscheinungsformen der anderen vorgeht.[39] Der Studienfokus liegt dabei insbesondere in der Erarbeitung von Maßnahmen, wie sich Online Hate Speech im Rahmen von *predictive policing* gegen die Begehung von Hate Crimes in der nichtvirtuellen Welt nutzen lässt.[40]

III. Racist und Gender Bias von AI in der Bekämpfung von Hass im Netz

Wie die Erfahrungen der britischen Polizei zeigen, ist eine sinnvolle Nutzung von Social Media zur Kriminalprävention ohne den Einsatz von AI kaum möglich.[41] Der derzeitige Entwicklungsstand dieser Technologie weist jedoch noch Unzulänglichkeiten auf, und deren Einsatz würde, zumindest ohne den zusätzlichen Einsatz menschlicher Kontrolle, zu ungewünschten Ergebnissen führen. Zahlreiche aktuelle Studien beschäftigen sich mit der Verwendung von Algorithmen im Kampf gegen Hass im Netz. An dieser Stelle soll daher der Fokus auf das Problemfeld von Vorurteilen in den zur Bekämpfung von Hass im Netz verwendeten Algorithmen selbst herausgegriffen werden, welche in einer Reihe aktueller Studien nachgewiesen wurden. Bei einer der verwendeten Technologien handelt es sich um *Natural Language Processing*

---

37 Vgl *Hanes/Machin* 2014; *Williams/Burnap* 2016; *Home Office* 2019, 1; *Williams* et al 2019a, 3.

38 Vgl *Williams* et al 2019a, 2.

39 Ibid 15.

40 Ibid 21.

41 Vgl *Williams* et al 2013, 464; *HMIC* 2011.

(NLP) und *Machine Learning* Systeme.[42] NLP beschreibt die maschinelle Verarbeitung von Sprache.[43] Diese lernt das System auf Grundlage eines bestimmten Datensatzes und entwickelt sein Wissen dann weitestgehend selbständig weiter.[44]

Dixon et al identifizierten ein Problem in der falsch positiven Erkennung identitätsstiftender Merkmale als Hate Speech. So wurden aufgrund des häufigen Vorkommens bestimmter Wörter, ausschließlich in jenen Daten, welche dem System als Hate Speech angelernt wurden, derartige Wörter generell als toxisch eingestuft. Somit auch wenn NutzerInnen das identitätsstiftende Merkmal in Bezug auf sich selbst benutzten. Die AutorInnen schlagen in ihrer Studie vor, dem Problem mit dem strategischen Hinzufügen von Daten zu begegnen, um eine Überrepräsentation von Daten mit bestimmten identitätsstiftenden Begriffen ausschließlich im Zusammenhang mit toxischen Kommentaren zu vermeiden. Mit anderen Worten müssen auch ausreichend Kommentare in den Daten vorhanden sein, in welchen die Begriffe in nicht-toxischer Weise verwendet werden.[45]

Ein weiterer Ansatz untersucht die Auswirkungen von Dialekten bzw den Sprachgebrauch bestimmter Gruppen auf die falsche Qualifizierung als Hate Speech. Die Datensätze, anhand derer die Systeme trainiert werden, basieren grundsätzlich auf Daten, welche von Menschen kodiert wurden. Etwaige Vorurteile, die in diesem Vorgang in den Datensatz einfließen, finden somit Eingang in das automatisierte System und werden von diesem vervielfacht. In einer Studie von *Sap* et al wurde herausgearbeitet, dass mehrere der vielfach in Studien genutzten, nach Hate Speech bzw toxischen Inhalten[46] kodierten Twitter Datensätze, die zum Anlernen der Modelle verwendet werden, selbst rassistische Vorurteile aufweisen. Dabei handelt es sich um Datensätze, welche für Studien erstellt und von den AutorInnen selbst oder eingeschulten

---

42 Vgl *Park* et al 2018, 2799; für eine Übersicht anderer verwendeter automatisierter Ansätze in der Erkennung von Hate Speech siehe *MacAvaney* et al 2019, 6–8.

43 Vgl *Luber* 2016.

44 Vgl *Manhart* 2018. Für eine detaillierte Beschreibung dieser Verfahren, wird auf die einschlägige Fachliteratur verwiesen.

45 Vgl *Dixon* et al 2018.

46 Mehrere Studien unterscheiden bei ihren Untersuchungen von Einträgen in sozialen Medien nicht zwischen „tatsächlicher“ Hate Speech oder „bloß“ toxischen bzw beleidigenden Inhalten, kritisiert in *Davidson* et al 2017, 513.

(*Crowdsource*) KodiererInnen nach Hate Speech/nicht Hate Speech bzw anderen Kriterien kodiert werden. Daten lassen sich von den Social Media Plattformen mittels Programmierschnittstellen selbst sammeln, jedoch erlauben diese eine derartige Nutzung in unterschiedlichem Ausmaß. Twitter hat diesbezüglich die lockersten Vorschriften, weshalb sich die meisten öffentlich verfügbaren Datensätze auf diese Plattform beziehen.[47] Zur Messung des rassistischen Vorurteils wurden die Daten anhand studienbasiert typischer Begriffe des afroamerikanischen englischen Dialekts (*African American Vernacular English* – AAVE) analysiert. Beide getesteten Datensätze wiesen starke Zusammenhänge zwischen dem abgeleiteten AAVE-Dialekt und der Einstufung als „beleidigend“ auf. In einem nächsten Schritt zeigt die Studie, dass AI Modelle, welche anhand dieser Datensätze lernen, Tweets im afroamerikanischen englischen Dialekt sowie Tweets, welche von (laut Selbstangabe) AfroamerikanerInnen stammen, bis zu zweimal häufiger als „beleidigend“ einstuft. Die StudienautorInnen zeigen außerdem, dass die vorurteilsgeleitete Kodierung dadurch verringert werden kann, indem KodiererInnen zuvor über Dialekt und ethnische Zugehörigkeit informiert wurden.[48]

Die Studie wies die Vorurteile ebenfalls in einer AI nach, welche die Google Muttergesellschaft Alphabet als Open Source Hate Speech Detection Tool zur Verfügung stellt. Diese wird Berichten zufolge nicht nur von mehreren namhaften amerikanischen und britischen Zeitungen zur Moderation von Onlineforen verwendet, sondern liegt vermutlich auch den von Google selbst verwendeten Modellen zugrunde.[49] Ebenfalls bereits nachgewiesen wurden systematische Gender Biases in Hate Speech detection models.[50]

Eine zeitgleiche Studie von *Davidson* et al fand ebenfalls systematische rassistische Vorurteile in denselben sowie weiteren getesteten akademischen Datensätzen. Die Modelle stuften die Tweets in AAVE sogar dann eher als Hate Speech oder toxisch ein, wenn diese mit Tweets aus der Gruppe des Standard American English verglichen wurden, die die gleichen typischen Begriffe enthielten. Die AutorInnen warnen, dass die Datensets nicht im

---

47 Vgl *MacAvanaey* et al 2019, 4–6. Siehe dort auch für eine Übersicht öffentlich verfügbarer Datensätze.

48 Vgl *Sap* et al 2019.

49 Vgl *Sap* et al 2019, 1677; Chung 2019; Ghaffary 2019; siehe auch bereits die Studie von *Dixon* et al 2018, welche dasselbe Modell testete.

50 Vgl *Park* et al 2018; *Bolukbasi* et al 2016.

Strafverfolgungsbereich eingesetzt werden dürften, andernfalls würden diese zu rassistischer Diskriminierung in der Strafverfolgung von Hate Speech führen. Interessant ist auch, dass Vorurteile in den Kodierungsvorgang der Tweets sowohl dann eingeflossen sind, wenn dieser von StudienautorInnen selbst, von instruierten CrowdworkerInnen oder von AktivistInnen im Anti-Rassismus bzw Anti-Sexismus Bereich erfolgte.[51]

Abgesehen vom Strafverfolgungsbereich birgt auch die kommerzielle Nutzung auf Basis dieser Datensätze angelernter AI zwei Gefahren: Zum einen führt die unbegründet vermehrte Löschung von Onlinebeiträgen einer Bevölkerungsgruppe erst recht wieder zu einer Diskriminierung und damit zu einem Effekt, den der Kampf gegen Hass im Netz eigentlich gerade verhindern will.[52] Zum anderen birgt es auch die Gefahr, dass Bevölkerungsgruppen stärker aus dem digitalen politischen Diskurs ausgeschlossen werden, man denke dabei etwa an eine verstärkte Filterung auf Plattformen wie Twitter oder in den Kommentarsektionen von Zeitungen.

IV. Auswirkungen auf die in Großbritannien verwendete AI?

Soweit ersichtlich, ist Großbritannien bisher das einzige Land, welches aktiv unter behördlicher Verwendung von Gegennarrativen und AI gegen Hass im Netz vorgeht. Es wird vermutet, dass sich auch die großen AnbieterInnen sozialer Medien und Technologieunternehmen wie Facebook, Twitter und Google für die Content-Moderation derartiger AI bedienen, jedoch sind deren genauen Ausgestaltungen weitestgehend geheim.[53] Das dem durch die britische Polizei verwendeten System zugrundeliegende Modell ist höchstwahrscheinlich jenes, welches im Zuge der ersten Studie von *Williams* und *Burnap* zur Reaktion in sozialen Medien auf die Woolwich Terrorattacke entwickelt wurde. Dieses wird in einem früheren Artikel der Autoren im Detail beschrieben.[54] Problematisch erscheint, dass der Datensatz, welcher für das Training des AI-Modells verwendet wurde, ebenfalls von CrowdworkerInnen nach Hate Speech/nicht Hate Speech kodiert wurde. Dabei handelt es sich um

---

51 Vgl *Davidson* 2019.

52 Vgl *Sap* et al 2019, 1668; *Davidson* 2019, 25.

53 Vgl *Ghaffary* 2019.

54 Vgl *Burnap/Williams* 2015.

denselben Anbieter wie jenem, der in zwei der Studien verwendet wurde, deren Datensätze von *Davidson* et al als von rassistischen Vorurteilen betroffen eingestuft wurden.[55] Da zur Identifizierung von Hate Speech stark der soziale und sprachliche Kontext einbezogen werden muss, ist fraglich, ob dies bei CrowdworkerInnen, zumindest von diesem im Forschungsbereich beliebten Anbieter, eingehalten werden kann. Wie auch in *Burnap/Williams* (2015) beschrieben, handelt es sich dabei oft um mehr als hundert KodiererInnen, welche einzelne Daten kodieren und nicht um einige wenige, welche den gesamten Datensatz kodieren. Diese können darüber hinaus aus zahlreichen verschiedenen Ländern stammen, es können jedoch gegenüber dem Anbieter bei der Auswahl Einschränkungen angegeben werden. Ob derartige Einschränkungen bei *Burnap/Williams* (2015) gemacht wurden, wird nicht erläutert. Fraglich ist, ob möglicherweise die Spezifika der für diesen Bestand gesammelten Daten bereits dazu führen, dass weniger rassistische Vorurteile in die Kodierung einfließen. Anders als bei den untersuchten und als vorurteilsbeeinflusst bewerteten Datensätzen, wurde in der vorliegenden Studie gezielt Twitterkommunikation zu einem bestimmten Ereignis und nicht anhand bestimmter Begriffe, welche sowohl von als auch gegen die betroffenen Minderheiten verwendet werden, gesammelt. Natürlich ist auch hier eine beiderseitige Verwendung denkbar, eventuell aber nicht in gleichem Ausmaß wie in der Verwendung alltäglicher Sprache. Zwar wird das System (bisher) nicht in der Strafverfolgung eingesetzt, jedoch könnte hier der Einfluss rassistischer Vorurteile und eine diesbezügliche vermehrte Fehlklassifizierung als Indikator sozialer Unruhen zumindest zu einem unnötigen Einsatz von andernorts benötigten Einsatzkräften führen. *Burnap* und *Williams* betonen auch, dass das von ihnen entwickelte Modell einen Beitrag zur Entscheidungsfindung nach großflächigen Ereignissen durch die Analyse der öffentlichen sozialen Reaktion darstellen soll, somit für jenen Bereich, für den es derzeit in der Praxis von der britischen Polizei getestet wird.[56] Eine diesbezügliche Untersuchung wäre jedenfalls höchst interessant. Weitere Veröffentlichungen, auch unter Auswertung der Verwendung des Systems in der Praxis, können jedenfalls mit Spannung erwartet werden.

Leetaru argumentiert, dass die großen AnbieterInnen sozialer Medien und Technologieunternehmen längst über die nötige Technologie verfügen würden, effektiver gegen Hass im Netz vorzugehen. Dies würde jedoch mangels

---

55 Vgl *Davidson* et al 2019, 32; *Davidson* et al 2017, 2; *Founta* 2018, 8.

56 Vgl *Burnap/Williams* 2015, 237, 239.

gesetzlicher Verpflichtungen und aufgrund des finanziellen Aufwands an entsprechender Hardware und der Überprüfung automatisierter Entscheidungen durch menschliche ModeratorInnen unterbleiben.[57] Einen anderen Weg geht aktuell Deutschland, indem es erneut die Gesetze gegenüber den BetreiberInnen sozialer Medien verschärft. Demnach sollen diese in Zukunft Hass im Netz direkt an die deutschen Strafverfolgungsbehörden melden müssen. Auf Ersuchen der Staatsanwaltsanwaltschaft sollen dann auch direkt Informationen über den/die NutzerIn herausgegeben werden.[58] Damit würde Deutschland teilweise umsetzen, was bereits seit längerer Zeit auf EU-Ebene durch die sogenannte *e-evidence* Verordnung[59] geplant ist. Je nach Ausgestaltung wäre dafür möglicherweise ein Abkommen mit den USA unter dem dort geltenden *Clarifying Lawful Overseas Use of Data* (CLOUD) *Act* notwendig. Möglich wäre auch ein freiwilliges Einlenken der BetreiberInnen, den Kampf gegen Hass im Netz ihrerseits weiter zu intensivieren, unter dem Druck einer derartigen Ankündigung. Politischer Druck durch Deutschland und die Europäische Union wurde auch für deren Einführung von Hate Speech Policies im Jahr 2017 verantwortlich gemacht.[60]

V. Neue Ansätze für Österreich?

Im Gegensatz zu anderen Ländern dreht sich der öffentliche Diskurs in diesem Bereich in Österreich fast ausschließlich um Hass im Netz. Andere Ausformungen von Hasskriminalität abseits des Internets werden hingegen kaum thematisiert oder als Bedrohung wahrgenommen. Ein Grund für diese Verteilung kann sicherlich in der strafgesetzlichen und kriminalstatistischen Erfassung der beiden Konzepte gesehen werden. Hate Speech wird in Österreich zum Großteil durch die Tatbestände der Verhetzung, der Beleidigung sowie ferner, teilweise durch das Verbotsgesetz erfasst. Dabei handelt es sich um selbständige Delikte, welche daher kriminalstatistisch auf allen Strafverfolgungsebenen, somit polizeilich, staatsanwaltschaftlich und gerichtlich erfasst werden. Zwar wird derzeit noch nicht kategorisch erfasst, ob die Taten online begangen wurden, wie dies etwa bereits für Deutschland und Großbritannien

57 Vgl *Leetaru* 2019.

58 Vgl *Der Standard* 2019.

59 Vgl *Europäische Kommission* 2018.

60 *Williams* et al 2019a, 3 mit Verweis auf *Williams* et al 2019b.

angelaufen ist.[61] Jedoch schätzt das Justizministerium schon bisher, dass 90 % der Verhetzungen im Internet begangen werden.[62] Demgegenüber existiert in Österreich derzeit de facto keine Erfassung von Hate Crimes. Auf staatsanwaltschaftlicher und gerichtlicher Ebene werden diese, aufgrund ihrer rechtlichen Umsetzung ausschließlich als Erschwerungsgrund, statistisch überhaupt nicht kategorisch erfasst. Auf polizeilicher Ebene existiert eine teilweise Überschneidung durch die Erfassung der von Seiten der Polizei als Rechtsextremismus eingestuften Taten. Diese bleibt jedoch sowohl hinsichtlich der Definition als auch des Bereichs weit hinter dem kriminologischen Konzept und seiner strafgesetzlichen Umsetzung zurück und filtert großteils nur sogenannte „politisch motivierte Kriminalität".[63] Hate Crimes treten daher in der behördlichen Erfassung fast ausschließlich als Hate Speech in Erscheinung und vereinnahmen dadurch den politischen und gesellschaftlichen Diskurs zum Thema Hate Crime allgemein.

Mit organisierter Gegenrede wird in Österreich derzeit nur auf zivilgesellschaftlicher Ebene gearbeitet, wie die Caritas im Fall der Hasswelle gegen das Neujahrsbaby 2018 vorzeigte.[64] Obwohl wichtig, erfüllen zivilgesellschaftliche Initiativen nicht die gleichen Zwecke wie solche von staatlicher Seite. Systematische Gegennarrative, etwa im Fall von auf Falschinformationen basierender Hate Speech, und gezielte Kampagnen, welche über Anzeigemöglichkeiten für Opfer informieren und eine Null-Toleranz-Politik der Polizei betonen, wären effektiver, das Sicherheitsgefühl der betroffenen Gruppen, welche Hate Crime und Hate Speech als Botschaftsverbrechen mitangreifen, zu verbessern. Die diesbezügliche Arbeit der britischen Polizei führte zu einem Anstieg der Anzeigen von Hate Crime, während Viktimisierungsstudien einen Rückgang von Opfererfahrungen zeigten.[65] Es wäre an der Zeit für ähnliche Strategien im Kampf gegen Hate Crime und Hass im Netz in Österreich.

---

61 Vgl *Home Office* 2019, 3; *Bundesministerium des Innern, für Bau und Heimat* 2019, 6.

62 Vgl *Weißensteiner* 2018.

63 Für eine detaillierte und ländervergleichende Aufarbeitung dieser Thematik siehe *Haider*, erscheint demnächst. Eine empirische Untersuchung zur Erfassung und Verfolgung von Hate Crimes in Österreich erfolgt durch die Autorin darüber hinaus derzeit in ihrer Dissertation.

64 Vgl *Caritas* 2018.

65 Vgl *Home Office* 2018, 13.

VI. Literatur

Bernal, Natasha. 2019. *Police to 'predict' hate crimes through Twitter for the first time*. https://www.telegraph.co.uk/technology/2019/10/19/police-predict-hate-crimes-twitter-first-time/ (Zugegriffen: 01.11.2019)

Bleich, Eric. 2014. Freedom of Expression versus Racist Hate Speech: Explaining Differences Between High Court Regulations in the USA and Europe. *Journal of Ethnic and Migration Studies*. 40 (2), 283–300. doi: 10.1080/1369183X.2013.851476

Bolukbasi, Tolga; Chang, Kai-Wei; Zou, James; Saligrama, Venkatesh; Kalai, Adam. 2016. *Man is to Computer Programmer as Woman is to Homemaker? Debiasing Word Embeddings*. 30th Conference on Neural Information Processing Systems (NIPS2016), Barcelona, Spanien

Bundesministerium des Innern, für Bau und Heimat. 2019. *Politisch Motivierte Kriminalität im Jahr 2018. Bundesweite Fallzahlen*. https://www.bmi.bund.de/SharedDocs/downloads/DE/veroeffentlichungen/2019/pmk-2018.pdf?__blob=publicationFile&v=2 (Zugegriffen: 01.11.2019)

Burnap, Pete; Williams, Matthew L. 2015. Cyber Hate Speech on Twitter: An Application of Machine Classification and Statistical Modeling for Policy and Decision Making. *Policy & Internet*, 7 (2), 232–242

Caritas. 2018. *Weltweiter #flowerrain für Wiener Neujahrsbaby Asel*. https://www.caritas-wien.at/aktuell/news/information/news/79644-weltweiter-flowerrain-fuer-wiener-neujahrsbaby-asel/ (Zugegriffen: 01.11.2019)

Chung, Anna. 2019. *How Automated Tools Discriminate Against Black Language*. https://onezero.medium.com/how-automated-tools-discriminate-against-black-language-2ac8eab8d6db (Zugegriffen: 01.11.2019)

Cohen, Stanley. 1972. *Folk Devils and Moral Panics*. London: MacGibbon and Kee Ltd

Davidson, Thomas; Warmsley, Dana; Macy, Michael; Weber, Ingmar. 2017. *Automated Hate Speech Detection and the Problem of Offensive Language*. Proceedings of the Eleventh International AAAI Conference on Web and Social Media (ICWSM 2017)

Davidson, Thomas; Bhattacharya, Debasmita; Weber, Ingmar. 2019. *Racial Bias in Hate Speech and Abusive Language Detection Datasets*. Proceedings of the Third Workshop on Abusive Language Online, 25–35 Florenz, Italien, 01.08.2019

Davis, Edward. F., III; Alves, Alejandro. A.; Sklansky, David Allen. 2014. Social Media and Police Leadership: Lessons from Boston. *New Perspectives in Policing Bulletin.* Washington, DC: U.S. Department of Justice, National Institute of Justice, 2014. NCJ 244760

Der Standard. 2014. *117.000 Twitter-Nutzer in Österreich.* https://www.derstandard.at/story/1392688150450/117000-twitter-nutzer-in-oesterreich (Zugegriffen: 01.11.2019)

Der Standard. 2019. *Deutschland verstärkt Kampf gegen Hass im Netz.* https://www.derstandard.at/story/2000110400608/deutschland-verstaerkt-kampf-gegen-hass-im-netz (Zugegriffen: 01.11.2019)

Dixon, Lucas; Li, John; Sorensen, Jeffrey; Thain, Nithum; Vasserman, Lucy. 2018. *Measuring and Mitigating Unintended Bias in Text Classification.* AIES'18, 02.–03.02.2018, New Orleans, LA, USA

Europäische Kommission. 2018. Vorschlag für eine Verordnung des Europäischen Parlaments und des Rates über Europäische Herausgabeanordnungen und Sicherungsanordnungen für elektronische Beweismittel in Strafsachen. COM(2018) 225 final - 2018/0108 (COD)

Facebook. 2019. *Gemeinschaftsstandards.* https://www.facebook.com/communitystandards/objectionable_content. (Zugegriffen: 01.11.2019)

Fundamental Rights Agency of the European Union (FRA). 2018a. *Hate crime recording and data collection practice across the EU*, https://fra.europa.eu/sites/default/files/fra_uploads/fra-2018-hate-crime-recording_en.pdf (Zugegriffen am 01.11.2019)

Fundamental Rights Agency of the European Union (FRA). 2018b. *Handbook on European non-discrimination law* https://www.echr.coe.int/Documents/Handbook_non_discri_law_ENG.pdf

Ghaffary, Shirin. 2019. *The algorithms that detect hate speech online are biased against black people.* https://www.vox.com/recode/2019/8/15/20806384/social-media-hate-speech-bias-black-african-american-facebook-twitter (Zugegriffen: 01.11.2019)

Giannasi, Paul. 2019. *Prosecuting Hate Crimes: Stories from the U.S. and Europe.* A discussion with Christopher J. Perras, civil rights trial attorney, U.S. Department of Justice, and Paul Giannasi, National Police Chiefs' Council, United Kingdom. Organisiert von der British Embassy Vienna. Wien, 23.05.2019

Hanes, Emma; Machin, Stephen. 2014. Hate Crime in the Wake of Terror Attacks: Evidence from 7/7 and 9/11. *Journal of Contemporary Criminal Justice*, 30, S 247–267. doi: 10.1177/1043986214536665

Haider, Isabel. Erscheint demnächst. The development of hate crime policies in response to major cases in Germany and Austria

HateLab. 2019. https://hatelab.net. (Zugegriffen: 01.11.2019)

HMIC. 2011. The rules of engagement: a review of the August 2011 disorders. London: Her Majesty´s Inspectorate of Constabulary

Home Office. 2018. *Hate Crime, England and Wales, 2017/18*. https://assets.publishing.service.gov.uk/government/uploads/system/uploads/attachment_data/file/748598/hate-crime-1718-hosb2018.pdf (Zugegriffen: 01.11.2019)

Home Office. 2019. *Hate Crime, England and Wales, 2018/19*. https://assets.publishing.service.gov.uk/government/uploads/system/uploads/attachment_data/file/839172/hate-crime-1819-hosb2419.pdf (Zugegriffen: 01.11.2019)

King, M., 2006. From reactive policing to crowd management?: policing anti-globalisation protest in Canada. *Jurisprudencija*, 79, 40–58

Laub, Zachary. 2019. *Hate Speech on Social Media: Global Comparisons*. https://www.cfr.org/backgrounder/hate-speech-social-media-global-comparisons (Zugegriffen: 01.11.2019)

Leetaru, Kalev. 2019. *The Problem With AI-Powered Content Moderation Is Incentives Not Technology*. https://www.forbes.com/sites/kalevleetaru/2019/03/19/the-problem-with-ai-powered-content-moderation-is-incentives-not-technology/#7c1a29a455b7 (Zugegriffen: 01.11.2019)

Lu, Donna. 2019. *UK police are using AI to spot spikes in Brexit-related hate crimes*. https://www.newscientist.com/article/mg24332453-500-uk-police-are-using-ai-to-spot-spikes-in-brexit-related-hate-crimes/ (Zugegriffen: 01.11.2019)

Luber, Stefan; Litzel, Nico. 2016. *Was ist Natural Language Processing?* https://www.bigdata-insider.de/was-ist-natural-language-processing-a-590102/ (Zugegriffen: 01.11.2019)

MacAvaney, Sean; Yao, Hao-Ren; Yang, Eugene; Russell, Katina; Goharian, Nazli; Frieder, Ophir. 2019. *Hate speech detection: Challenges and solutions*. PLoS ONE 14 (8): e0221152. https://doi.org/10.1371/journal.pone.0221152.

Manhart, Klaus. 2018. *Was Sie über Maschinelles Lernen wissen müssen*. https://www.computerwoche.de/a/was-sie-ueber-maschinelles-lernen-wissen-muessen,3329560 (Zugegriffen: 01.11.2019)

Mozur, Paul. 2018. *A genocide incited on Facebook, with posts from Myanmar's military*. https://www.nytimes.com/2018/10/15/technology/myanmar-facebookgenocide.html (Zugegriffen: 01.11.2019)

OSZE/BDIMR. 2011. *Gesetze gegen "Hate Crime". Ein praktischer Leitfaden*, https://www.osce.org/de/odihr/36431?download=true (Zugegriffen: 01.11.2019)

OSZE. 2019. *Hate Crime*. http://hatecrime.osce.org/what-hate-crime (Zugegriffen: 01.11.2019)

Park, Ji Ho; Shin, Jamin; Fung, Pascale. 2018. *Reducing gender bias in abusive language detection*. Conference on Empirical Methods in Natural Language Processing

Rose, Kate. 2014. *The UK Social Media Landscape for 2014*. http://www.rosemcgrory.co.uk/2014/01/06/uk-social-media-statistics-for-2014/ (Zugegriffen: 01.11.2019)

Sap, Maarten; Card, Dallas; Gabriel, Saadia; Choi, Yejin; Smith, Noah A. 2019. *The Risk of Racial Bias in Hate Speech Detection*. Proceedings of the 57th Annual Meeting of the Association for Computational Linguistics, 1668–1678, Florenz, Italien, 28.07.–02.08.2019

Twitter. 2019. *Richtlinie zu Hass schürendem Verhalten*. https://help.twitter.com/de/rules-and-policies/hateful-conduct-policy (Zugegriffen: 01.11.2019)

Weißensteiner, Nina. 2018. *Schuldsprüche wegen Verhetzung seit 2015 mehr als verdoppelt*. Der Standard. https://www.derstandard.at/story/2000073689438/schuldsprueche-wegen-verhetzung-seit-2015-mehr-als-verdoppelt (Zugegriffen: 01.11.2019)

Williams, Matthew; Edwards, Adam; Housley, William; Burnap, Peter; Rana, Omer; Avis, Nick; Morgan, Jeffrey; Sloan, Luke. 2013. Policing cyber-neighbourhoods: tension monitoring and social media networks. *Policing and Society*, 23 (4), 461–481, doi: 10.1080/10439463.2013.780225

Williams, Matthew; Burnap, Pete. 2016. Cyberhate on Social Media in the Aftermath of Woolwich: A Case Study in Computational Criminology and Big Data. *British Journal of Criminology*, 56, 211–238. doi: 10.1093/bjc/azv059

Williams, Matthew; Burnap, Pete; Javed, Amir; Liu, Han; Ozalp, Sefa. 2019a. Hate in the Machine: Anti-Black and Anti-Muslim Social Media Posts as Predictors of Offline Racially and Religiously Aggravated Crime. *British Journal of Criminology*. doi:10.1093/bjc/azz049

Williams, Matthew; Eccles-Williams, Harry; Piasecka, Isabella. 2019. Hatred Behind the Screens: A Report on the Rise of Online Hate Speech. London: Mishcon de Reya

DIE VERWALTUNGSBEHÖRDLICHE STRAFBARKEIT DER EHRENKRÄNKUNG – RECHTSBESTAND VOR NEUEN HERAUSFORDERUNGEN?

Tanja Marktler / Wolfgang Steiner

I. Einleitung

Das Verächtlichmachen, Verunglimpfen, Verspotten und Beschimpfen mit den technisch-medialen Möglichkeiten des Internets und verschiedener auf dieser Technologie iwS basierender Programme (sog „Applications bzw Apps“) kann – je nach konkreter Ausprägung – womöglich auch verwaltungsstrafrechtlich relevant sein. In Frage kommen zunächst jene Verwaltungsstrafbestimmungen der Länder, welche die Ehrenkränkung unter Strafe stellen. Darüber hinaus bietet auch der Antidiskriminierungstatbestand des Art III Abs 1 Z 3 EGVG eine Handhabe gegen bestimmte Deliktsformen.

II. Der Verwaltungsstrafrechtstatbestand der Ehrenkränkung

A. Entstehung

1. Kompetenzrechtliche Zusammenhänge

Eine Darstellung der verwaltungs(straf)rechtlichen Komponente der Problematik wäre ohne einen kurzen rechtsgeschichtlichen Teil, der allerdings an dieser Stelle historisch nicht allzu weit zurückgehen muss und kann,[1] wohl unverständlich. Ein Blick in das geltende Bundesrecht zeigt, dass dort der Begriff der „Ehrenkränkung" lediglich zweimal vorkommt. Zunächst findet sich der Begriff im § 56 Abs 1 VStG und darüber hinaus im Art VIII BVG-Novelle 1974. Da diese beiden Bestimmungen zu einem gewissen Grad zusammenhängen, kann deren Entwicklung wie folgt skizziert werden:

Der unter dem Titel „Privatanklagesachen" stehende § 56 Abs 1 VStG lautete in seiner Stammfassung BGBl 1925/275:

> „Die Verwaltungsübertretungen der Ehrenkränkung (§ 1339 ABGB) […] sind nur zu verfolgen und zu bestrafen, wenn der Verletzte binnen sechs Wochen von dem Zeitpunkte an, in dem er von der Übertretung und der Person des Täters Kenntnis erlangt hat, bei der zuständigen Behörde einen Strafantrag stellt (Privatankläger)."

Der zitierte und gleichfalls seiner Stammfassung[2] entsprechende § 1339 ABGB lautete:

---

1 Bereits das römische Recht kannte in seinem grundlegenden Zwölftafelgesetz einen selbständigen Tatbestand der *iniuria*, unter den alle vorsätzlichen Verletzungen und Missachtungen fremder Personen fallen. Die XII-Tafel-Regelung wurde ua durch spezielle prätorische Edikte, wie bspw gegen laute Beschimpfung durch mehrere oder unsittliche Nachstellungen gegenüber Frauen, modifiziert. Siehe *Apathy/Klingenberg/Pennitz*, Einführung in das römische Recht[4] (2007) 166 f.

2 JGS 1811/964; § 1339 fand sich im Dreyßigsten Hauptstück (Von dem Rechte des Schadenersatzes und der Genugthuung) des Zweyten Theils des bürgerlichen Gesetzbuches.

„Die körperlichen Verletzungen, die widerrechtlichen Kränkungen der Freiheit, und die Ehrenbeleidigungen, werden nach Beschaffenheit der Umstände, entweder als Verbrechen von dem Kriminal-Gerichte, oder als schwere Polizei-Übertretungen, und wenn sie zu keiner dieser Klassen gehören, als Begehungen von der politischen Obrigkeit untersucht und bestraft."

In der ABGB-Kommentierung finden sich zu diesen Bestimmungen die Anmerkungen,[3] dass die ersten beiden Kategorien als Verbrechen, Vergehen oder gerichtlich strafbare Übertretungen von den Strafgerichten, die letzte Kategorie als Verwaltungsübertretungen von den Verwaltungsbehörden zu verfolgen und bestrafen sind. Nach VwSlg 3291 A/1954 waren zur Auslegung des Begriffs Ehrenbeleidigung iSd § 1339 ABGB die in den §§ 487 ff StG[4] enthaltenen Tatbestände[5] heranzuziehen, doch stellen auch Schmähungen, die nicht durch die §§ 491 und 497 StG erfasst werden, eine Ehrenbeleidigung iSd § 1339 ABGB dar. Bereits an dieser Stelle zeichnet sich die wesentliche Bedeutung (kern)strafrechtlicher Ehrenschutzbestimmungen für die Auslegung von und die Abgrenzung zu zivilrechtlichen und in weiterer Folge auch länderrechtlichen Regelungen zur Ehrenbeleidigung und Ehrenkränkung ab. Als Ehrenkränkungen sind grds *„alle jene Handlungen gegen die Ehre einer anderer Person anzusehen [sind], die infolge Fehlens eines für die gerichtliche Zuständigkeit notwendigen Tatbestandsmerkmales nicht als Ehrenbeleidigung im technischen Sinne angesehen werden können. Hierher gehört z. B.*

---

3 So *Kapfer* (Hrsg), Das Allgemeine bürgerliche Gesetzbuch^{29} (1972) 1384.

4 Strafgesetz über Verbrechen, Vergehen und Uebertretungen (sog Strafgesetz 1852), welches mit Kaiserlichem Patent vom 27. Mai 1852 kundgemacht wurde (RGBl 1852/117) und nach seiner WV am 3. November 1945 (A Slg Nr 2) am 31. Dezember 1974 außer Kraft trat.

5 Konkret handelte es sich dabei um die §§ 487 bis 499 des Zwölften Hauptstücks (Von Vergehen und Uebertretungen gegen die Sicherheit der Ehre) des Zweiten Theils des Strafgesetzes 1852; als Ehrenbeleidigungen galten die unbegründete Beschuldigung wegen eines Verbrechens, Vergehens oder einer Uebertretung (§ 487), die unbegründete Beschuldigung wegen anderer unehrenhafter oder unsittlicher Handlungen (§ 488), die Veröffentlichung von anderen ehrenrührigen, wenn auch wahren Thatsachen des Privat- und Familienlebens (§ 489) sowie andere öffentliche Schmähungen (§ 491); als weitere Ehrdelikte wurden oeffentliche Beschimpfungen oder Mißhandlungen (§ 496), Vorwürfe wegen einer ausgestandenen oder erlassenen Strafe (§ 497) sowie die Aufdeckung der Geheimnisse der Kranken von Seite der Heil-, Wundärzte u dgl (§ 498) und von Apothekern (§ 499) normiert.

die ungerechtfertigte Anrede mit ‚Du' oder Bespritzen mit Wasser usw. Jedoch ist es auch bei diesen Tatbeständen erforderlich, daß der ehrenkränkende Vorwurf bzw. das ehrenkränkende Verhalten durch ein Tun des Täters erfüllt wird, da sowohl Ehrenbeleidigungen als auch Ehrenkränkungen durch ein Unterlassen des Täters niemals begangen werden können."[6] Ehrenkränkungen erfolgten bspw in einem persönlichen Gespräch, über einen persönlich adressierten Brief oder auch telefonisch. Von wesentlicher Bedeutung für die Klärung der Zuständigkeit war die richtige Subsumtion der „ehrschädigenden" Handlung unter einen bestimmten StG-Tatbestand.[7] Je nach Publizitätserfordernis ergab sich eine Zuständigkeit des ordentlichen Gerichts bzw der Verwaltungsbehörde.

Als Praxisbeispiel kann hier ein negativer Kompetenzkonflikt[8] angeführt werden, der seinen Ausgang im Oberösterreich der 1950er Jahre nahm: Aufgrund der schriftlichen Äußerung von Herrn G, „er könne sein loses Maul nicht beherrschen", brachte Herr H beim BG Eferding eine Privatanklage wegen Ehrenbeleidigung ein. Das Gericht trat die Klage an die BH Eferding als zuständige Verwaltungsstrafbehörde zur Ahndung der Ehrenkränkung ab, da das für die Erfüllung des Tatbestands der Schmähung (§ 491 StG) erforderliche Tatbestandsmerkmal „vor mehreren Leuten" nicht gegeben sei. Die BH Eferding stellte das Strafverfahren ein, weil der Ausdruck „loses Maul" keine Ehrenkränkung iSd § 1339 ABGB darstelle. „Sowohl der Beschuldigte als auch der Ankläger seien Landbewohner, und es sei am Lande allgemein üblich, das mundartliche Wort ‚Maul' an Stelle des Wortes ‚Mund' zu gebrauchen."[9] Der als Berufungsbehörde angerufene LH von Oberösterreich sah darin sehr wohl eine Schmähung, behob den Bescheid der Bezirksverwaltungsbehörde, stellte dann jedoch das Strafverfahren ein, da der Brief an den Rechtsanwalt von Herrn H gerichtet war und aufgrund organisatorischer Kanzleiabläufe durch die Hände „mehrerer Leute" ging, weswegen eine gerichtlich zu ahndende Ehrenbeleidigung vorlag. Der VfGH teilte diese An-

---

6 *Ambrosi*, Verfahren bei Ehrenkränkungen, ÖJZ 1954, 383.

7 Da diese Beurteilung in der Praxis oft nicht von vornherein möglich war, musste dem Privatankläger wegen Verfristungsgefahr dringend angeraten werden, sowohl eine Ehrenbeleidigungsklage beim ordentlichen Gericht als auch eine Privatanklage wegen Ehrenkränkung bei der Verwaltungsbehörde einzubringen. So *Ambrosi*, ÖJZ 1954, 383 (384).

8 VfSlg 3190/1957.

9 Ibidem 153.

sicht, da neben dem Rechtsanwalt noch zwei Kanzleiangestellte mit dem Geschäftsstück beschäftigt waren; das Tatbestandsmerkmal „öffentlich oder vor mehreren Leuten" lag vor und begründete die gerichtliche Zuständigkeit.

Mit Wirksamkeit vom 1. Jänner 1975 sah Art VIII BVG-Novelle 1974[10] eine Kompetenzänderung zugunsten der Länder vor: *„Maßnahmen [...] zur Verfolgung von Ehrenkränkungen sind in Gesetzgebung und Vollziehung Landessache."*

Die EB führen dazu aus: „Auch die Verfolgung von Ehrenkränkungen, die nach der derzeitigen Rechtslage als Angelegenheit der allgemeinen Sicherheitspolizei angesehen wird, soll künftig den Ländern überlassen bleiben, weil es wegen der Geringfügigkeit dieses Deliktes nicht gerechtfertigt ist, diese Angelegenheit der allgemeinen Sicherheitspolizei zuzuzählen."[11]

In Folge dieser Kompetenzänderung wurde § 1339 ABGB ebenfalls mit Wirksamkeit vom 1. Jänner 1975 aufgehoben.[12] In einer späteren[13] Novelle des VStG entfiel im § 56 auch die Bezugnahme auf § 1339 ABGB. Die EB halten dazu fest:

> „Da die Erklärung einer Verwaltungsübertretung zum Privatanklagedelikt bei historischer Auslegung in die Kompetenz des Bedarfsgesetzgebers fällt, ist die Regelung, welche Delikte Privatanklagedelikte darstellen, weiterhin im VStG 1950 zu treffen. Es entfällt daher lediglich das Zitat der Gesetzesstelle. In inhaltlicher Hinsicht ist davon auszugehen, daß unter ‚Ehrenkränkung' jene Tatbestände zu verstehen sind, die in Nachfolge des § 1339 ABGB von den Ländern, gestützt auf die seit 1975 bestehende Kompetenz erlassen werden, gleichgültig, welche terminologische Bezeichnung die Länder für die inhaltlich diesen Tatbestand darstellenden Delikte wählen."[14]

Wie die Ausführungen unter Punkt II.B. zeigen, sind die Länder nicht vom Begriff der „Ehrenkränkung" abgewichen.

---

10 BGBl 1974/444.

11 ErläutRV 182 BlgNR 13. GP 26.

12 Art I Z 3 iVm Art II BGBl 1974/496.

13 BGBl 1990/358.

14 ErläutRV 1090 BlgNR 17. GP 21 unter Verweis auf *Walter/Mayer*, Grundriß des österreichischen Verwaltungsverfahrensrechts^4 (1987) Rz 904.

2. Kompetenzrechtliche Bedeutung

Die bis hierher dargestellte Entstehungsgeschichte ist von Bedeutung, weil damit das bei der Auslegung von Kompetenztatbeständen wesentliche, als sog „Versteinerungszeitpunkt" bezeichnete Datum fixiert ist. Nach der vom VfGH entwickelten Versteinerungstheorie kommt dem Begriff der Ehrenkränkung demnach jener Inhalt zu, den er am 1. Jänner 1975 hatte. Zu den Ehrenkränkungen zählen daher jene Verletzungen, die nach den damaligen Tatbestandsmerkmalen der §§ 487 bis 499 StG[15] nicht als Delikte gegen die Sicherheit der Ehre verfolgbar waren.[16] Ehrenkränkungen iSd § 56 VStG sind folglich jene Übertretungen, die nicht gerichtlich strafbar sind,[17] wobei nach geltendem Recht eine Abgrenzung zu den in den §§ 111 bis 117 StGB geregelten strafbaren Handlungen gegen die Ehre vorzunehmen ist.

Die bisherigen Ausführungen dürfen nicht darüber hinwegtäuschen, dass mit § 1330 ABGB eine überaus praxisrelevante Schadenersatznorm für Ehrenbeleidigungen (Abs 1) und Kreditschädigungen (Abs 2) besteht. In beiden Fällen sind Unterlassungsklagen möglich, wobei der Unterlassungsanspruch wegen des drohenden, unwiederbringlichen Schadens durch eine einstweilige Verfügung gesichert werden kann.[18] Gem § 1330 Abs 1 ABGB ist zur Ersatzforderung berechtigt, wem durch Ehrenbeleidigung ein wirklicher Schaden oder Entgang des Gewinns verursacht worden ist. Das Recht auf Ehre ist ein Persönlichkeitsrecht iSd § 16 ABGB, das gegen jedermann Schutz genießt und auch juristischen Personen zukommt.[19] Unter Ehre ist der aus der Personenwürde entspringende Anspruch auf achtungsvolle Behandlung durch andere zu verstehen. Als Ehrenbeleidigung ist jedes der Ehre eines anderen nahetretende Verhalten zu qualifizieren, auch wenn es nicht strafrechtlich zu ahnden ist. Für die Beurteilung, ob eine Äußerung ehrenbeleidigend ist, sind allerdings wiederum strafrechtliche Kriterien maßgebend.[20] Zum spannenden Verhältnis zwischen dem Recht auf Ehre und dem unter Gesetzesvorbehalt stehenden Grundrecht auf freie Meinungsäußerung

---

15 Siehe dazu im Detail FN 5.

16 VwSlg 3291 A/1954; VfSlg 3190/1957.

17 Vgl ausführlich *Klaushofer* in *Raschauer/Wessely* (Hrsg), VStG^2 § 56 VStG Rz 2 f.

18 Siehe *Dittrich/Tades* (Hrsg), Das Allgemeine bürgerliche Gesetzbuch^{35} (1999) § 1330 E 114.

19 Ibidem § 1330 E 25 und E 76.

20 Ibidem § 1330 E 67 bis E 71.

gem Art 10 Abs 1 EMRK sei angemerkt, dass der im Art 10 Abs 2 EMRK angeführte „Schutz des guten Rufes oder der Rechte anderer" zu den Rechtsgütern zählt, die einen Eingriff in die Meinungsäußerungsfreiheit rechtfertigen können.

Schließlich fällt auf, dass die allgemeine Sicherheitspolizei (Art 10 Abs 1 Z 7 B-VG),[21] welche im Grunde genommen das kompetenzrechtliche Gegenstück zu der durch die BVG-Novelle 1974 iZm Ehrenkränkungen geschaffenen Länderkompetenz darstellt, wegen der Dominanz zivil- und strafrechtlicher (Bundes)Regelungen im Bereich des Ehrenschutzes von untergeordneter Bedeutung ist[22] und daher kaum Beachtung findet.

B. Ehrenkränkungsrecht der Länder

1. Allgemeines

Ehrenkränkungen, die nicht gerichtlich strafbar sind, unterliegen der Kompetenz der Länder gem Art 15 Abs 1 B-VG, konkret der Materie „örtliche Sicherheitspolizei".[23] Interessant ist, dass nicht alle Länder gesetzliche Bestimmungen zur Ehrenkränkung vorsehen. Während das Burgenland und Kärnten ihre 1975 erlangte Kompetenz bisher nicht aktivierten, wurde in Oberösterreich das „Gesetz über die Verfolgung von Ehrenkränkungen" wieder ersatzlos aufgehoben.[24] Mit Ausnahme von Wien, wo es ein eigenes „Gesetz zum Schutze der persönlichen Ehre und Regelung der Ehren-

[21] Interessanterweise war die allgemeine Sicherheitspolizei in den Anfängen der Ersten Republik Sache der Länder; erst durch die Zweite Bundes-Verfassungsnovelle BGBl 1929/392 erhielt der Bund die Kompetenz zur „Aufrechterhaltung der öffentlichen Ruhe, Ordnung und Sicherheit, ausgenommen die örtliche Sicherheitspolizei"; vgl dazu *Hauer/Keplinger*, Sicherheitspolizeigesetz[4] (2011) 37.

[22] Siehe dazu bereits FN 11.

[23] Umfassend und anschaulich zum Begriff „Polizei" *Keplinger/Pühringer*, Sicherheitspolizeigesetz[17] (2018) 18 ff.

[24] Siehe dazu detaillierter unter Punkt II.B.3.

kränkung“[25] gibt, haben die Länder die Ehrenkränkung in den jeweiligen Polizei- bzw Sicherheitsgesetzen geregelt.[26]

2. Inhalt

a. Tatbestände

Die jeweils unter dem Titel „Ehrenkränkung“ beschriebenen Verwaltungsstraftatbestände sind eng an die gerichtlichen Straftatbestände der „Üblen Nachrede“ (§ 111 StGB), des „Vorwurfs einer schon abgetanen gerichtlich strafbaren Handlung“ (§ 113 StGB) und der „Beleidigung“ (§ 115 StGB) angelehnt.[27] Das wesentliche Unterscheidungsmerkmal liegt in der „Außenwirksamkeit“ der Ehrverletzung. Während die „Üble Nachrede“ und der „Vorwurf einer schon abgetanen gerichtlich strafbaren Handlung“ für ihre Tatbestandsmäßigkeit „in einer für einen Dritten wahrnehmbaren Weise“, die „Beleidigung“ „öffentlich“ oder „vor mehreren Leuten“[28] zu geschehen haben, sehen die landesgesetzlichen Bestimmungen keine derartigen Tatbestandsmerkmale vor bzw verneinen sie ausdrücklich.[29] Zur Abgrenzung des verwaltungsstrafrechtlichen Tatbestands der Ehrenkränkung vom gerichtlichen Straftatbestand der Beleidigung führt das LVwG NÖ aus, dass die Wahrnehmbarkeit durch vom Angreifer und Angegriffenen verschiedene Personen ausreiche;

---

25 LGBl 1987/35; im Wortprotokoll zur 41. Sitzung des Wr LT vom 24. Juni 1987 wird dazu auf S 61 ausgeführt, dass Wien seit dem 1. Jänner 1975, seit 12 Jahren, säumig geworden ist.

26 §§ 3 bis 5 NÖ Polizeistrafgesetz LGBl 4000-7; § 31 Salzburger Landessicherheitsgesetz LGBl 2009/57; § 3 Steiermärkisches Landes-Sicherheitsgesetz LGBl 2005/24; §§ 20 bis 22 Tir Landes-Polizeigesetz LGBl 1976/60; § 12 Vlbg Sittenpolizeigesetz LGBl 1976/6.

27 Der Ausschussbericht betreffend das Oö Gesetz über die Verfolgung von Ehrenkränkungen spricht von einer möglichst wörtlichen Übernahme unter Weglassung der Tatbestandselemente der öffentlichen Begehungsform, AB 118/1975 BlgOöLT 21. GP 1.

28 Eine Handlung wird gem § 115 Abs 2 StGB vor mehreren Leuten begangen, wenn sie in Gegenwart von mehr als zwei von der Täterin bzw vom Täter und von der bzw dem Angegriffenen verschiedenen Personen begangen wird (dh vor mindestens drei anderen Personen) und diese sie wahrnehmen können.

29 *Peyerl*, Örtliches Sicherheits- und Sittlichkeitspolizeirecht, in *Poier/Wieser* (Hrsg), Steiermärkisches Landesrecht III (2010) 21, bezeichnet § 3 Abs 1 Steiermärkisches Landes-Sicherheitsgesetz als Auffangtatbestand.

tatsächliche Wahrnehmung wird nicht verlangt. Es könne jedoch nicht ausreichend sein, wenn zwar die Tatsache einer verbalen Auseinandersetzung wahrnehmbar war, aber nicht der konkrete Gesprächsinhalt.[30]

Die landesgesetzlich geregelte Ehrenkränkung verhält sich gegenüber den gerichtlichen Straftatbeständen subsidiär.[31]

Nach den inhaltsgleichen Länderregelungen begeht eine Ehrenkränkung, wer vorsätzlich[32]

- einen anderen einer verächtlichen Eigenschaft oder Gesinnung zeiht oder eines unehrenhaften Verhaltens oder eines gegen die guten Sitten verstoßenden Verhaltens beschuldigt, das geeignet wäre, ihn in der öffentlichen Meinung verächtlich zu machen oder herabzusetzen;
- einem anderen eine in die Zuständigkeit der ordentlichen Gerichte fallende strafbare Handlung vorwirft, für die die Strafe schon vollzogen oder, wenn auch nur bedingt, nachgesehen oder nachgelassen oder für die der Ausspruch der Strafe vorläufig aufgeschoben worden ist;
- einen anderen beschimpft, verspottet, am Körper misshandelt oder mit einer körperlichen Misshandlung bedroht.

„Ob der Gebrauch eines bestimmten Wortes geeignet ist, eine andere Person in ihrer Ehre zu kränken, ist zweifelsohne nach den allgemeinen Begleitumständen zu beurteilen, unter welchen der Wortgebrauch geschieht, sowohl was den Inhalt, als auch die Art und Weise solcher getätigten Äußerungen anlangt."[33]

---

[30] LVwG-GD-14-0020 vom 17.05.2015 (zu § 3 NÖ Polizeistrafgesetz).

[31] Vgl dazu *C. Fuchs*, Örtliche Sicherheitspolizei und Sittlichkeitspolizei, in *Pürgy* (Hrsg), Das Recht der Länder II/1 (2012) Rz 34; *Klaushofer* in *Raschauer/Wessely* § 56 VStG Rz 4; eine ausdrückliche Subsidiaritätsklausel enthält § 2 Abs 2 Wr Gesetz zum Schutze der persönlichen Ehre und Regelung der Ehrenkränkung.

[32] Da gem § 5 Abs 1 VStG zur Strafbarkeit fahrlässiges Verhalten genügt, wenn eine Verwaltungsvorschrift über das Verschulden nichts anderes bestimmt, muss ausdrücklich normiert werden, dass Ehrenkränkungen nur vorsätzlich begangen werden können. Ausführlich dazu AB 118/1975 BlgOöLT 21. GP 1; § 3 NÖ Polizeistrafgesetz und § 12 Vlbg Sittenpolizeigesetz normieren keinen Vorsatz.

[33] So zutreffend LVwG Tirol 20.12.2018, LVwG-2018/21/1602-1, bei der Beurteilung von Ehrenkränkungen nach § 20 Tir Landes-Polizeigesetz und unter Hinweis auf VwGH 06.03.2008, Zl 2004/09/0154; 19.10.2005, Zl 2003/09/0074.

b. Verwaltungsstrafen

Alle Ländergesetze verweisen darauf, dass Ehrenkränkungen Privatanklagesachen gem § 56 VStG sind. Da zum Zeitpunkt der Erlassung der landesgesetzlichen Ehrenkränkungsregelungen § 56 Abs 1 VStG immer noch den nicht mehr geltenden § 1339 ABGB anführte,[34] wollte die Landesgesetzgebung klarstellen, dass § 56 VStG für das landesgesetzlich vorgesehene Strafverfahren iZm Ehrenkränkungen gilt.[35] Das bedeutet, dass die Verwaltungsübertretung der Ehrenkränkung nur zu verfolgen und zu bestrafen ist, wenn die bzw der Verletzte binnen sechs Wochen von dem Zeitpunkt an, in dem sie bzw er von der Verwaltungsübertretung und der Person der Täterin bzw des Täters Kenntnis erlangt hat, bei der zuständigen Behörde einen Strafantrag stellt.[36] Auch hier besteht eine Parallele zu den im Strafgesetzbuch geregelten strafbaren Handlungen gegen die Ehre, welche grds nur auf Verlangen der bzw des in seiner Ehre Verletzten zu verfolgen sind.[37]

Die Antragstellerin bzw der Antragsteller hat den Strafantrag schriftlich[38] einzubringen und im Einzelnen darzulegen, welchen Sachverhalt er als ehrenkränkend ansieht. Zudem ist die Privatanklägerin bzw der Privatankläger Partei iSd AVG und kann jederzeit von der Verfolgung zurücktreten. Gegen die von der Behörde bei Vorliegen bestimmter Voraussetzungen[39] vorgenommene Einstellung kann die Privatanklägerin bzw der Privatankläger Beschwerde beim Verwaltungsgericht erheben. Die Verfahrenskosten hat jede Partei selbst zu bestreiten;[40] § 5 NÖ Polizeistrafgesetz sieht eine abweichende Regelung zum Kostenersatz bei Ehrenkränkungen vor.

---

34 Siehe dazu FN 13.

35 Vgl die EB zu § 5 des Oö Gesetzes über die Verfolgung von Ehrenkränkungen, AB 118/1975 BlgOöLT 21. GP 2.

36 Zu rechtzeitig und nicht rechtzeitig gestellten Strafanträgen iZm Ehrenkränkungen nach § 20 Tir Landes-Polizeigesetz siehe LVwG Tirol 20.12.2018, LVwG-2018/21/1602-1.

37 Vgl § 117 StGB.

38 § 24 VStG iVm § 13 Abs 1 AVG.

39 Siehe dazu § 56 Abs 2 VStG.

40 § 24 VStG iVm § 74 AVG; *Ambrosi* bezeichnet die Kostenersatzregelung im Ehrenkränkungsverfahren als nicht sehr glücklich und spricht von einer „finanziellen Strafsanktion" selbst bei Obsiegen, ÖJZ 1954, 383 (385).

Während in Vorarlberg, Wien, Tirol und Niederösterreich die gesetzlich vorgesehenen Maximalstrafen für Ehrenkränkungen zwischen 200 und 220 Euro liegen, werden diese Verwaltungsübertretungen in Salzburg mit einer Geldstrafe bis zu 500 Euro, in der Steiermark sogar bis zu 2.000 Euro geahndet. Schließlich sehen die Ländergesetze entweder die sinngemäße Geltung der strafrechtlichen Bestimmungen über den Wahrheitsbeweis und den Beweis des guten Glaubens, über die Straflosigkeit wegen Ausübung eines Rechtes oder Nötigung durch besondere Umstände sowie über die entschuldbare Entrüstung vor,[41] oder formulieren eigene Bestimmungen zur Straflosigkeit von Ehrenkränkungen.

§ 13 Vlbg Sittenpolizeigesetz ("Sühneversuch") zufolge sind bei gerichtlich strafbaren Handlungen gegen die Ehre und bei verwaltungsstrafrechtlich relevanten Ehrenkränkungen die Bestimmungen über die Vornahme von Sühneversuchen im Gesetz über die Gemeindevermittlungsämter anzuwenden.[42] Das aus dem Jahr 1909 stammende Vlbg Gesetz über die Gemeindevermittlungsämter,[43] welchem das Bundesgesetz für Gemeindevermittlungsämter[44] zugrunde liegt, sieht in zahlreichen Gemeinden – aus „Vertrauensmännern" der Gemeinde gebildete – Vermittlungsämter zum Vergleichsversuch zwischen streitenden Parteien vor. Die vor den Gemeindevermittlungsämtern nach umfangreichen gesetzlichen Vorgaben „abgeschlossenen Vergleiche haben die Kraft gerichtlicher Vergleiche"[45]. Die gesetzlichen Bestimmungen sehen eine Sühneverhandlung, verschiedene Sühnemöglichkeiten und die Führung eines besonderen Amtsbuches über die Sühneversuche vor.[46]

---

41 Vgl in diesem Zusammenhang die §§ 112, 114 und 115 Abs 3 StGB.

42 Während in Wien 2017 das Gesetz über die Gemeindevermittlungsämter gleichzeitig mit der im § 4 des Gesetzes zum Schutz der persönlichen Ehre und zur Regelung der Ehrenkränkung enthaltenen Bestimmung zum Sühneversuch aufgehoben wurde, LGBl 2017/24, wurde im Vlbg Rechtsbereinigungsgesetz 2017 das Gesetz über die Gemeindevermittlungsämter ausdrücklich von der Aufhebung ausgenommen, LGBl 2017/78.

43 LGBl 1909/158.

44 RGBl 1907/59.

45 § 24 Vlbg Gesetz über die Gemeindevermittlungsämter; zum Begriff "Gemeindevermittlungsämter" vgl auch *Rami* in *Höpfel/Ratz*, WK^2 StGB Vor §§ 111–117 Rz 17 (Stand 30.08.2019, rdb.at), der diesen Einrichtungen eine „gewisse praktische Bedeutung" zuspricht.

46 Siehe dazu Art II Bundesgesetz für Gemeindevermittlungsämter sowie die §§ 26 bis 32 Vlbg Gesetz über Gemeindevermittlungsämter.

Der im Art 12 Abs 1 Z 2 B-VG enthaltene Kompetenztatbestand „öffentliche Einrichtungen zur außergerichtlichen Vermittlung von Streitigkeiten“, der die Grundlage für die Gemeindevermittlungsämter bildet, wird durch das der Entflechtung der Kompetenzverteilung dienende BGBl I 2019/14 mit Wirksamkeit ab 1. Jänner 2020 folgendermaßen geändert: die „außergerichtliche Vermittlung von Streitigkeiten in den Angelegenheiten des Zivilrechtswesens und des Strafrechtswesens“ wird in die Kompetenz des Bundes gem Art 10 Abs 1 Z 6 B-VG überstellt; die Organisation der Gemeindevermittlungsämter soll hingegen als Angelegenheit des Gemeinderechts iSd Art 115 Abs 2 B-VG in Gesetzgebung Landesache sein; Art 118 Abs 3 Z 10 B-VG wird entsprechend angepasst.[47]

3. Rechtslage in Oberösterreich

In Oberösterreich sollte die „zeitliche Lücke in der Strafbarkeit von Ehrenkränkungen“, welche durch die bundesverfassungsgesetzliche Kompetenzverschiebung und die gleichzeitige Aufhebung von § 1339 ABGB ab 1. Jänner 1975 entstand, gesetzlich „so rasch als möglich geschlossen werden.“[48] In der Tat trat das gewünschte „Gesetz über die Verfolgung von Ehrenkränkungen“[49] bereits am 1. Jänner 1976 in Kraft; durch das Oö Rechtsbereinigungsgesetz 1999 wurde es jedoch ersatzlos aufgehoben.[50] Im Bericht des Rechtsbereinigungsausschusses[51] wird die Aufhebung wie folgt begründet:

- „Die Häufigkeit der Strafanträge und damit auch der durchgeführten Verfahren nach dem Gesetz über die Verfolgung von Ehrenkränkungen ist gering.
- Das Delikt der Ehrenkränkung wird regelmäßig nur dazu verwendet, persönliche Zwistigkeiten über den kostengünstigen Weg eines Verwaltungsstrafverfahrens auszutragen, anstatt den Weg einer zivilrechtlichen Klage zu beschreiten. Für solche Zwecke soll der Staat seinen hoheitlichen Strafanspruch nicht zur Verfügung stellen.

---

47 ErläutRV 301 BlgNR 26. GP 3.

48 ErläutAB 118/1975 BlgOöLT 21. GP 1.

49 LGBl 1975/76.

50 Vgl § 1 Z 4 Oö Rechtsbereinigungsgesetz 1999 LGBl 2000/17, welches am 19. Februar 2000 in Kraft trat.

51 AB 681/1999 BlgOöLT 25. GP 2 f.

- Die zuständigen Behörden sind bei der Strafverfolgung wegen der erforderlichen Nicht-Öffentlichkeit der Tatbegehung regelmäßig mit einem Beweisnotstand konfrontiert.
- Ein Rechtsschutzdefizit des Gekränkten als Folge des Wegfalls der verwaltungsstrafrechtlichen Strafbarkeit nach dem Gesetz über die Verfolgung von Ehrenkränkungen ist nicht zu befürchten. Besteht echter Handlungsbedarf, hat das Opfer regelmäßig die Möglichkeit, mit zivilrechtlichen Mitteln gegen den Angreifer vorzugehen."

Zudem wird am Beispiel jener Länder, die bereits auf die Strafbarkeit der Ehrenkränkung verzichtet haben, aufgezeigt, dass in der Praxis problemlos auch ohne diesen Tatbestand das Auslangen gefunden werden kann.[52]

Anderer Ansicht war vermutlich der Berufungswerber in folgendem Fall: Da es in Oberösterreich seit 19. Februar 2000 keine verwaltungsrechtliche Strafbarkeit von Ehrenkränkungen mehr gibt,[53] hätte die belangte Behörde (Bürgermeister der Stadt Steyr) im Jahr 2002 aufgrund der Privatanklage gem § 56 VStG weder ein Verwaltungsstrafverfahren einleiten noch einstellen dürfen. Der UVS OÖ hob den Einstellungsbescheid mangels sachlicher Zuständigkeit auf und wies die Berufung als unzulässig zurück, „weil der Bw in Oberösterreich keine Legitimation mehr hat, ein Verwaltungsstrafverfahren wegen Ehrenkränkungen zu betreiben."[54]

---

52 Neben dem Burgenland und Kärnten wird irrtümlich auch Wien angeführt, welches jedoch seit dem LGBl 1987/35 entsprechende Regelungen vorsieht; siehe dazu auch FN 24.

53 Siehe dazu bereits FN 50.

54 VwSen-300521 vom 05.08.2003 Punkt 4.2.

III. Der Verwaltungsstrafrechtstatbestand des Art III Abs 1 Z 3 EGVG

A. Wortlaut und Hintergründe

Seit der durch das Sicherheitsbehörden-Neustrukturierungs-Gesetz[55] erfolgten Änderung lautet Art III Abs 1 Z 3 EGVG im hier interessierenden Tatbestand mit Wirksamkeit vom 1. September 2012[56] wie folgt:

> „Wer [...] einen anderen aus dem Grund der Rasse, der Hautfarbe, der nationalen oder ethnischen Herkunft, des religiösen Bekenntnisses oder einer Behinderung diskriminiert [...] begeht, [in den Fällen der Z 3 ...] dann, wenn die Tat nicht nach anderen Verwaltungsstrafbestimmungen mit strengerer Strafe bedroht ist, eine Verwaltungsübertretung und ist von der Bezirksverwaltungsbehörde, [...] [im Fall der Z 3] mit einer Geldstrafe von bis zu 1 090 Euro [...] zu bestrafen.“

Art III Abs 2 EGVG lautet ergänzend: „(2) Die Organe der Bundespolizei haben bei der Vollziehung des Abs. 1 als Hilfsorgane der zuständigen Bezirksverwaltungsbehörde einzuschreiten.“

Die Volksanwaltschaft hat in der Vollziehung des verwaltungsstrafrechtlichen Diskriminierungsverbotes Missstände in der Verwaltung gem Art 148a B-VG festgestellt; Verwaltungsstrafverfahren werden selten eingeleitet und noch seltener bestraft. Die EB halten dazu fest:

> „Die geltende Fassung des Art. III Abs. 1 Z 3 EGVG stellt nicht jedes vorsätzliche Handeln unter Strafe, sondern nur Benachteiligungen ‚allein auf Grund ihrer Rasse, ihrer Hautfarbe, ihrer nationalen oder ethnischen Herkunft, ihres religiösen Bekenntnisses oder einer Behinderung‘ […]. Bei realistischer Betrachtung kann der Beweis, dass jemand ‚allein auf Grund‘ seiner Rasse usw. benachteiligt wurde, von der Verwaltungsstrafbehörde allerdings kaum erbracht werden: Denn erstens müssen sich die ‚wahren‘ Motive des Beschuldigten nicht notwendigerweise in dessen Verhalten manifestieren (eine Verweigerung des Zutritts oder der Inanspruchnahme von Dienstleistungen kann völlig unterschiedliche Motive haben). Zweitens bleibt der Beschuldigte bereits

[55] BGBl I 2012/50 Art 26 Z 5.

[56] Art V Abs 4 EGVG.

> dann straflos, wenn nicht ausgeschlossen werden kann, dass sein Verhalten (zumindest auch) andere als die in Art. III Abs. 1 Z 3 genannten Motive hatte. Solche (zusätzlichen) Motive lassen sich dem eigenen Verhalten jedoch unschwer im Nachhinein in Form von Schutzbehauptungen unterstellen."[57]

Art III Abs 1 Z 3 EGVG ist zudem nur dann verwirklicht, wenn die Benachteiligung „ungerechtfertigt" iSv Art 1 Abs 2 des Internationalen Übereinkommens über die Beseitigung aller Formen rassischer Diskriminierung ist, wonach „Inländer und Ausländer durchaus unterschiedlich behandelt werden können". Im Gesetzestext hat die beabsichtigte Beschränkung auf die Zulässigkeit einer Anknüpfung an die Staatsangehörigkeit des Betroffenen allerdings keinen Niederschlag gefunden, wodurch auch andere Benachteiligungen „gerechtfertigt" sein können, was der Verwaltungsstrafbehörde einen weiten Beurteilungsspielraum einräumt.

> „Es wird daher eine – strafbarkeitsausdehnende – Neufassung des gesetzlichen Straftatbestandes des Art. III Abs. 1 Z 3 EGVG vorgeschlagen, die diese Bestimmung in Wortlaut und Inhalt an das Übereinkommen angleichen soll: Das Tatbestandsmerkmal des ‚alleinigen Grundes' soll entfallen und das Tatbestandsmerkmal der ‚ungerechtfertigten Benachteiligung' soll durch das Tatbestandsmerkmal der ‚Diskriminierung' ersetzt werden."[58]

B. Bedeutung und Anwendbarkeit

Im vorliegenden Zusammenhang soll versucht werden, die Bedeutung und Anwendbarkeit von Art III Abs 1 Z 3 EGVG im Hinblick auf verpönte mündliche (einschließlich telefonische und sonst elektronisch übertragene Web-, Sprach- und Kommunikationsdienste, Radio, Fernsehen etc) Äußerungen sowie schriftliche Äußerungen an bestimmten Orten (etwa auch durch Sprayerinnen bzw Sprayer oder Graffiti), in Druckwerken und in den darüber hinaus möglichen verschiedenen Kommunikationsformen auf technischer Basis von Internet- und vergleichbaren Technologien darzustellen.

---

[57] ErläutRV 1726 BlgNR 24. GP 9.
[58] ErläutRV 1726 BlgNR 24. GP 9.

1. Allgemeines

Der genannte Verwaltungsstraftatbestand führt innerhalb der Grenzen seines Anwendungsbereichs insofern zu einer Drittwirkung des Gleichheitssatzes, als Diskriminierungen aus einem der angeführten Gründe eine Verwaltungsübertretung darstellen.[59] Ein Blick auf die vergleichbare deutsche Verfassungsrechtslage zeigt, dass die in Art 3 Abs 1 Satz 1 GG verankerte Gleichheitsgarantie keine unmittelbare Drittwirkung entfaltet. So hat das Bundesverfassungsgericht jüngst eine Verfassungsbeschwerde nicht zur Entscheidung angenommen,[60] da – wie auch der Bundesgerichtshof zutreffend feststellte – Art 3 Abs 3 Satz 1 GG, der ua auch gegen Ungleichbehandlungen wegen der politischen Anschauungen schützt, im Rechtsverkehr zwischen Privaten jedenfalls nicht unmittelbar anwendbar ist.[61]

Täterinnen bzw Täter („wer“) können im Rahmen der allgemeinen Strafbarkeitsvoraussetzungen natürliche Personen sowie unter den Voraussetzungen des § 9 VStG auch juristische Personen oder eingetragene Personengesellschaften sein. So könnte auch ein Verein (zB in seiner Vereinszeitung, bei seinem Internetauftritt) eine Diskriminierung begehen, für die dann das zur Vertretung nach außen berufene Organ verantwortlich gemacht werden kann.

IZm Art III Abs 1 Z 3 EGVG kommen auch die Tatbeteiligungsformen Anstiftung und Beihilfe (§ 7 VStG) in Frage.[62] Ob der mit der VStG-Novelle 2018 BGBl I 2018/57 neu eingeführte Grundsatz der Beratung iSd § 33a VStG Anwendung findet, ist zumindest zweifelhaft. Zum einen kämen ohnedies bloß Dauerdelikte in Frage[63] und zum anderen scheint fraglich, ob die Voraussetzungen der geringen Bedeutung des strafrechtlich geschützten Rechtsgutes und der geringen Intensität seiner Beeinträchtigung durch die Tat angesichts der durch Art III Abs 1 Z 3 EGVG geschützten Rechtsgüter erfüllt werden können. Andernfalls wäre ein Ausschluss der Anwendbarkeit des

---

59 Siehe *Hengstschläger/Leeb*, Verwaltungsverfahrensrecht[6] (2018) 54.

60 Interessant BVerfG 27.08.2019, 1 BvR 879/12, wonach auch Art 3 Abs 1 GG kein objektives Verfassungsprinzip zur gleichheitsgerechten Gestaltung privater Rechtsbeziehungen enthält.

61 Ibidem Rz 11.

62 Zu den allgemeinen Voraussetzungen vgl *Lewisch* in *Lewisch/Fister/Weilguni*, Verwaltungsstrafgesetz 1991 (VStG)[2] (2017) § 7 VStG; *Wessely* in *Raschauer/Wessely* § 7 VStG.

63 Vgl zB *Muzak*, Die Verwaltungsstrafgesetz-Novelle 2018, ZVG 2018, 370.

§ 33a VStG durch den Bundesgesetzgeber („soweit die Verwaltungsvorschriften nichts anderes bestimmen“) sinnvoll. Der Versuch ist nicht strafbar, weil dessen Strafbarkeit nicht – wie im § 8 Abs 1 VStG gefordert – ausdrücklich vorgesehen ist.[64]

Opfer („einen anderen“) kann jede natürliche und juristische Person oder eingetragene Personengesellschaft sein. Werden mehrere „andere“ diskriminiert, ist jede Tat einzeln zu verfolgen und zu bestrafen. Für die Strafbarkeit ist es allerdings nicht nötig, dass tatsächlich eine oder mehrere bestimmte Personen eine Benachteiligung erfahren haben.[65]

Bei Art III Abs 1 Z 3 EGVG handelt es sich um ein sogenanntes Ungehorsamsdelikt, für das nach § 5 Abs 1 VStG zur Strafbarkeit fahrlässiges Verhalten genügt. Die Fahrlässigkeit ist hier ohne weiteres anzunehmen, wenn die Täterin bzw der Täter nicht glaubhaft macht, dass sie bzw ihn an der Verletzung der Verwaltungsvorschrift kein Verschulden trifft.

Grds handelt es sich bei Art III Abs 1 Z 3 EGVG um ein Begehungsdelikt; eine Begehung durch Unterlassung (die bei bestimmten Formen der Tat, die zu einer Bestrafung nach Art III Abs 1 Z 3 EGVG führen kann, nicht undenkbar ist, etwa die Nichtaufnahme in einen Verein oder die Vorenthaltung einer Leistung durch diesen) scheint im Fall der Diskriminierung durch Äußerungen faktisch nicht denkbar.

Dem Grundsatz der Amtswegigkeit der Strafverfolgung (§ 25 Abs 1 VStG)[66] entsprechend, haben die Behörden ein Verwaltungsstrafverfahren einzuleiten, wenn die gesetzlichen Voraussetzungen des Art III Abs 1 Z 3 EGVG erfüllt sind.[67]

Es gelten die allgemeinen VStG-Verjährungsbestimmungen, so beträgt etwa die Verfolgungsverjährungsfrist nach § 31 Abs 1 VStG ein Jahr, beginnend mit dem Zeitpunkt, an dem die strafbare Tätigkeit abgeschlossen ist (etwa die

---

64 Vgl demgegenüber Art III Abs 1 letzter Satz zu Z 4 EGVG.

65 Siehe dazu VwGH 24.04.2018, Ro 2017/03/0016 und die Anmerkung von *Greif*, Rassistische Diskriminierung ohne Opfer, ÖJZ 2018, 1029 (1031).

66 § 25 Abs 1 VStG sieht nur iZm Privatanklagesachen gem § 56 VStG eine Ausnahme vor.

67 Vgl dazu und zu weiteren (verfahrensrechtlichen) Anwendungen von Art III Abs 1 Z 3 EGVG *Panthène*, Diskriminierungsverbot im Verwaltungsstrafrecht, ÖJZ 2009, 1049 (1051).

Aussage getroffen wurde) oder das strafbare Verhalten aufgehört hat (die Äußerung von der Internetseite gelöscht wurde). IZm § 9 VStG ist auch auf § 32 Abs 3 VStG hinzuweisen, der eine leichtere Verfolgung in diesem Bereich sicherstellt.

Als Sanktion sieht Art III Abs 1 Z 3 EGVG eine Geldstrafe bis zu 1.090 Euro vor; die Übertretung kann auch zum Entzug der Gewerbeberechtigung führen.[68] Mit dieser Strafdrohung ist einerseits die Grenze zur Übersetzungsverpflichtung nach § 46 Abs 1a VStG (7.500 Euro/keine Freiheitsstrafe) nicht überschritten, andererseits die Revisionsgrenze des § 25a Abs 4 VwGG (750 Euro/keine Freiheitsstrafe) überschritten. Eine Primärfreiheitsstrafe ist ebenso wenig vorgesehen, wie ein Verfall von Gegenständen.

2. Zuständigkeiten

Die sachliche Zuständigkeit der Bezirksverwaltungsbehörden zur Verfolgung und Bestrafung ergibt sich unmittelbar aus Art III Abs 1 Z 3 EGVG. Die örtliche Zuständigkeit richtet sich nach den allgemeinen Bestimmungen der §§ 27 bis 29a VStG. Zu beachten ist, dass im Rahmen der verschiedenen denkbaren Tat(begehungs)formen die Bestimmung des für die örtliche Zuständigkeit in erster Linie bestimmenden Tatorts schwierig sein kann.

Bei den hier relevanten mündlichen und schriftlichen Äußerungen können sich verschiedene Auslandsbezüge ergeben. Relativ einfach bestimmbar ist der Tatort bei Äußerungen durch Sprayerinnen bzw Sprayer oder Graffiti durch den Ort der Äußerung selbst. Äußerungen, die in postbeförderten Briefen erfolgen, sind nach hA Distanzdelikte, für die als Tatort jener Ort anzusehen ist, an dem der Brief (laut Poststempel) zur Post gegeben wurde.[69] Bei schriftlichen Äußerungen in Druckwerken ist der Tatort jener Ort, von dem aus die Verbreitung ihren Ausgang nimmt.[70] Nach der Rsp des VwGH kommt es in vergleichbaren Konstellationen darauf an, welche konkreten tatbildlichen Handlungen die bzw der Beschuldigte wo gesetzt hat, um etwa das

---

[68] Siehe *Greif/Ulrich*, Legal Gender Studies und Antidiskriminierungsrecht^2 (2019) Rz 396.

[69] Vgl *Fister* in *Lewisch/Fister/Weilguni* § 56 Rz 7 mwN.

[70] VwGH 29.06.1987, 86/10/0064; 27.03.1991, 90/10/0189.

Internetinserat oder das Posting erscheinen zu lassen, wo also die „Initialhandlung“, dh jene Handlung der bzw des Beschuldigten, die der Freischaltung des Textes voranging, erfolgte.[71] Äußerungen in E-Mails, per SMS oder über andere mobile Dienste werden an dem Ort den Tatort begründen, ab dem die Verfasserin bzw der Verfasser die Nachricht versendet, also idR den „Sendeknopf“ aktiviert.[72] In vielen Fällen (etwa bei Äußerungen via mobile Dienste bzw Endgeräte) wird daher der Tatort im Ergebnis „ungewiss“ bleiben und damit gem § 27 Abs 2 VStG jene Behörde örtlich zuständig sein, die zuerst eine Verfolgungshandlung (§ 32 Abs 2 VStG) vorgenommen hat. Im Übrigen gilt § 28 VStG, wonach die Behörde, die zuerst von einer Verwaltungsübertretung Kenntnis erlangt, zur Verfolgung zuständig ist, solange nicht ein Umstand hervorgekommen ist, der nach § 27 Abs 1 VStG die Zuständigkeit einer anderen Behörde begründet.[73] Ist die Verwaltungsübertretung nicht im Inland begangen worden, so richtet sich die Zuständigkeit nach § 27 Abs 2a VStG in Verwaltungsstrafsachen, die sich auf den Betrieb eines Unternehmens oder die Ausübung einer sonstigen dauernden Tätigkeit beziehen: zunächst nach dem Ort, an dem das Unternehmen betrieben oder die Tätigkeit ausgeübt wird, dann nach dem Hauptwohnsitz der bzw des Beschuldigten, dann nach ihrem bzw seinem Aufenthalt; in sonstigen Verwaltungsstrafsachen: zunächst nach dem Hauptwohnsitz der bzw des Beschuldigten, dann nach ihrem bzw seinem Aufenthalt. Wenn keiner dieser Zuständigkeitsgründe in Betracht kommen kann, ist die Behörde zuständig, die zuerst von der Verwaltungsübertretung Kenntnis erlangt (§ 28 VStG).

3. Subsidiarität

Art III Abs 1 Z 3 EGVG kommt nur subsidiär zur Anwendung; einerseits sofern die Tat nicht nach anderen Verwaltungsstrafbestimmungen mit strengerer Strafe bedroht ist (damit findet das im § 22 Abs 2 VStG grds vorgesehene Kumulationsprinzip keine Anwendung), andererseits sofern die Tat nicht den Tatbestand einer in die Zuständigkeit der Gerichte fallenden strafbaren Handlung bildet (§ 22 Abs 1 VStG). Im Fall des Zusammentreffens verschiedener strafbarer Handlungen gelten die allgemeinen Regeln des VStG, insb etwa § 30 Abs 2 VStG, wonach in dem Fall, in dem eine Tat von den

---

[71] VwGH 15.05.2008, 2006/09/0044.

[72] *Fister* in *Lewisch/Fister/Weilguni* § 56 Rz 7.

[73] Vgl VwGH 05.02.1964, 453/62.

Behörden nur zu ahnden ist, wenn sie nicht den Tatbestand einer in die Zuständigkeit anderer Verwaltungsbehörden oder der Gerichte fallenden strafbaren Handlung bildet, und es zweifelhaft ist, ob diese Voraussetzung erfüllt ist, die Behörde das Strafverfahren auszusetzen hat, bis über diese Frage von der sonst in Betracht kommenden Verwaltungsbehörde oder vom Gericht rechtskräftig entschieden ist.

Zur Frage einer möglichen Sperrwirkung gerichtlicher Verfolgung (Doppelverfolgungsverbot bzw Doppelbestrafungsverbot) – etwa nach § 283 StGB (Verhetzung) – hat der VwGH[74] unter Hinweis auf die Rsp des EGMR zu Art 4 7. ZPEMRK[75] festgestellt:

> „Werden gegen eine Person aus ein- und demselben Vorfall von verschiedenen Behörden in verschiedenen Verfahren mehrere Sanktionen verhängt, die als Strafen im Sinne der EMRK angesehen werden können, so liegt kein Verstoß gegen das Doppelbestrafungsverbot vor, wenn ein ausreichend enger Zusammenhang zwischen den Verfahren gegeben war, und zwar sowohl inhaltlich (‚*in substance*') als auch zeitlich (‚*in time*'). Bei einem solchen engen Zusammenhang kann nämlich nicht davon gesprochen werden, dass der Betroffene nach einer endgültigen Entscheidung wegen derselben Sache nochmals bestraft worden ist. Die Verfahren werden vielmehr als Einheit betrachtet. […]
>
> Fallbezogen ist von einem engen zeitlichen Zusammenhang auszugehen, zumal – nach Ausweis der vorgelegten Verfahrensakten – die Einstellung des Ermittlungsverfahrens durch die Staatsanwaltschaft am 5. Februar 2016 erfolgte, nachdem die Anzeige am 15. Jänner 2016 eingelangt war. Das Verwaltungsstrafverfahren wurde aufgrund einer Anzeige am 25. Jänner 2016 eingeleitet; der Akt der Staatsanwaltschaft wurde im Verfahren beigeschafft und das Straferkenntnis mit Datum vom 18. Juli 2016 erlassen. Die Verfahren verfolgten unterschiedliche Zwecke (den Schutz vor Aufrufen zu Gewalt und Beschimpfung nach § 283 Abs. 1 Z 1 und 2 StGB, den Schutz vor Diskriminierung nach Art. III Abs. 1 Z 3 EGVG), wobei unterschiedliche Aspekte eines Verhaltens beurteilt wurden. Schließlich ist für die betroffene Person vorhersehbar, dass sie wegen öffentlicher Postings, die einerseits den Verdacht der Verhetzung begründen könnten, andererseits aber auch im Hinblick auf ein von ihr betriebenes Lokal ein diskriminierendes Verhalten in Aussicht stellen,

74 VwGH 24.04.2018, Ro 2017/03/0016 Rz 25 bis 28.

75 Vgl auch dazu *Greif*, ÖJZ 2018, 1029 (1031).

einer Verfolgung sowohl nach § 283 StGB als auch nach Art. III Abs. 1 Z 3 EGVG ausgesetzt sein könnte. Nach den vorgelegten Verfahrensakten waren die Verfahren zudem so aufeinander abgestimmt, dass der Akt der Staatsanwaltschaft der Verwaltungsbehörde zur Verfügung stand, die in ihrer Verfahrensführung darauf Bedacht nehmen konnte.

Vor diesem Hintergrund ist nicht zu erkennen, dass einer Bestrafung der mitbeteiligten Partei nach Art. III Abs. 1 Z 3 EGVG eine Sperrwirkung des wegen § 283 StGB geführten, nach § 190 Z 1 StPO eingestellten Ermittlungsverfahrens entgegenstünde."

4. Begriffsverständnis

Nach Ansicht des VwGH ist davon auszugehen, dass der Gesetzgeber der EGVG-Novelle BGBl I 2012/50 der Verwendung des Wortes „diskriminiert", welches weder im Gesetz noch in den Materialien definiert wird, das Begriffsverständnis des Gleichbehandlungsrechts zugrunde gelegt hat:

> „Für dieses Verständnis spricht auch, dass zum Zeitpunkt der Novelle BGBl I 2012/50 bereits auf einen gefestigten Diskriminierungsbegriff im österreichischen (und europäischen) Gleichbehandlungsrecht – das eine vergleichbare Schutzrichtung verfolgt – zurückgegriffen werden konnte, der sowohl die unmittelbare als auch die mittelbare Diskriminierung umfasst [...]. Eine Diskriminierung im Sinne des Art. III Abs 1 Z 3 EGVG liegt sowohl bei einer unmittelbaren (direkten) Diskriminierung vor – wenn eine Person aus den in dieser Bestimmung genannten Gründen in einer vergleichbaren Situation eine weniger günstige Behandlung erfährt, erfahren hat oder erfahren würde als eine andere Person – als auch bei einer mittelbaren (indirekten) Diskriminierung, wenn also dem Anschein nach neutrale Vorschriften, Kriterien oder Verfahren Personen, die einer der in dieser Bestimmung genannten Gruppe angehören, in besonderer Weise benachteiligen können, es sei denn, die betreffenden Vorschriften, Kriterien oder Verfahren sind durch ein rechtmäßiges Ziel sachlich gerechtfertigt und die Mittel sind zur Erreichung dieses Zieles angemessen und erforderlich."[76]

[76] VwGH 24.04.2018, Ro 2017/03/0016 Rz 21 f.

5. Diskriminierungsgründe

a. Theorie

Zu beachten ist zunächst, dass Art III Abs 1 Z 3 EGVG nur bestimmte, dort genannte Teiltatbestände („aus dem Grund") abdeckt. Die einzelnen Diskriminierungsgründe verstehen sich alternativ; für die Bestrafung nach Art III Abs 1 Z 3 EGVG genügt eines der mit „Rasse", „Hautfarbe", „nationalen oder ethnischen Herkunft", „religiöses Bekenntnis" und „Behinderung" abschließend umschriebenen Tatbilder. Die Annahme einer planwidrigen Lücke für die von Art III Abs 1 Z 3 EGVG nicht erfasste Diskriminierung aufgrund nicht genannter Merkmale, etwa das Geschlecht, scheint nicht zulässig.

Einzelne der enthaltenen Tatbestände werden mittlerweile bzw zusätzlich auch durch andere Antidiskriminierungsregelungen abgedeckt, die zT allerdings nur eingeschränkte Anwendungs- bzw Geltungsbereiche haben. Zur Auslegung der einzelnen Begriffe sind überdies auch weitere Rechtsvorschriften heranzuziehen, insb EU-Richtlinien oder Staatsverträge.[77]

So sehen bspw folgende Rechtsvorschriften die im Art III Abs 1 Z 3 EGVG verwendeten bzw weitere Diskriminierungsgründe vor:

- RL 2000/43:[78] Rasse und ethnische Herkunft
- RL 2000/78:[79] Religion, Weltanschauung, Behinderung, Alter und sexuelle Ausrichtung
- Bundes-Gleichbehandlungsgesetz:[80] ethnische Zugehörigkeit, Religion, Weltanschauung, Alter, sexuelle Orientierung, Geschlecht, Familienstand, Kinder
- Bundes-Behindertengleichstellungsgesetz:[81] Behinderung

---

[77] Siehe dazu grundlegend *Greif/Ulrich*, Legal Gender Studies und Antidiskriminierungsrecht[2] (2019) Rz 359 ff.

[78] RL 2000/43/EG zur Anwendung des Gleichbehandlungsgrundsatzes ohne Unterschied der Rasse oder der ethnischen Herkunft, ABl L 2000/180, 22.

[79] RL 2000/78/EG zur Festlegung eines allgemeinen Rahmens für die Verwirklichung der Gleichbehandlung in Beschäftigung und Beruf, ABl L 2000/303, 16.

[80] BGBl 1993/100.

[81] BGBl I 2005/82.

- Oö Antidiskriminierungsgesetz:[82] ethnische Zugehörigkeit, Religion, Weltanschauung, Behinderung, Alter, sexuelle Orientierung und Geschlecht

Insb die angeführten Richtlinien und die dazu ergangene Rsp können zur Auslegung der auch im Art III Abs 1 Z 3 EGVG verwendeten Begriffe herangezogen werden.

Eine genaue Beschreibung der einzelnen Diskriminierungsgründe des Art III Abs 1 Z 3 EGVG kann hier nicht vorgenommen werden, wären dabei doch zu jedem einzelnen Begriff umfassende Beurteilungen des zT überaus umfangreichen Schrifttums nötig. Eine erste Orientierung zum jeweiligen Begriffsverständnis kann aus den Erwägungsgründen der zuvor genannten Richtlinien gewonnen werden, wo etwa im Erwägungsgrund 6 zur RL 2000/43 darauf hingewiesen wird, dass „die Europäische Union [weist] Theorien, mit denen versucht wird, die Existenz verschiedener menschlicher Rassen zu belegen, zurück[weist]. Die Verwendung des Begriffs ‚Rasse' in dieser Richtlinie impliziert nicht die Akzeptanz solcher Theorien."[83]

Im hier zu betrachtenden Zusammenhang mit diskriminierenden, mündlichen und schriftlichen Äußerungen oder Darstellungen, wird eine Diskriminierung aus „Gründen der Rasse" dann vorliegen, wenn sie einen rassistischen oder fremdenfeindlichen Hintergrund hat; ob dies im Einzelfall zu bejahen ist, bedarf einer eingehenden Beurteilung. Die weiteren im Art III Abs 1 Z 3 EGVG enthaltenen Diskriminierungsgründe scheinen womöglich einfacher anzuwenden zu sein, da deren Konturen klarer sind. So zielt der Begriff der nationalen oder ethnischen Herkunft auf eine bestehende oder behauptete Zugehörigkeit zu einer bestimmten Nation, einem Staat oder einer ethnischen Gruppe, etwa einer Volksgruppe ab. Der Diskriminierungsgrund des religiösen Bekenntnisses bezieht sich auf eine bestehende oder behauptete religiöse Einstellung, dh Mitgliedschaft in einer religiösen Gruppe oder zumindest entsprechende religiöse Gesinnung. Eine in diesem Sinn geschützte religiöse Einstellung ist jedenfalls iZm den anerkannten Religionsgemeinschaften anzunehmen. Der Diskriminierungsgrund der Behinderung scheint relativ bestimmt und wird iSd entsprechenden, weiteren Rechtsgrundlagen aus diesem Bereich auszulegen sein (vgl insb § 3 Bundes-Behindertengleichstellungs-

---

82 LGBl 2005/50.

83 ABl L 2000/180, 22.

gesetz). Er umfasst jedenfalls alle tatsächlichen, bestehenden oder behaupteten Formen physischer und psychischer Funktionsbeeinträchtigungen oder Beeinträchtigungen der Sinnesfunktionen.

Aufgrund der mitunter auftretenden Schwierigkeiten kann es im Einzelfall nötig sein, eine Begriffsklärung bzw zur Zuordnung einer bestimmten vermuteten tatbildlichen Äußerung zu den Begriffen ein (sprachwissenschaftliches oder historisches) Sachverständigengutachten einzuholen. Dies vor allem auch, weil die Begriffe bzw die Zuordnung von Äußerungen zu den einzelnen Diskriminierungsgründen einem Wandel unterliegen. Begriffe und Ausdrücke, die früher durchaus üblich waren, können aktuell verpönt sein und umgekehrt.[84]

Zu beachten ist, dass die Frage der tatbildmäßigen Zuordnung von Äußerungen zu einem der Diskriminierungsbegriffe zunächst eine des objektiven Tatbestands ist. Davon zu unterscheiden ist im Verwaltungsstrafverfahren die subjektive Tatseite iSd Vorwerfbarkeit der Äußerung, wenn bspw Begriffe verwendet werden, deren historische „Belastung" erst aufgrund genauer Recherchen oder Sachverständigengutachten festgestellt werden.

b. Praxis

Wie dies in einem konkreten Fall aufzuarbeiten ist, zeigte der VwGH[85] wie folgt: Zu beurteilen waren zwei Postings einer Lokalbetreiberin auf der öffentlich einsehbaren Facebookseite des Lokals: „Wir sind ab jetzt wieder Asylantenfrei." und „Um dieses Problem zu stoppen, Haben wir wieder einen Eintritt von 2,- EUR eingeführt."

Bei dem Begriff „Asylanten" handelt es sich um „keinen Rechtsbegriff, sondern um eine – auch als abwertend empfundene […] – Bezeichnung für Personen, die Asyl suchen. Die Personengruppe der Asylwerber ist verbunden durch das ihnen gemeinsame charakteristische Merkmal, nicht österreichische

---

84 Vgl dazu *Stefanowitsch*, Sprache und Ungleichheit, APuZ 16.04.2012, http://www.bpb.de/apuz/130411/sprache-und-ungleichheit (16.10.2019).

85 Siehe VwGH 24.04.2018, Ro 2017/03/0016 und dazu die Anmerkungen von *Greif*, ÖJZ 2018, 1029; *Primosch*, Diskriminierung durch Postings auf öffentlicher Social-Media-Seite eines Lokals, ecolex 2018, 770.

Staatsangehörige zu sein, mögen sie auch unterschiedlichen Staaten angehören und sich von anderen Ausländern, die nicht Asylwerber sind, unterscheiden. Eine Diskriminierung aufgrund der nationalen Herkunft verlangt nicht zwingend, dass die diskriminierte Personengruppe durch das Vorhandensein oder Fehlen einer bestimmten nationalen Herkunft bereits abschließend definiert ist, sodass auch eine Einschränkung auf einen ausreichend bestimmten Teil einer nach der nationalen Herkunft abgegrenzten Gruppe (hier: Asylwerber) dann nichts daran ändert, dass eine Diskriminierung aufgrund der (Nicht-)Zugehörigkeit zu einer Nation vorliegen kann, wenn die (fehlende) Zugehörigkeit ein wesentliches Element der Zielrichtung der Tathandlung darstellt […].“ Es bestehen daher „keine Bedenken dagegen, Diskriminierungen von Asylwerbern unter den Tatbestand des Art. III Abs. 1 Z 3 EGVG (als Diskriminierung aufgrund nationaler Herkunft) zu subsumieren.“[86]

Nach Ansicht des VwGH können die zuvor angeführten Postings der Lokalbetreiberin „nicht anders verstanden werden, als dass die solcherart umschriebenen Personen dort nicht erwünscht sind und gegebenenfalls damit rechnen müssten, nicht eingelassen zu werden (vgl. zu historischen Beispielen etwa Bajohr, „Unser Hotel ist judenfrei“, Bäder-Antisemitismus im 19. und 20. Jahrhundert […]); dies umso mehr, wenn zusätzlich der Umstand, dass das Lokal – zwischenzeitlich – nicht „frei“ von solcherart umschriebenen Personen gewesen sei, als „Problem“ benannt wird. Damit liegt eine unmittelbare Diskriminierung vor, würden die betroffenen Personen doch aus einem in Art. III Abs. 1 Z 3 EGVG genannten Grund in einer vergleichbaren Situation – beim Versuch, das Lokal zu betreten, um dort die angebotenen Leistungen in Anspruch zu nehmen – eine weniger günstige Behandlung erfahren als andere Personen. Es kommt dabei nicht darauf an, ob die Postings tatsächlich dahin zu verstehen waren, dass damit ein generelles Lokalverbot für Asylwerber verhängt werden sollte, da Asylwerber aufgrund der an die potentiellen Gäste gerichteten Mitteilung, das Lokal sei (wieder) „asylantenfrei“, jedenfalls mit einer ungünstigeren Behandlung rechnen mussten […].

Ebenfalls nicht entscheidend ist, ob eine bestimmte Person aus einem in Art. III Abs. 1 Z 3 EGVG genannten Grund gehindert wurde, das Lokal zum Zweck der Konsumation zu betreten (wodurch der zweite Fall des Art. III Abs. 1 Z 3 EGVG verwirklicht würde).“[87]

---

86 VwGH 24.04.2018, Ro 2017/03/0016 Rz 20.
87 VwGH 24.04.2018, Ro 2017/03/0016 Rz 23.

C. Diskriminierung und Sprache

Allgemein drückt sich Diskriminierung nicht nur durch Handlungen, sondern gerade auch in der Sprache aus.[88] „Sprachliche Diskriminierung ist jene Form von Sprachgebrauch, bei der eine andere Person oder Gruppe von einzelnen Personen bewusst oder unbewusst herabgesetzt, abgewertet, beleidigt oder angegriffen wird. Vielfach werden Vorurteile bei der Erziehung von Kindern weitergegeben oder sie werden einfach durch ‚Gehörtes' übernommen, ohne den Wahrheitsgehalt zu hinterfragen.“ [89]

Die Stelle zur Bekämpfung von Diskriminierung der Stadt Wien[90] nennt dazu einige Beispiele:

> Auch das bewusste, teilweise selbstverständliche „Duzen“[91] von Ausländerinnen und Ausländern, egal welcher Herkunft, ist eine beispielhafte Form von mangelndem Respekt und von mangelnder Höflichkeit.

Ob in den genannten Beispielen die Grenze der Strafbarkeit des Art III Abs 1 Z 3 EGVG überschritten wird, ist – wie schon gesagt – in jedem Einzelfall und im Fallzusammenhang zu prüfen. Zusammenfassend kann an dieser Stelle festgehalten werden, dass – insb auf der Basis der skizzierten Feststellungen auch aus der Rsp des VwGH – der Verwaltungsstraftatbestand des Art III Abs 1 Z 3 EGVG durchaus über Konturen verfügt und als Mosaikstein im gesamten Diskriminierungsschutz seine Berechtigung hat. Es bleibt abzuwarten, wie die verwaltungsstrafbehördliche Praxis weiter mit den damit eröffneten Möglichkeiten umgeht.

---

[88] Ausführlich *Stefanowitsch*, APuZ 16.04.2012.

[89] Vgl dazu und zum Folgenden Stadt Wien – Stelle zur Bekämpfung von Diskriminierungen: https://www.wien.gv.at/verwaltung/antidiskriminierung/sprache.html (16.10.2019).

[90] Ibidem; so zB Volksgruppe der Sinti und Roma versus „Zigeuner“; zur abwertenden und diskriminierenden Verwendung des Begriffs „Zigeuner“ vgl UVS Tirol 29.11.2006, 2006/20/0477-3.

[91] Zur ungerechtfertigten Anrede mit „Du“ siehe bereits FN 6.

IV. Problemlagen und aktuelle Entwicklungen

A. Verwandte Rechtsgebiete

Die nähere Beschäftigung mit dem Thema „Ehrenschutz" offenbart die Komplexität dieses Rechtsbereichs. Zum einen wurde ersichtlich, dass diskriminierende Äußerungen auch Ehrenbeleidigungen bzw Ehrenkränkungen sein können und umgekehrt;[92] zum anderen gibt es neben der zuvor dargestellten Verwaltungsstrafbarkeit und den damit verbundenen zivil- und strafrechtlichen Zusammenhängen weitere Normen, die entweder direkt oder indirekt gegen die Verletzung der Ehre gerichtet sind.

1. Strafrecht

Mit § 107c StGB („Cyber Mobbing")[93] gibt es eine vergleichsweise junge Norm,[94] welche zwar ausdrücklich auf Ehrverletzungen Bezug nimmt, jedoch systematisch den „Strafbaren Handlungen gegen die Freiheit" zugeordnet ist.[95] Ein thematischer Zusammenhang ergibt sich auch beim Straftatbestand der Verhetzung gem § 283 StGB,[96] der sich unter den „Strafbaren Handlungen gegen den öffentlichen Frieden" findet. Interessant ist schließlich, dass nach dem Strafgesetzbuch auch wahre Äußerungen tatbestandsmäßig iSd §§ 111 ff sein können, mit wahren, ehrverletzenden Behauptungen jedoch vielmehr noch genötigt (§ 105) und erpresst (§ 144) werden kann (und wird).[97]

---

92 Zum Verhältnis der Normen untereinander vgl insb die Ausführungen unter Punkt III.B.3. (Subsidiarität).

93 Die korrekte Überschrift zu diesem Delikt lautet: Fortgesetzte Belästigung im Wege einer Telekommunikation oder eines Computersystems.

94 § 107c StGB wurde durch das Strafrechtsänderungsgesetz 2015 BGBl I 2015/112 neu geschaffen und trat mit 1. Jänner 2016 in Kraft.

95 Siehe dazu *Schwaighofer* in *Höpfel/Ratz*, WK^2 StGB § 107c (Stand 01.05.2016, rdb.at).

96 Zum Verhältnis zwischen Art III Abs 1 Z 3 EGVG und § 283 StGB siehe bereits ausführlich unter Punkt III.B.3. (Subsidiarität) und den FN 74 f.

97 So *Rami* in *Höpfel/Ratz* Vor §§ 111–117 Rz 6 und 7/2.

2. Zivilrecht

Das dem Zivilrecht zuzurechnende Urheberrechtsgesetz[98] enthält in seinen §§ 77 f einen Brief- und Bildnisschutz, der durch Unterlassungs- und Beseitigungsansprüche[99] abgesichert wird. § 1328a ABGB enthält eine Schadenersatzregelung für rechtswidrige und schuldhafte Eingriffe in die Privatsphäre eines Menschen; als erhebliche Verletzung gilt dabei die Verwertung privater Umstände, die geeignet ist, den Menschen in der Öffentlichkeit bloßzustellen. § 382g EO[100] sieht zum Schutz vor Eingriffen in die Privatsphäre verschiedene Verbote vor, die mittels einstweiliger Verfügungen durchgesetzt werden können.

3. Verwaltungsstrafrecht (Anstandsverletzung)

Eine bisher noch nicht erwähnte Ahndungsmöglichkeit unerwünschter (öffentlicher) Äußerungen zeigt uns folgender Fall auf:[101] Der VwGH entschied im Rahmen einer außerordentlichen Amtsrevision, der ein Straferkenntnis der BH Innsbruck wegen Anstandsverletzung (§ 11 Tir Landes-Polizeigesetz) und dessen Aufhebung wegen Nichtvorliegens der Kriterien des eigenen Wirkungsbereichs der Gemeinde durch das LVwG Tirol[102] zugrunde lag. Der Beschuldigte habe durch seine unflätigen, innerhalb einer öffentlich zugänglichen Facebook-Gruppe verfassten Kommentare[103] die Schicklichkeit verletzt (Anm: zB durch die Verwendung der Begriffe „Arschlochrichterin" und „Arschlochrichter"). Eine Angelegenheit der örtlichen Sicherheitspolizei könne jedoch nicht allein deshalb verneint werden, weil der den Anstand verletzende Kommentar über das örtliche Gemeindegebiet hinaus gelesen werden kann; umgekehrt könne aber auch nicht ausschließlich deshalb, weil ein inkriminiertes Posting auf Facebook von einem Standort innerhalb der Gemeinde abgegeben wird, auf eine Angelegenheit der örtlichen Sicherheitspo-

---

98 BGBl 1936/111.

99 §§ 81 f.

100 Exekutionsordnung RGBl 1896/79.

101 VwGH 19.12.2018, Ra 2018/03/0110.

102 Interessant LVwG-2017/12/2824-2 vom 08.08.2018.

103 Die unflätigen Kommentare werden an dieser Stelle nicht wiedergegeben, sind jedoch aaO detailliert nachzulesen.

lizei geschlossen werden. Entscheidend ist, ob durch die Kommentare ausschließlich oder überwiegend Gemeindeinteressen berührt werden; ob die Insultationen einen ausreichenden Bezug zu den lokalen Verhältnissen aufweisen, war jedoch durch die behördlichen Feststellungen nicht erkennbar, weswegen das angefochtene Erkenntnis wegen Rechtswidrigkeit seines Inhalts aufzuheben war.[104]

4. Querschnittsmaterien

Die Verantwortung für Verletzungen der Privatsphäre durch Medien richtet sich nach den Bestimmungen des Mediengesetzes,[105] welches auch bei – in einem Medium begangenen – strafbaren Handlungen nach den §§ 111 ff StGB anzuwenden ist.[106] Als Medium wird gem § 1 Abs 1 MedienG „jedes Mittel zur Verbreitung von Mitteilungen oder Darbietungen mit gedanklichem Inhalt in Wort, Schrift, Ton oder Bild an einen größeren Personenkreis im Wege der Massenherstellung oder der Massenverbreitung“ definiert. Die §§ 6 f MedienG enthalten entsprechende Schadenersatzregelungen. Die strafrechtliche Verantwortlichkeit für Medieninhaltsdelikte bestimmt sich gem § 28 MedienG grds wiederum nach den allgemeinen Strafgesetzen. Zu erwähnen ist hier auch das E-Commerce-Gesetz,[107] welches die RL 2000/31/EG über den elektronischen Geschäftsverkehr umsetzt[108] und sich vor allem auf die Zuständigkeiten des Bundes im Zivil- und Strafrechtswesen sowie im Fernmeldewesen stützt.[109] Seinem Anwendungsbereich zufolge bildet es „einen rechtlichen Rahmen für bestimmte Aspekte des elektronischen Geschäfts- und Rechtsverkehrs. Es behandelt die Zulassung von Diensteanbietern, deren Informationspflichten, den Abschluss von Verträgen, die Verantwortlichkeit von Diensteanbietern, das Herkunftslandprinzip und die Zusammenarbeit mit anderen Mitgliedstaaten im elektronischen Geschäfts- und Rechtsverkehr.“[110]

---

104 Vgl dazu insb Rz 11, 19 bis 23.

105 BGBl 1981/314.

106 Zum Begriff des Medieninhaltsdelikts siehe *Rami* in *Höpfel/Ratz* Vor §§ 111–117 Rz 13.

107 BGBl I 2001/152.

108 ABl L 2000/178, 1.

109 Vgl ErläutRV 817 BlgNR 21. GP 14.

110 § 1 Abs 1 E-Commerce-Gesetz.

5. Fallbeispiel

Ein interessantes Beispiel für das Zusammenwirken nationaler, unionsrechtlicher und internationaler Normen und Rechtsinstrumente bei der Geltendmachung des Persönlichkeitsschutzes gegenüber dem sozialen Netzwerk Facebook stellt das EuGH-Urteil in der Rs C-18/18 dar.[111] Das vom Obersten Gerichtshof (Österreich) an den EuGH übermittelte Vorabentscheidungsersuchen betrifft die Auslegung von Art 15 Abs 1 der RL über den elektronischen Geschäftsverkehr und erging im Rahmen eines Rechtsstreits zwischen Frau G-P und der FB Ireland Ltd wegen der Veröffentlichung eines Beitrags, der ehrenbeleidigende Äußerungen in Bezug auf Frau G-P enthält, auf der Seite eines Nutzers, die wiederum auf der Website des sozialen Netzwerks Facebook unterhalten wird. Der EuGH beantwortet die Fragen des OGH im Wesentlichen wie folgt: Art 15 Abs 1 der RL über den elektronischen Geschäftsverkehr verwehrt es einem nationalen Gericht weder, einem Hosting-Anbieter aufzugeben, die von ihm gespeicherten Informationen, die den wortgleichen und – unter bestimmten näher beschriebenen Voraussetzungen – auch einen sinngleichen Inhalt haben wie Informationen, die zuvor für rechtswidrig erklärt worden sind, zu entfernen oder den Zugang zu ihnen zu sperren, unabhängig davon, wer den Auftrag für die Speicherung gegeben hat; noch im Rahmen des einschlägigen internationalen Rechts weltweit die von der Verfügung betroffenen Informationen zu entfernen oder den Zugang zu ihnen zu sperren.[112]

Dem EuGH ist es in diesem Urteil, das eine bedeutende Fortentwicklung des Persönlichkeitsschutzes im Bereich neuer Medien darstellt, auf überzeugende Weise gelungen, nicht nur einen ausgewogenen Interessenausgleich zwischen Einzelpersonen und sog Diensteanbietern vorzunehmen, sondern auch den Ermessensspielraum, der den Mitgliedstaaten bereits durch die Richtlinie über den elektronischen Geschäftsverkehr eingeräumt wird, abzusichern.

---

111 EuGH 03.10.2019, Rs C-18/18, *Eva Glawischnig-Piesczek gegen Facebook Ireland Limited.*

112 Ibidem Rz 53 und 55.

B. Rechtsdefizite

Obwohl es die Vielzahl der angeführten bundes- und landesrechtlichen Normen im Bereich des Ehrenschutzes und des Antidiskriminierungsrechts kaum vermuten lässt, haben wir – aufgrund der einleitend erwähnten technisch-medialen Entwicklung – nicht nur in Österreich oder innerhalb der EU,[113] sondern weltweit (auch) einen legistischen Handlungsbedarf, um dem Phänomen der Hassreden,[114] Hasskommentare und Beleidigungen im Internet wirksam zu begegnen. Internetdienste, wozu bspw das World Wide Web, Diskussionsforen, Chats, aber auch E-Mails gehören, sind idR leicht zugänglich, was das Verfassen von Kommentaren, deren Übermittlung und (mitunter enorme) Verbreitung wesentlich vereinfacht. Derart verfassten, übermittelten und verbreiteten Hasskommentaren kommt eine gewaltige Schlagkraft zu, weswegen die Zielpersonen und die Zielgruppen rechtlich ausreichend zu schützen sind. Eben dieser Schutz vor Ehrverletzungen und anderen straf- wie zivilrechtlich relevanten Handlungen stellt die Gesetzgebung in einem Bereich, für den die Anonymität der Täterinnen bzw Täter und extraterritoriale Rechtsanwendungen charakteristisch sind, vor neue Herausforderungen.

1. Digitales Vermummungsverbot

Erwähnenswert ist an dieser Stelle das (noch nicht beschlossene)[115] „Bundesgesetz über Sorgfalt und Verantwortung im Netz", welches auch unter der

---

[113] Vgl zB für Deutschland das Gesetz zur Verbesserung der Rechtsdurchsetzung in sozialen Netzwerken (Netzwerkdurchsetzungsgesetz), welches am 1. Oktober 2017 in Kraft trat, BGBl I 2017/61 S 3352; für Frankreich den Gesetzentwurf „PROPOSITION DE LOI visant à lutter contre la haine sur internet", N°1785 20.03.2019; auf EU-Ebene die umfangreiche Mitteilung der Kommission vom 26.04.2018 betreffend „Bekämpfung von Desinformation im Internet: ein europäisches Konzept", COM(2018) 236 final; Entschließung des Europäischen Ausschusses der Regionen zum Thema „Bekämpfung von Hetze und Hasskriminalität", ABl C 2019/168, 1.

[114] Siehe zum Begriff „Hate Speech" und Maßnahmen dagegen *Wehringer*, Hass im Netz – was tun bei Diffamierung? DAG 2019, 17; sowie *Banaszczuk*, Toxic Gaming. Rassismus, Sexismus und Hate Speech in der Spieleszene, mit Hinweis auf das Spiel „Rape Day", welches Vergewaltigungen von Frauen als spielbaren Inhalt vermarktete, APuZ 26.07.2019, www.bpb.de/apuz/294444/toxic-gaming-rassismus-sexismus-und-hate-speech-in-der-spieleszene (16.10.2019).

[115] Die Begutachtungsfrist zu diesem Gesetzentwurf endete am 23. Mai 2019.

Bezeichnung „digitales Vermummungsverbot“ bekannt ist. Aufgrund der vorgezogenen Nationalratswahlen[116] ist das weitere Schicksal dieses Entwurfs, der auf den Bundeskompetenzen Presse-, Post- und Fernmeldewesen beruht, ungewiss. Im Ministerratsvortrag[117] wird ausgeführt, dass den Grenzüberschreitungen, Herabwürdigungen, Demütigungen und Übergriffen im digitalen Raum wirksame rechtliche Maßnahmen entgegengesetzt werden sollen. Nutzerinnen bzw Nutzer veröffentlichen in online-Foren immer öfter rechtswidrige Postings, wie insb sog Hass-Postings, die meist auch strafrechtlich relevant sind oder auf andere Weise den Persönlichkeitsschutz beeinträchtigen. Oft verwenden Posterinnen bzw Poster dabei „Nicknames“ oder vermeintliche Klarnamen, die keiner realen Person zuzuordnen sind. Dazu kommen rechtliche und technische Schwierigkeiten bei der Identifizierung der Nutzerinnen bzw Nutzer.

Der Gesetzentwurf nennt als Ziele die erleichterte Verfolgung von Rechtsansprüchen im Falle rechtswidriger Postings sowie die Förderung des respektvollen Umgangs der Posterinnen bzw Poster in online-Foren miteinander und sieht dazu vor: Verpflichtung ua für forenbetreibende Diensteanbieter (mit mehr als 100.000 registrierten Userinnen bzw Usern im Inland) zur Identitätsfeststellung und Identitätsüberprüfung der Posterinnen bzw Poster; Erstellung eines Registrierungsprofils durch die Nutzerinnen bzw Nutzer, welche sich mit Vor- und Nachname sowie Adresse registrieren und einen öffentlich sichtbaren Nutzernamen verwenden müssen; bei nicht im Inland ansässigen Diensteanbietern ist eine bzw ein verantwortliche(r) Zustellbevollmächtigte(r) zu bestellen; bei Gesetzesverstößen Verhängung von Geldbußen bzw Geldstrafen gegen Diensteanbieter bzw Verantwortliche durch die Komm Austria (als Aufsichtsbehörde).

2. Bund-Länder-Arbeitsgruppe betreffend sexuelle Beleidigungen und Ehrenkränkungen

Opfern von Belästigungen und Hass im Netz stehen keine ausreichenden Rechtsbehelfe zu, um gegen Täterinnen bzw Täter vorzugehen. Diese Aussage wurde durch einen österreichischen Fall gestützt, in dem der Betroffenen die inkriminierten Äußerungen via Internet, jedoch nicht mit der strafrechtlich relevanten Publizität zugegangen sind. Da eine adäquate Sanktionierung von

---

[116] 29. September 2019.

[117] Bundeskanzleramt vom 10.04.2019, GZ BKA-671.828/0004-IV/6/2019.

Hasspostings und sexuellen Belästigungen im Internet dringend geboten ist, wurde eine Bund-Länder-AG zur Prüfung rechtlicher Möglichkeiten eingerichtet. Vor allem sollte geklärt werden, ob die Länder auf Grundlage des Verwaltungsstraftatbestands der Ehrenkränkung abgestimmte Regelungen erlassen wollen oder ob besser der Bund im Rahmen des Justizstrafrechts eine einheitliche Bestimmung vorgibt.[118]

Die AG tagte am 10. April 2019 in Wien. Man kam überein, dass eine Definition des Begriffs „Hass im Netz" schwierig sein würde und dass es bei einer allfälligen Schaffung neuer straf-, verwaltungsstraf- oder zivilrechtlicher Ansprüche vor allem darauf ankommen wird, ob die Anspruchsgegnerinnen bzw Anspruchsgegner ermittelt werden können. Die Erfahrungsberichte jener Länder, die über Ehrenkränkungsregelungen verfügen, zeigten, dass diesen Bestimmungen eher geringe praktische Bedeutung zukommt.

Die Landeshauptleute-Konferenz setzte sich am 19. Mai 2019 mit diesem Themenbereich auseinander und fasste den Beschluss, dass die eingerichtete Bund-Länder-AG – unter Einbeziehung der Wissenschaft – die Grundlagen für ein abgestimmtes, wirkungsvolles und einheitliches Gesamtsystem erarbeiten soll. Dabei ist insb zu klären, in welchen Rechtsmaterien die verschiedenen Gesichtspunkte am effektivsten zu verankern wären und wie (auch) eine allfällige landesgesetzliche Regelung aussehen könnte.[119]

V. Ausblick

Das Zivilrecht, das Strafrecht und das Verwaltungsstrafrecht bieten verschiedene Möglichkeiten, um Personen gegen Ehrverletzungen und Diskriminierungen zu schützen. Wie bereits der Blick in die Vergangenheit zeigt, gibt es für diesen durchaus komplexen Bereich mit seinen unzähligen Fallvarianten keine „one-fits-all"-Lösung. Hinsichtlich der neuen Herausforderungen ist ein Zusammenwirken aller gesetzgebenden Körperschaften erforderlich, um auf die technisch-mediale Entwicklung mit geeigneten, auch iSv vollzugstauglichen, und verhältnismäßigen Maßnahmen reagieren zu können. So kommt dem Ehrenkränkungsrecht der Länder bei privaten Beleidigungen und Belästigungen eine wichtige Funktion zu; wirkungsvoller wäre diese Länderkompetenz jedoch, wenn der Bund korrespondierende Regelungen vor allem

[118] Siehe dazu Verbindungsstelle der Bundesländer vom 16.05.2019, VSt-1653/3.
[119] Ibidem.

zur Identitätsfeststellung und leichteren Verfolgbarkeit von (verwaltungs) strafrechtlich relevanten Übertretungen mit Auslandsbezug vorsehen oder die Länderkompetenz um diese Aspekte ergänzt werden würde. Anzumerken ist, dass der Antidiskriminierungstatbestand des Art III Abs 1 Z 3 EGVG und die länderrechtlichen Ehrenschutzbestimmungen im Gegensatz zu den überaus wichtigen, jedoch mitunter langwierigen sowie kostspieligen zivil- und strafrechtlichen Instrumenten, einen niederschwelligen und vor allem auch kostengünstigen Rechtsschutz bieten.

Auf die wesentliche Bedeutung von Sprache und Formulierung haben wir bereits hingewiesen; ergänzend halten wir fest, dass „dem-darüber-Sprechen", der Auseinandersetzung mit dem Thema *hate speech*, wie es auch bei der diesem Werk zugrundeliegenden Tagung erfolgte, gleichfalls eine wichtige Rolle zukommt.

VI. Literatur

Ambrosi, Verfahren bei Ehrenkränkungen, ÖJZ 1954, 383

Apathy/Klingenberg/Pennitz, Einführung in das römische Recht[4] (2007)

Banaszczuk, Toxic Gaming. Rassismus, Sexismus und Hate Speech in der Spieleszene, APuZ 26.07.2019, http://www.bpb.de/apuz/294444/toxic-gaming-rassismus-sexismus-und-hate-speech-in-der-Spieleszene

Fuchs C., Örtliche Sicherheitspolizei und Sittlichkeitspolizei, in *Pürgy* (Hrsg), Das Recht der Länder II/1 (2012)

Dittrich/Tades (Hrsg), Das Allgemeine bürgerliche Gesetzbuch[35] (1999)

Greif, Rassistische Diskriminierung ohne Opfer – Anmerkung zu VwGH 24.4.2018, Ro 2017/03/0016-3, ÖJZ 2018, 1029

Greif/Ulrich, Legal Gender Studies und Antidiskriminierungsrecht[2] (2019)

Hauer/Keplinger, Sicherheitspolizeigesetz[4] (2011)

Hengstschläger/Leeb, Verwaltungsverfahrensrecht[6] (2018)

Kapfer (Hrsg), Das Allgemeine bürgerliche Gesetzbuch[29] (1972)

Keplinger/Pühringer, Sicherheitspolizeigesetz[17] (2018)

Klaushofer in *Raschauer/Wessely* (Hrsg), VStG[2] § 56 VStG

Lewisch/Fister/Weilguni, Verwaltungsstrafgesetz 1991 (VStG)[2] (2017)

Muzak, Die Verwaltungsstrafgesetz-Novelle 2018, ZVG 2018, 370

Panthène, Diskriminierungsverbot im Verwaltungsstrafrecht, ÖJZ 2009, 1049

Peyerl, Örtliches Sicherheits- und Sittlichkeitspolizeirecht, in *Poier/Wieser* (Hrsg), Steiermärkisches Landesrecht III (2010)

Primosch, Diskriminierung durch Postings auf öffentlicher Social-Media-Seite eines Lokals, ecolex 2018, 770

Rami in *Höpfel/Ratz*, WK^2 StGB Vor §§ 111–117 (Stand 30.08.2019, rdb.at)

Raschauer/Wessely (Hrsg), Kommentar zum VStG^2 (2016)

Schwaighofer in *Höpfel/Ratz*, WK^2 StGB § 107c (Stand 01.05.2016, rdb.at)

Stefanowitsch, Sprache und Ungleichheit, APuZ 16.04.2012, http://www.bpb.de/apuz/130411/sprache-und-ungleichheit

Wehringer, Hass im Netz – was tun bei Diffamierung? DAG 2019, 17

PROJEKT *DIALOG STATT HASS*

Bernhard Glaeser

I. Erste Überlegungen zum Projekt *Dialog statt Hass*

In Gesprächen mit Gerichten und Staatsanwaltschaften erhielt NEU**START** mehrmals Hinweise auf einen signifikanten Anstieg der Anzeigen von Verhetzungsdelikten und wurde gefragt, ob bei diesen Delikten nicht sozialkonstruktive Alternativen sinnvoll sein könnten.

Diese Wahrnehmungen bestätigen sich in Hinblick auf die Anzeigen in den Berichten des BVT.[1] Die dargestellten Zahlen beziehen sich auf Anzeigen bzw Verurteilungen nach § 283 StGB[2] (Verhetzung) sowie Anzeigen bzw Verurteilungen nach dem Verbotsgesetz[3]:

---

[1] Bundesamt für Verfassungsschutz und Terrorismusbekämpfung, Verfassungsschutzbericht, Berichte sind unter folgendem Link aufrufbar: https://www.bvt.gv.at/401/ (16.08.2019).

[2] § 283 Strafgesetzbuch, BGBl 1974/60 idF I 2015/154.

[3] Verbotsgesetz 1947, BGBl 1947/25 idF 1992/148.

Jahr	Anzeigen Verhetzung	Verurteilung Verhetzung	Anzeigen Verbotsgesetz	Verurteilung Verbotsgesetz[4]
1990	8	4	72	1
1995	14	7	313	18
2000	27	-	239	31
2005	14	6	173	22
2010	79	9	522	40
2011	84	4	436	48
2012	83	10	466	58
2013	152	3	529	46
2014	182	27	663	58
2015	282	31	953	67
2016	380	40	884	68
2017	259	98	798	110
2018	280	55	877	129

NEU**START** hat diese Anregungen gerne aufgegriffen und stellte erste Überlegungen zu sozialkonstruktiven Alternativen an. Dabei konnten wir bereits auf Erfahrungen mit 2002–2004 von NEU**START** in der Steiermark erfolgreich durchgeführten Gruppenprogrammen mit Verurteilten wegen § 283 StGB zurückgreifen.

Sehr bald kristallisierte sich heraus, dass die individuelle spezialpräventive Arbeit an verschiedenen Aspekten und Hintergründen von Verhetzungsdelikten in Verbindung mit Gruppenarbeit ein vielversprechender Ansatz sein könnte. Unsere Überlegungen wurden im Frühjahr 2017 auch mit dem damaligen Justizminister *Univ.Prof. Dr. Wolfgang Brandstetter* erörtert. Dieser stand der Idee, eine sozialkonstruktive Alternative zur Verurteilung bei Verhetzung zu erproben, positiv gegenüber.

Im Juni 2017 begann die Planung bereits mit dem Projektkernteam – den Leitungen der NEU**START**-Einrichtungen Wien, Graz, Linz und Innsbruck. Das Modellprojekt sollte an diesen vier Modellstandorten durchgeführt werden.

Folgende Fragen waren als Erstes zu beantworten:

- Wie sieht das Angebot konkret aus?
- Wie finden die Zuweisungen zum Projekt statt?
- Wie werden Projektmitarbeiterinnen und -mitarbeiter ausgewählt und ausgebildet?

---

[4] Quelle der Verurteilungszahlen: Statistik Austria: https://statcube.at/statistik.at/ext/statcube/jsf/terms.xhtml (16.08.2019).

- Ab wann kann ein Pilotprojekt starten?
- Wie soll das Projekt evaluiert werden?
- Wie kann das Projekt finanziert werden?

Die ersten Ideen wurden von der Geschäftsführung positiv bewertet. Von Seiten der NEU**START** Bayern (gemeinnützigen) GmbH wurde die Durchführung eines Modellversuchs beschlossen und der Auftrag an den Verein NEU**START** erteilt, das Modellprojekt vorzubereiten.

A. Ziele des Projekts

Am Ende des Projekts sollten folgende Ziele erreicht sein:

- Ein erprobtes Programm *Dialog statt Hass* im Rahmen der Bewährungshilfe ist entwickelt.
- Das Programm ist bei der Justiz bekannt.
- Das Programm wird von Zuweisenden als sinnvolle Alternative/Ergänzung zum herkömmlichen Strafverfahren/Sanktionensystem wahrgenommen.
- Das Programm wird
  1. als diversionelle Probezeit mit Bewährungshilfe verbunden mit der Pflicht der Teilnahme am Programm

  oder

  2. als bedingte Verurteilung oder Entlassung mit Bewährungshilfe und Weisung zur Teilnahme am Programm

  von Staatsanwaltschaften bzw Gerichten zugewiesen.
- Die Öffentlichkeit nimmt die Justiz und die Bewährungshilfe als adäquat und innovativ reagierend im bestehenden Sanktionensystem wahr.
- Das Programm ist sinnvoll und wirksam.

Methoden

- Das Programm setzt sich aus klassischer Bewährungshilfe und speziellen Modulen zusammen. Die Module sind entweder in Einzelarbeit oder als Gruppen mit individuellem Transfer zu organisieren.
- Am Ende des Projekts wird klarer, welche Inhalte besser im Gruppenkontext und welche im Einzelsetting zu bearbeiten sind.
- Module werden sowohl von internen als auch externen Referentinnen und Referenten bestritten.

- Bei Programmstart im Jänner 2018 sind die Module, Inhalte, erste Termine und ggf. Referierende festgelegt.

Modulsystem

Das Programm setzt sich im Wesentlichen aus folgenden Modulen zusammen:

- Normverdeutlichung – Information über Weisung/Pflicht, Erläuterung der Rechtsnorm und präventive Rechtsaufklärung,
- Medienkompetenz mit Schwerpunkt soziale Medien,
- Deliktverarbeitung zur Rückfallprävention,
- Diskurskompetenz wie zB das Äußern von Kritik ohne Abwertung,
- Perspektivenwechsel – Sensibilisierung und Bewusstseinsbildung für die Auswirkungen auf Opfer und Opfergruppen,
- Einbringen der Opferperspektive durch Filme, Expertinnen und Experten und andere didaktische Möglichkeiten,
- Diskriminierung – Wahrnehmung hinsichtlich der negativen Auswirkungen von Diskriminierung, Wirkfaktor Gruppe,
- je nach Fall gegebenenfalls ein historischer Teil samt politischer Bildung – Besuch, Film.

Evaluation

- Bei Programmstart ist die Dokumentation festgelegt.
- Evaluationsfragen liegen bei Projektbeginn vor.
- Die interne Evaluation des Projekts ist am Ende des Projekts erfolgt: Anzahl der Teilnehmenden am Projekt, Anzahl durchgeführte Module, Teilnehmende an Modulen, inhaltliche Bewertung der Arbeit, Art der Abschlüsse, Rückmeldungen der Zuweisenden, Vorher-Nachher-Fragebogen für Klientinnen und Klienten.

Quantitative Ziele

- Pro Standort werden mindestens 15 Teilnehmende zum Programm zugewiesen.
- Pro Standort haben 10 Personen das Programm beendet.
- Zuweisende sind zu 80 % mit dem Angebot sehr zufrieden oder zufrieden.
- 70 % der Klientinnen und Klienten haben nach Absolvierung des Programms eine positive Veränderung der Werte für Normakzeptanz sowie für Achtsamkeit bzgl Diskriminierung erreicht.

Wirkungsziele bei Klientinnen und Klienten

- Klientinnen und Klienten setzen sich im Programm mit dem Thema Diskriminierung auf theoretischer und persönlicher Ebene auseinander und reflektieren ihr Verhalten.
- Klientinnen und Klienten entwickeln eine Sensibilität für Art und Wirkung der Meinungsäußerung.
- Klientinnen und Klienten wissen im Umgang mit neuen Medien über Auswirkungen von Äußerungen und die rechtliche Situation Bescheid.
- Klientinnen und Klienten kennen und respektieren die gesetzlichen Normen und Grenzen zur Diskriminierung.

B. Operative Eckpunkte

Operative Laufzeit des Projekts: 1. Jänner 2018 bis 31. Dezember 2018
Projektstandorte: Wien, Graz, Linz, Innsbruck

Zuweisungen:

- Das Projekt wird mit Staatsanwaltschaften (STA) und Gerichten als Zuweisende geplant.
- Das Programm kann als Pflicht bei diversioneller Probezeit mit Bewährungshilfe (BWH) bzw Weisung bei bedingter Verurteilung mit BWH beauftragt werden.
- Nach positiver Absolvierung soll die Möglichkeit der Aufhebung der BWH ohne weiteren Betreuungsbedarf bestehen.

Zentrale Komponenten:

- Dauer des Programms: vier bis sechs Monate pro Klientin oder Klient.
- Einbindung externer Kooperationspartnerinnen und -partner: Resonanzgruppen (Justiz, Fachöffentlichkeit, Wissenschaft) zum Konzept und zu den Ergebnissen.
- Kick-Off und gemeinsame Qualifikation der Projektmitarbeitenden im November 2017 zu den Themen: Medienkompetenz, Diskriminierung und Diskurskompetenz.
- Struktur für interne Projektevaluation wird entwickelt.
- Grundsetting Einzelarbeit im Rahmen der Bewährungshilfe, fixe Programmmodule in Einzelarbeit oder Gruppenarbeit.

- Fixmodule:
  - Normverdeutlichung,
  - Medienkompetenz/Diskurskompetenz,
  - Deliktverarbeitung,
  - persönliche Opferperspektive/erlebte Diskriminierung.
- Gruppenvortragsmodule sollen bei Bedarf organisiert werden – interne oder externe Referentinnen und Referenten.
- Vorträge müssen kurz und einfach sein. Gleich im Anschluss Transfer: Was habe ich gelernt? Ergebnissicherung und individuelle Übersetzung der Inhalte in Einzelbetreuung.

II. Vorbereitung und Projektstart

Es wurde ein Projektkernteam gebildet, das die Durchführung des Projekts planen und begleiten sollte. Insgesamt 15 Mitarbeiterinnen und Mitarbeiter wurden ausgewählt und ausgebildet. Das Kick-Off zum Projekt war verbunden mit Seminaren von *Ingrid Brodnig* zum Thema Medienkompetenz sowie vom Verein ZARA zu den Themen Diskriminierung und Diskurskompetenz.

Von Beginn an wurden Justiz und Fachöffentlichkeit miteinbezogen: Bereits im Oktober 2017 fand in Linz die erste Resonanzgruppe statt, in der wir unsere Planungen vorstellen konnten und diese durch Rückmeldungen aus der Resonanzgruppe noch ergänzt bzw geschärft wurden. Im Dezember 2018 wurde eine weitere Resonanzgruppe durchgeführt, bei der die ersten Ergebnisse zur kritischen Diskussion vorgestellt wurden. Die erste Reaktion der potenziell Zuweisenden war ermutigend, wir gewannen den Eindruck, mit dem Projekt eine gute Antwort auf den Bedarf der Justiz zur Verfügung stellen zu können.

Auch der Hinweis, dass nicht nur Verhetzung selbst, sondern auch Delikte im inhaltlichen Umfeld des § 283 StGB einbezogen werden sollten, wurde aufgegriffen. Diskutiert wurde auch, ob es geeignete Sachverhalte bei Delikten nach dem Verbotsgesetz geben könnte. Die Entscheidung fiel jedoch dahingehend, im Pilotprojekt keinen Schwerpunkt auf diesen Bereich zu legen.

A. Inhaltliche Entwicklungen

Folgende Module wurden als Bestandteile des Programms definiert:

Normverdeutlichung
Information über Weisung/Pflicht
Erläuterung der Rechtsnorm – Wann wird eine Meinungsäußerung zum Delikt?
Präventive Rechtsaufklärung – mögliche Konsequenzen einer neuerlichen Straftat/Anzeige

Medienkompetenz
Schwerpunkt auf soziale Medien: Wie funktioniert Facebook? Wie erkenne ich Fake News? Wie kann ich meine Meinung äußern ohne mich strafbar zu machen?

Deliktverarbeitung
Inhaltlich festgelegter Ablauf zur Rückfallprävention

Diskurskompetenz
Äußern von Kritik ohne Abwertung – Wie kann ich meine Meinung zum Ausdruck bringen, ohne dass dadurch jemand diskriminiert oder beleidigt wird?

Perspektivenwechsel
Sensibilisierung und Bewusstseinsbildung für die Auswirkungen auf Opfer und Opfergruppen: Wie mag es den Opfern gehen? Wie trägt mein Posting zum gesellschaftlichen Klima bei?

Einbringen der Opferperspektive
durch Filme, Erfahrungsberichte, Expertinnen und Experten und andere didaktische Möglichkeiten

Diskriminierung
Wahrnehmung für negative Auswirkungen der Diskriminierung, Wirkfaktor Gruppe

Zusätzliche Elemente bei Bedarf
Je nach Fall gegebenenfalls ein historischer Teil samt politischer Bildung – Besuch, Film

Bestimmte Module sind für alle Klientinnen und Klienten verpflichtend (Normverdeutlichung, Deliktverarbeitung, Opferempathie, Medienkompetenz, Diskriminierung, Diskurskompetenz). Module zur Herstellung konkreter Fallbezüge sollen themenbezogen eingesetzt werden (historischer Aspekt, Vortrag, Besuch von Gedenkstätte, Film ...).

Im laufenden Projekt wurden die inhaltlichen Unterlagen und Leitfäden sowie die Methodik der Vermittlung (weiter) entwickelt. In einer gemeinsamen Datenbank wurden die Unterlagen und Erfahrungen ausgetauscht.

B. Entwicklung der Zuweisungen

Fallbearbeitungen nach Projektstandorten

	Summe	Diversion § 283 StGB	Urteil § 283 StGB	EÜH[5] § 283 StGB	Andere Delikte
Wien	33	22	7	0	4
Steiermark	20	17	3	0	0
Oberösterreich	10	7	3	0	0
Tirol	10	7	0	1	2
Summe Österreich	**73**	**53**	**13**	**1**	**6**

Demografische Merkmale

Gesamt			Summe	Prozent
Altersgruppe	männlich	weiblich		
14-18	3	0	3	4 %
18-21	2	0	2	3 %
21-40	15	7	22	30 %
40-60	23	10	33	45 %
60 +	9	4	13	18 %
Summe	**52**	**21**	**73**	
Prozent	71 %	29 %		

Die Zuweisungen entwickelten sich von Beginn an positiv und ließen erwarten, dass die quantitativ gesetzten Ziele erreicht werden könnten. Es wurde auch sehr schnell klar, dass viele Verfahren aufgrund des Medienstand-

5 Elektronisch überwachter Hausarrest.

orts in Wien bearbeitet wurden, jedoch aufgrund des Wohnorts der Beschuldigten an anderen Standorten durchzuführen sind. Es gab auch Verfahren, die an anderen als den Modellstandorten zu bearbeiten waren.

In Wien selbst wurden 33 Fälle bearbeitet. Von den 73 im Jahr 2018 insgesamt bearbeiteten Fällen waren 47 Fälle, also 64 % aller Zuweisungen, ursprünglich in Wien anhängig.

Teilweise versuchten wir, soweit möglich, kreative Möglichkeiten zu finden, einige Fälle konnten jedoch nicht im Rahmen des Projekts bearbeitet werden. So war es zum Beispiel nicht möglich, ausgebildete Projektmitarbeitende für eine Fallbearbeitung im Waldviertel zur Verfügung zu stellen.

Im Projektzeitraum kam es zu insgesamt 73 Zuweisungen, die von den Projektmitarbeitenden bearbeitet werden konnten. 52 zugewiesene Klienten waren männlich, 21 Klientinnen weiblich. Das entspricht einem Anteil zugewiesener Frauen von knapp 29 %. Die Hauptaltersgruppe der zugewiesenen Personen lag zwischen 40 und 60 Jahren (45 %), gefolgt von 21–40-Jährigen (30 %) und über 60-Jährigen (18 %). Nur 7 % waren Jugendliche oder junge Erwachsene.

64 (88 %) der 73 zugewiesenen Personen hatten keine Vorstrafen. Sechs der 73 zugewiesenen Personen lehnten das Diversionsangebot ab, bei einer § 15 BewHG[6]-Erhebung kam es in der Folge nicht zu einer Weisung.

Mit 33 Fällen (45 %) wurden die meisten in Wien bearbeitet, 20 Fälle in der Steiermark und je 10 Fälle in Oberösterreich und Tirol. Damit konnten zwar insgesamt die 60 angestrebten Fälle um mehr als 20 % überschritten werden, die je 15 angepeilten Fallbearbeitungen in Tirol und Oberösterreich konnten jedoch nicht erreicht werden.

Bei 56 Zuweisungen handelte es sich um Zuweisungen wegen eines Delikts nach § 283 StGB mit einer Diversionsmaßnahme, in 10 Fällen um ein Delikt nach § 283 StGB nach Verurteilung. Ein Fall von Verhetzung wurde als elektronisch überwachter Hausarrest mit der Weisung, am Programm teilzunehmen, zugewiesen. In 6 Fällen lagen der Zuweisung andere Delikte zugrunde: in zwei Fällen § 282 StGB, in drei Fällen handelte es sich um

---

6 Bewährungshilfegesetz, BGBl 1969/146.

Zuweisungen nach dem Verbotsgesetz und eine Zuweisung betraf eine Anfrage nach §15 BewHG.

C. Begleitforschung

Julia Scheiber von der Karl-Franzens-Universität Graz wurde mit der Durchführung der Begleitforschung für *Dialog statt Hass* im Rahmen ihrer Diplomarbeit auf der juridischen Fakultät beauftragt.[7] Da wir mit Projektende bereits Ergebnisse vorliegen haben wollten, musste der Untersuchungszeitraum mit 30.09.2018 begrenzt werden. Dafür lagen uns die vorläufigen Ergebnisse bereits im Dezember 2018 für unsere weiteren Planungen vor.

1. Welche Ergebnisse zeigen die abgeschlossenen Fälle?

Von den 73 zugewiesenen Fällen konnten 2018 23 Fälle nach Absolvierung des Programms bereits abgeschlossen werden: 7 in Wien, 5 in Oberösterreich, 6 in der Steiermark und 5 in Tirol. Die restlichen Fälle befanden sich bei Projektende noch in Bearbeitung, die Entwicklung der Fälle entspricht jedoch den bisherigen Erfahrungen.

Zählt man zu den 23 abgeschlossenen Fällen noch jene 7 Fälle dazu, bei denen es nicht zu einem Start des Programms kam (keine Zustimmung, keine Weisung nach Erhebungsauftrag), konnten insgesamt 30 (41 % der zugewiesenen) Fälle innerhalb des Projektjahrs 2018 erledigt werden. Die übrigen Fälle werden 2019 weiter bearbeitet und abgeschlossen. Die durchschnittliche Dauer der Bearbeitung lag bei den abgeschlossenen Fällen bei 171 Tagen, also knapp 6 Monaten.

In 20 Fällen wurde zum Abschluss eine Aufhebung der Bewährungshilfe angeregt, weil keine weiteren im Rahmen der Bewährungshilfe zu bearbeitenden Themen evident waren. In drei Fällen wurde die Betreuung auch nach Ende des Programms fortgesetzt, weil es noch andere, zusätzliche Problemlagen zu bearbeiten galt.

---

[7] Vgl *Scheiber*, Die Einsatzmöglichkeiten der Diversionsmaßnahmen bei Hasskriminalität unter besonderer Berücksichtigung des Projektes „Dialog statt Hass". Diplomarbeit an der rechtswissenschaftlichen Fakultät der Karl-Franzens-Universität Graz 2018.

Am Ende des Programms waren 21 der Klientinnen und Klienten nach Abschluss des Programms einsichtig im Sinn der Ziele des Projekts, nur bei zwei Personen konnte kein signifikanter Anstoß durch das Projekt festgestellt werden.

Übersicht: Abschlüsse von Zuweisungen *Dialog statt Hass* 2018

Anzahl Abschlüsse 2018 gesamt	**30**
Positive Abschlüsse	23
kein Einverständnis zu *Dialog statt Hass*	6
keine Weisung nach § 15 BewHG	1
Programm absolviert	**23**

demografische Übersicht	
Männer	15
Frauen	8
Österreicherinnen und Österreicher	16
Migrationshintergrund	7
städtisches Umfeld	15
ländliches Umfeld	8
Berufstätig	12
ohne Beschäftigung	6
Pension/Haushalt	4
in Ausbildung	1
Pflichtschule absolviert	10
Ausbildung/Lehre abgeschlossen	12
höhere Schule abgeschlossen	1

Ergebnisse Programm	
Programm absolviert/Bewährungshilfe Aufhebung	20
Weiterbetreuung, weil weitere Problemlagen	3
bei Abschluss des Programms Einsicht geäußert	21

Durchschnittliche Bearbeitungsdauer	**171 Tage**

8 abgeschlossene Fälle betrafen Klientinnen und 15 Männer als Klienten. Auch bei den abgeschlossenen Fällen lag die Hauptaltersgruppe bei den über 40-Jährigen. 16 Personen waren Österreicherinnen bzw Österreicher, die restlichen weisen Migrationshintergrund auf, davon drei mit EU-Hintergrund. In zwei Drittel der Fälle wohnen die Klientinnen und Klienten im städtischen Umfeld, ein Drittel am Land.

12 Personen waren berufstätig, 4 in Pension oder im Haushalt tätig, 6 Personen waren ohne Arbeit und eine in Ausbildung. 10 Personen hatten eine Pflichtschule absolviert, 12 zusätzlich eine Ausbildung/Lehre abgeschlossen und eine Person eine höhere Schule besucht.

In der Begleitforschung wurde auch der Familienstand der zugewiesenen Personen erhoben: Obwohl die Teilnehmenden am Programm durchaus älter waren, waren nur 18 % verheiratet. Mehr als 50 % waren ledig, knapp 30 % geschieden. Nach Bewertung der Sozialarbeiterinnen und Sozialarbeiter waren 10 Personen sozial gut integriert, acht mittel und zwei Personen, die am Programm teilgenommen haben, eher isoliert.

Medium der Verhetzung

In den abgeschlossenen Fällen kam es im überwiegenden Teil der Fälle auf einer sozialen Plattform, konkret in 18 Fällen über Facebook, zum Delikt und in zwei Fällen über ein Diskussionsforum.

Von Verhetzung betroffene Personengruppen (Opfergruppen)

Die Begleitforschung untersuchte, welche Personengruppen bei den Delikten verletzt wurden: In 58 % waren es Flüchtlinge allgemein, in 19 % Muslima und Muslime und in 8 % Menschen mit dunkler Hautfarbe; in den restlichen Fällen Personen christlichen oder jüdischen Glaubens, türkische Staatsangehörige oder Homosexuelle.

Module und Methoden

Die vermittelten und bearbeiten Inhalte waren an den Modellstandorten identisch, es wurde aber im Projekt mit verschiedenen Methoden experimentiert. Einzelsettings und Gruppensettings wurde erprobt, auch die Einbindung externer Expertinnen und Experten fand statt.

Vor allem die Themen Medienkompetenz, Diskriminierung, Gruppe als Wirkfaktor und Diskurskompetenz wurden auch im Gruppensetting mit Erfolg durchgeführt. In Wien wurde ein Modul Normverdeutlichung im Gruppensetting am Gericht durchgeführt, wo ein Richter die Inhalte vermittelte – siehe Praxisbeispiele.

Auch die Vermittlung von Inhalten durch externe Referierende konnte theoretische Inhalte sehr gut illustrieren und einen Nachdenkprozess anregen: So etwa fanden in der Steiermark Sitzungen mit dem Verein ZEBRA – Interkulturelles Beratungs- und Therapiezentrum[8] statt, in denen die individuellen Hintergründe und Geschichten sowie aktuellen Perspektiven von geflohenen Personen präsentiert und diskutiert wurden.

Im Einzelsetting wurde die Information über das Programm und den rechtlichen Kontext sowie die Deliktverarbeitung durchgeführt. Auch für die Erarbeitung der Opferperspektive erwies sich das Einzelsetting als gut geeignet, weil hier die Wirkung durch die Verbindung zu persönlichen Erlebnissen erzielt werden kann und dadurch besonders gut ein Nachdenkprozess über Auswirkungen von Diskriminierung in Gang kommt.

2. Wie ist die Resonanz auf *Dialog statt Hass*?

Klientinnen und Klienten

Da es in diesem Bereich keine Vorerfahrungen gab, war nicht abzuschätzen, wie die zugewiesenen Personen dieses Programm aufnehmen würden: Es verlangt den Beschuldigten bzw Verurteilten Konstanz und intensive Auseinandersetzung mit für sie nicht einfachen Themen ab.

Von Beginn an zeichnete sich im Projekt ab, dass die zugewiesenen Personen bereit sind, sich auf diese Arbeit einzulassen. Immer wieder wurde in Besprechungen deutlich, dass die Auseinandersetzung zu den Themen im Programm intensiv erfolgte und sowohl für Klientinnen und Klienten, aber auch für die Sozialarbeiterinnen und Sozialarbeiter sehr anregend war. Viele Fragen tauchten auf und wurden diskutiert, zumal die Inhalte des Programms gesellschaftlich aktuell und brisant sind.

Das Delikt der Verhetzung selbst besteht in einer normüberschreitenden Meinungsäußerung (meist zu aktuell diskutierten Themen), was auch heißt, dass diese Menschen interessiert und offenbar auch bereit sind, sich darauf einzulassen. Gerade die Reflexion schwieriger Fragen und die vertiefte Beschäftigung mit sozialen Medien wurden sehr gut angenommen: Was macht eine Äußerung zum Delikt, wie steht es um die Meinungsfreiheit, welche Auswirkungen können Postings in sozialen Medien haben, was sind Fake News, wie funktioniert eine Meinungsblase, wie wirkt sich Diskriminierung

---

[8] Der Verein ZEBRA wurde 1986 ua zur Durchsetzung der Menschenrechte und Förderung von Gleichbehandlung gegründet, www.zebra.or.at.

auf Opfer aus, habe ich selbst schon Diskriminierung erleben müssen, wie kann ich meine Meinung äußern, ohne zu diskriminieren, …?

Es wurde auch deutlich, dass viele der zugewiesenen Personen überrascht und beschämt über die Anzeige sind, da gerade sie großen Wert darauf legen, sich an Normen und Regeln zu halten und nie damit gerechnet hätten, dass sie selbst plötzlich in die Situation kommen, gesetzliche Normen überschritten zu haben.

Bei Abschluss des Programms hatte dieser Reflexionsprozess bei den meisten Teilnehmenden einen Nachdenkprozess angestoßen und Einsicht bewirkt. Einige gaben an, Konsequenzen gezogen zu haben: Bewusster Umgang mit sozialen Medien, künftig eine breitere Meinungsbildung, nicht sofort jede Nachricht als bare Münze nehmen, bei Meinungsäußerungen auch darauf achten, welche Auswirkungen diese auf andere haben kann. Die Teilnehmenden waren froh, diese Möglichkeit angeboten erhalten zu haben und setzten präventive Maßnahmen, um keine weiteren verhetzenden oder diskriminierenden Postings in sozialen Medien mehr zu platzieren.

Zuweisende

Im laufenden Kontakt mit den Staatsanwaltschaften und Gerichten an den Modellstandorten wurde die Entwicklung des Projekts besprochen. Die Rückmeldung von Zuweisenden war sehr positiv: Das Programm stellt die erhoffte positive sozialkonstruktive Alternative zur Verurteilung dar. Im diversionellen Bereich scheint das Programm als eine normverdeutlichende „gelbe Karte" erlebt zu werden, bei Verurteilungen ist die Anregung der Weisung *Dialog statt Hass* eine sinnvolle Ergänzung.

Gegen Abschluss des Projekts fand im Dezember 2018 eine zweite Resonanzgruppe statt; das Feedback zum Projekt war eindeutig: Die mit dem Programm verbundenen Hoffnungen konnten voll erfüllt werden, dieses Angebot stellt für Staatsanwaltschaften und Gerichte eine sinnvolle Ergänzung im spezialpräventiven Sinn dar.

Öffentlichkeit

Das Projekt stieß von Beginn an auf großes Interesse der Fach- sowie Medienöffentlichkeit. Bereits im Frühjahr 2018 konnte das Projekt im Rahmen einer Pressekonferenz gemeinsam mit der Antidiskriminierungsstelle in der Steiermark vorgestellt werden, rund 30 Medienberichte befassten sich nach der

Pressekonferenz mit der Thematik. An allen Projektstandorten, aber auch außerhalb der Projektstandorte stieß das Projekt auf großes Medieninteresse.

Hass im Netz und damit das Programm *Dialog statt Hass* waren 2018 ein zentrales Thema, das allerorts diskutiert wurde. Ein Artikel in der Washington Post führte zu internationaler Aufmerksamkeit, der australische Radiosender ABC brachte eine Sendung über das Programm, die englische BBC arbeitet seit Ende 2018 gemeinsam mit uns an einem Fernsehbeitrag, in dem *Dialog statt Hass* beleuchtet werden soll.

Nicht nur Zeitungen, Radio und Fernsehen, sondern auch Fachforen diskutierten das Programm. So konnte es auch im Rahmen der Task Force Strafrecht, die von der Regierung zur Erarbeitung von Maßnahmen zu Opferschutz und Prävention beauftragt wurde, vorgestellt und als mögliche Maßnahme gegen Hass im Netz vorgeschlagen werden.

Mitarbeitende am Projekt

Last but not least steht und fällt ein solches Projekt mit denen, die es organisieren und durchführen. Hier war von Beginn an das Engagement und die Begeisterung sowohl des Kernteams als auch der Programmdurchführenden zu spüren. Bereits die ersten praktischen Erfahrungen waren so spannend, dass die Kolleginnen und Kollegen von Beginn an sehr aktiv das Projekt betrieben. Gemeinsam mit dem Kernteam wurde das Projekt geplant und begleitet, die Praktikerinnen und Praktiker waren entscheidend für die Umsetzung des Projekts: Sie entwickelten die Methoden, Unterlagen und Materialien für das Programm und standen in regem Austausch über die Erfahrungen.

Alle am Projekt Beteiligten trugen damit enorm zum Gelingen bei, auch in der Weitergabe dieser Erfahrungen bei Veranstaltungen und in Medienkontakten wurde die Identifikation mit dem Projekt und die Qualität der geleisteten Arbeit sichtbar.

Allen Mitarbeitenden, den Zuweisenden, *Julia Scheiber* für die Arbeit an der Begleitforschung, der NEU**START** Bayern gemeinnützigen GmbH und allen Interessierten und extern Unterstützenden gebührt an dieser Stelle der Dank für ihr Engagement!

3. Spezifische Ergebnisse der Begleitforschung

Für den Teil der Begleitforschung, in dem Klientinnen und Klienten des Programms befragt wurden, wurde ein Interviewleitfaden entwickelt und meist nach Abschluss des Programms im Rahmen von Telefoninterviews von den Teilnehmenden beantwortet. Dies sollte Aufschlüsse darüber geben, ob die gewählte Vorgehensweise, der Einsatz der Methoden sowie die Ausgestaltung der Module das bestmögliche Ergebnis erzielen. Die Zielsetzung bestand in der Evaluierung der durchgeführten Methoden sowie der Identifizierung von Stärken und etwaigen Schwächen in Bezug auf die Umsetzungsprozesse.

In der Folge möchte ich einige Ergebnisse dieser Befragungen aus der Begleitforschung[9] darstellen: Die interviewten Klientinnen und Klienten gaben zusammenfassend durchwegs an, von diesem Programm profitiert zu haben. Vor allem die Themen Medienkompetenz und Diskurskompetenz haben sie besonders angesprochen. Die enge Zusammenarbeit mit den Sozialarbeiterinnen und Sozialarbeitern konnte die nötige Vertrauensbasis schaffen, um brisante und teilweise auch sehr persönliche Themen in der nötigen Offenheit und Tiefe besprechen zu können.

Die Durchführung von Einzelgesprächen stellt offenbar eine sinnvolle Methode dar, um fallspezifische Defizite aufzuarbeiten. Als besonders positiv empfanden die Interviewpartnerinnen und -partner die Möglichkeit des individuellen Eingehens auf die eigene Person im Rahmen der Einzelsitzungen.

Jene Personen, die Teile des Programmes in Gruppen absolvierten, empfanden das größtenteils als Bereicherung, da dies den Austausch mit anderen Programmteilnehmenden ermöglichte. Kritisch geäußert wurden jedoch die Einbuße der individuellen zeitlichen Flexibilität und die erschwerte Koordination der Termine, die mit der Abhaltung von Gruppensitzungen unweigerlich einhergehen. Die Mehrheit der befragten Personen präferiert Einzelsitzungen.

Im Zuge des Leitfadens wurden die Interviewpartnerinnen und -partner auch gefragt, ob diese einen verstärkten Einsatz praxisbezogener Elemente (zB das Ansehen historischer Filme, den Besuch von Gedenkstätten, …) als sinnvoll

---

9 Vgl *Scheiber*, Die Einsatzmöglichkeiten der Diversionsmaßnahmen bei Hasskriminalität unter besonderer Berücksichtigung des Projektes „Dialog statt Hass" (2018) 114 ff.

erachten würden. Die Evaluierung zeigt, dass dies mehrheitlich auf Ablehnung stieß, weil die Beschäftigung mit dem individuellen Erfahrungshintergrund mehr Anklang fand. Positiv empfunden wurde jedoch die Wissensvermittlung mittels Vorträgen von externen Expertinnen und Experten auf diesem Gebiet.

Die überwiegende Mehrzahl der Befragten gab an, die Konsequenzen der Tat vollkommen unterschätzt zu haben und oftmals keinerlei Bewusstsein darüber gehabt zu haben, dass das Posten im Internet ein strafrechtsrelevantes Verhalten darstellen könnte. Besonders häufig als Beweggründe für das Delikt genannt wurde die Sorge über die – ihrer Meinung nach – negativen Entwicklungen der Gesellschaft. Als Rechtfertigung wurde häufig das zum Ausdruck bringen bestehender Ängste geäußert. Die Möglichkeit, derlei Fälle mittels des Instrumentariums der Diversion zu erledigen, wurde als äußerst vorteilhaft wahrgenommen.

Nahezu alle Teilnehmenden der telefonischen Befragung empfanden die Vermittlung der rechtlichen Rahmenbedingungen als äußerst hilfreich und gaben an, fortan über mehr Wissen im Hinblick auf die strafrechtliche Relevanz derartiger Handlungen zu verfügen. Eindeutig festgestellt werden konnte, dass die befragten Personen im Hinblick auf die Informationsbeschaffung im Internet feinfühliger geworden sind.

Einige der Befragten hoben überdies das Modul der Deliktverarbeitung, also die intensive Auseinandersetzung mit dem Delikt, als sinnvoll hervor. In der Deliktverarbeitung wird anhand des konkreten Delikts in einem vorgegebenen Ablauf die Verantwortung geklärt und übernommen, die Auswirkungen des Delikts erarbeitet und eine rückblickende Bewertung durchgeführt. Anhand dieser Erkenntnisse soll die Klientin oder der Klient Handlungsmuster sowie das eigene potenzielle Risiko einer neuerlichen Begehung identifizieren, frühzeitige Warnsignale erkennen und für künftige Risikosituationen prosoziale Handlungsalternativen entwickeln.

Im Zuge des Programmes wurde überdies die Diskurskompetenz der Programmteilnehmerinnen und Programmteilnehmer geschult. Dies verfolgte die Zielsetzung, Möglichkeiten der Äußerung von Kritik ohne Abwertung aufzuzeigen und die in den sozialen Medien stattfindende Kommunikation näher zu beleuchten, und wurde von der überwiegenden Mehrheit der Interviewten positiv aufgenommen.

Die große Mehrheit der Befragten bewertete die Module in Summe positiv. Insbesondere bei den jüngeren Teilnehmenden wies das Modul Medienkompetenz für diese den geringsten Nutzen auf, da diese bereits über die entsprechenden Kenntnisse im technischen Bereich verfügen.

Die im Rahmen der Begleitforschung des Pilotprojektes geführten Interviews ergaben, dass die Absolvierung des Programmes *Dialog statt Hass* bestehende Wissensdefizite der teilnehmenden Personen deutlich verbessern sowie Missverständnisse hinsichtlich des Umfanges der Meinungsäußerungsfreiheit aufklären konnte. Im Rahmen des Modellprojektes stand auch die Erarbeitung alternativer Handlungsoptionen im Fokus, was die interviewten Personen durchaus hilfreich fanden. Aus den meisten Interviews ging hervor, dass die Personen nach Absolvierung über eine verbesserte Wahrnehmung von Diskriminierung und Herabsetzung und deren Folgen verfügen. Einzelne Teilnehmende gaben hingegen an, nach wie vor keine bis wenig Empathie für die Opfer der hasserfüllten Äußerungen zu empfinden.

Die Begleitforschung stellte auch die Frage, ob die Absolvierung des Projektes *Dialog statt Hass* geeignet war, positive Verhaltensänderungen bei den Programmteilnehmenden zu erzielen. Dazu kann festgestellt werden, dass sowohl im Rahmen von Einzel- als auch Gruppensettings eine intensive Auseinandersetzung mit den Inhalten des Programmes erfolgte und an der Rückfallvermeidung der teilnehmenden Personen gearbeitet wurde. Erkennbar war, dass diese ihren Horizont hinsichtlich ihrer teils auf Vorurteilen und Vorbehalten basierenden Gesinnung durch die Absolvierung des Programmes *Dialog statt Hass* durchaus erweitern konnten. Im Laufe des Prozesses waren Stabilisierungseffekte und teilweise Verhaltensänderungen zu verzeichnen. Aus den Interviews ging hervor, dass die Befragten Meldungen aller Art fortan kritischer hinterfragen und differenzierter beurteilen werden. Überdies zeigte sich die überwiegende Mehrheit der Interviewten reflektiert und gab an, nun ein Bewusstsein für hasserfüllte Inhalte in den sozialen Medien gebildet zu haben. Die konkrete Frage, ob die Teilnehmenden das Gefühl hatten, dass ihnen die Teilnahme am Pilotprojekt etwas gebracht habe, bejahten alle Interviewten ausnahmslos.

Die überwiegende Mehrheit der Befragten gab an, konkrete Konsequenzen aus dem „Vorfall" gezogen zu haben: Sie haben entweder hasserfüllte Äußerungen gelöscht oder sich zum Teil auch gänzlich von der sozialen Plattform Facebook abgemeldet, um der Gefahr, noch einmal ein derartiges Posting absetzen zu können, vorzubeugen.

Die Interviewten distanzierten sich teilweise klar von ihren getätigten Äußerungen. Jene Personen, die angaben sich nach wie vor in den sozialen Netzwerken zu bewegen, wollten künftig vorsichtiger im Umgang mit den sozialen Medien sein und mehr Achtsamkeit im Hinblick auf ihre Formulierungen an den Tag legen. Jedenfalls werden sie sich die Verfassung eines Kommentars künftig genauer überlegen und darauf achten, die Grenze der Meinungsäußerungsfreiheit nicht mehr zu überschreiten. Einige der Interviewten gaben auch ehrlich an, dass sie im Hinblick auf die freie Meinungsäußerung nunmehr so vorsichtig sein werden, dass sie mit Sicherheit „nicht mehr erwischt" werden.

Bei einigen Personen waren eine eindeutige Einstellungsänderung und ein „Umdenken" erkennbar. Wie einigen Abschlussberichten zu entnehmen war, wurden die im Zuge des Modellprojektes gemachten Erfahrungen teils sogar als „persönliche Bereicherung" beschrieben. Die konkrete Frage, ob die interviewten Personen der Meinung sind, dass das Programm auch für andere Personen in derselben Situation hilfreich sein könnte, bejahten alle ausnahmslos. Jene Personen, die angaben, die problembehaftete Einstellung auch nach der Absolvierung des Programmes *Dialog statt Hass* weiterhin zu vertreten, äußerten jedoch zeitgleich, dass sie künftig bei Postings in den sozialen Medien wesentlich vorsichtiger sein werden.

III. Praktische Umsetzung an den Modellstandorten

A. Praxis der Gruppenarbeit in der Steiermark

In der Steiermark wurde neben der Einzelbetreuung im Rahmen der Bewährungshilfe von Anbeginn an parallel dazu auf Kleingruppenarbeit gesetzt, weil dort seit über 15 Jahren sehr positive Erfahrungen im Bereich der Deradikalisierung und des Anti-Gewalt-Trainings gemacht wurden. Folgende vier Gruppenmodule wurden mit all jenen Teilnehmenden, die entsprechend mobil waren, durchgeführt:

1. Medienkompetenztraining

Informationen über Fake News und Filterblasen, Bearbeitung von Profileinstellungen und Austausch über Nutzungsgewohnheiten, Informationen über die Wartung von Internetforen usw waren Inhalte des Medienkompetenztrainings. Hier wurde sehr kreativ gearbeitet und beispielsweise ein Quiz zum Aufdecken von Fake News entwickelt. Zudem wurden die Teilnehmenden auch zu ihrem eigenen Schutz vor den negativen Seiten des Internets gewarnt und ihnen wurde vorgeführt, wie sie ihre eigene Privatsphäre im virtuellen Raum schützen können. Gegebenenfalls wurden sie bei den diesbezüglichen Einstellungen ihrer privaten Social Media Accounts unterstützt.

2. Normverdeutlichung

Ausführliche Information über die geltende aktuelle Rechtslage und ein historischer Abriss über die Entwicklung von Meinungsfreiheit und Demokratie dienten der Normverdeutlichung, genauso theoretische Inputs über Formen der Gewalt (zB auch psychische und strukturelle Gewalt). Gemeinsam mit den Gruppenteilnehmenden wurden zunächst in Form eines Vortrags und in weiterer Folge mit Beispielen aus dem täglichen Leben die unterschiedlichen Arten der Gewalt heraus gearbeitet und eine Sensibilisierung für die Thematik geschaffen. Analog zum fehlenden Verständnis für die diesbezügliche Rechtsprechung verfügten die Klientinnen und Klienten vor dem Programm über wenig Bewusstsein für die Begriffe „Opfer" und „Gewalt", wenn es nicht zu einem physischen Ausdruck derselben kam.

3. Kommunikationsmodell

Information, Diskussion und Austausch darüber, welche Aspekte ein Posting hat, wie es gemeint sein kann und wie es beim Lesenden ankommt (Sachaspekt, Beziehungsaspekt, Appellfunktion, Selbstoffenbarungsaspekt)[10]. Anhand von angeleiteten Übungen zur Selbst- und Fremdwahrnehmung sowie zum Verstehen und Codieren von Botschaften konnten die Teilnehmenden

---

10 Vier-Seiten-Modell nach *Friedemann Schulz von Thun*. Vgl *Schulz von Thun*, Miteinander reden: Störungen und Klärungen. Psychologie der zwischenmenschlichen Kommunikation (1981).

der Gruppenübung so auch auf persönlicher Ebene wahrnehmen, wie individuell Informationen aufgenommen und aufbereitet werden können und was sie bei der Empfängerin bzw beim Empfänger auslösen können. Durch das Aufzeigen der verschiedenen Arten von Kommunikation entstand in den Workshops ein besseres Verständnis für die Materie des „Wortes als Waffe“.

4. Opferempathie

Für diese Gruppe zum Thema Opferempathie haben wir zusätzlich zu den NEU**START**-Gruppentrainerinnen und -trainern auch jeweils eine Kollegin vom Verein ZEBRA – Interkulturelles Beratungs- und Therapiezentrum eingeladen, welche als Psychotherapeutin mit traumatisierten Menschen arbeitet, die aus politischen Gründen in der Heimat verfolgt wurden und auf der Flucht in Österreich gelandet sind. Den Gruppenteilnehmenden wurde anhand von Fluchtgeschichten ein Bild vermittelt, aus welchen Gründen Menschen flüchten, was diese Menschen im Heimatland an Gewalt erlitten haben, welche dramatischen Ereignisse es auf der Flucht zu bewältigen gab und wie sie mit diesen erlittenen Traumata heute in Österreich leben.

Darüber hinaus hat die Kollegin realistische Schilderungen der Wohn- und Einkommenssituation der Geflüchteten in Österreich eingebracht, um den Gruppenteilnehmenden Fakten anstatt der oft in Social Media grassierenden Fake News gegenüberzustellen. Unter anderem war es auch für viele neu zu erfahren, dass die Klientinnen und Klienten von ZEBRA oft Monate auf dringend gewünschte Deutschkurse warten müssen bzw sich diese, wenn sie dann angeboten werden, nicht leisten können.

In diesen Kleingruppen mit jeweils rund fünf Teilnehmenden erzeugten diese Schilderungen große Betroffenheit, niemand hatte sich bislang eine Vorstellung davon gemacht, was diese Menschen an Leid und Gewalt erdulden mussten und unter welchen massiven Traumatisierungen sie leiden oder auch wie schwierig ihre Lebenssituation in Österreich ist. Häufig wurde eingebracht, dass solche Fakten kaum wo zu hören oder zu lesen sind, und die Teilnehmenden bewerteten ihre Postings nunmehr in einem breiteren Kontext.

Die Teilnehmenden von Gruppen waren auch sehr interessiert zu hören, dass viele der Klientinnen und Klienten von ZEBRA, die sich bestmöglich integrieren und keinerlei Straftaten begehen, ebenfalls den dringenden Wunsch hegen, dass ihre Landsleute, die massive Gewalt-, Drogen- oder

Eigentumsdelikte in Österreich gesetzt haben, sofort abgeschoben werden. Diese ruinierten den Ruf jener, die sich nichts zu Schulden kommen ließen, und sie würden sich für diese Landsleute schämen.

B. Modul Normverdeutlichung am Gericht in Wien

Ein Richter vermittelt im Gerichtsgebäude in einem Gerichtssaal, welche rechtliche Grundlage der Begriff Verhetzung hat. Insbesondere der Unterschied von freier Meinungsäußerung und strafrechtlich relevanter Handlung steht im Mittelpunkt. Nach einem Kurzvortrag wird in Kleingruppen an Hand von vorbereiteten Beispielen konkret am Verständnis gearbeitet und dann wieder in der gesamten Gruppe reflektiert. Im Erleben der unterschiedlichen Sichtweisen und der Möglichkeit eines offenen Austauschs mit einem rechtsprechenden Juristen, der aber auch klar und unmissverständlich den rechtlichen Rahmen erläutert, findet eine vertiefte Auseinandersetzung mit dem Thema Strafrecht statt. Die Teilnehmenden der Gruppe „Normverdeutlichung“ sind nachhaltig beeindruckt, dass sich ein Richter die Zeit nimmt, in einen Diskurs zu treten und Recht zu erklären. Außerdem wirkt die „Inszenierung“ im Gerichtsgebäude mit seinen Zugangskontrollen und der beeindruckenden Größe als zusätzliche Motivation, Gesetze in Zukunft bewusster zu respektieren, um nicht als Angeklagte oder Angeklagter wieder zu kommen.

C. Beispielfälle

Beispielfall 1

Herr B. ist 22 Jahre alt und lebt im gemeinsamen Haushalt mit seinen Eltern im städtischen Umfeld. Er hat weder Schulden noch Sorgeverpflichtungen. Nach seinem erfolgreichen Lehrabschluss konnte er am Arbeitsmarkt Fuß fassen. Er ist stolz darauf, was er aus eigener Kraft allen anderen negativen Einschätzungen zum Trotz geschafft und geleistet hat. Aufgrund seiner schwierigen Schul- und Lehrlaufbahn sind ihm Strebsamkeit, ein gepflegtes Äußeres, Fleiß, Ordnung und Status durch Erwerbsarbeit sehr wichtig.

Die Zuweisung des Herrn B. erfolgte durch das Landesgericht im Rahmen einer diversionellen Probezeit. Er hatte den Straftatbestand der Verhetzung gegen Ausländer in einem Diskussionsforum erfüllt, nachdem er von sexuellen Übergriffen gelesen hatte.

Herr B. hat sich im Rahmen des Programms *Dialog statt Hass* sehr intensiv sowohl im Einzel- als auch im Gruppensetting in mitunter wöchentlich stattfindenden Terminen mit nachfolgenden Inhalten auseinandergesetzt: Die rechtlichen Informationen über den Tatbestand der Verhetzung, die Normverdeutlichung sowie eine Auseinandersetzung zum Thema der freien Meinungsäußerung standen am Beginn im Fokus der Gespräche. Darauf folgte ein ganztägiger Termin im Gruppensetting mit 2 weiteren Teilnehmern zum Thema Medien- und Diskurskompetenz, in denen Herr B. Wissensinhalte über die Datenverarbeitung und –nutzung in den sozialen Netzwerken sowie Alternativen zur Informationsbeschaffung und auch Möglichkeiten zu deren Überprüfung (Fake News) vermittelt bekam. Herr B. konnte dieses Wissen unmittelbar bei seinem eigenen Facebook Profil anwenden.

Im abschließenden Modul erfolgte im Rahmen der Deliktverarbeitung eine sehr intensive und individuelle Auseinandersetzung mit dem Delikt, dessen Ursachen und Auswirkungen. Herr B. zeigte sich dabei zunehmend reflektiert und lies sich auf das Beratungssetting ein. In Bezug auf die Informations- und Nachrichtenbeschaffung via sozialer Medien ist Herr B. sensibler und kritischer geworden und konnte daher positive Erkenntnisse für sich gewinnen. Herr B. hat sich offen auf die Gespräche eingelassen und war bereit, sich mit seinen spezifischen Themen, insbesondere seiner politischen Einstellung vor dem Hintergrund seiner eigenen biographischen Erfahrungen, auseinanderzusetzen, obgleich das nicht immer einfach für ihn gewesen ist. Er war stets verlässlich in der Terminvereinbarung und -wahrnehmung.

Da es im Rahmen der Erhebungs- und Folgegespräche keine weiteren Ansatzpunkte für die Notwendigkeit einer weiteren Betreuung gab, wurde um die Aufhebung der Bewährungshilfe angesucht. Dem wurde seitens des Landesgerichts stattgegeben.

Beispielfall 2

Herr Y. ist 36 Jahre alt, geschieden und Vater von fünf Kindern, zu denen er sporadisch Kontakt hat. Nach seiner Scheidung – er war mit einer Serbin verheiratet – hat er wieder eine Lebensgefährtin gefunden, mit der er sehr glücklich sei. Herr Y. wurde vor seinem Verfahren wegen Verhetzung bereits wegen gefährlicher Drohung und Verletzung der Unterhaltspflicht zu einer bedingten Freiheitsstrafe verurteilt. Diese Delikte seien in jene Zeit gefallen, als er sich gerade von seiner Frau scheiden ließ. Auch das hetzerische Posting gegen Flüchtlinge auf Facebook wurde in dieser Zeit geschrieben, jedoch erst später angezeigt. Herr Y. fürchtete sich vor einem möglichen Widerruf der damals gewährten bedingten Strafnachsicht – er erhielt jedoch eine weitere Chance und wurde erneut zu einer Strafe auf Bewährung verurteilt, die alte Probezeit wurde verlängert.

Am Programm *Dialog statt Hass* nimmt er sehr zuverlässig teil. In einem ersten Schritt wurde ausführlich die Normverdeutlichung angesprochen, indem die relevanten Gesetzesparagraphen durchbesprochen und erklärt wurden.

Anschließend wurde das Surfverhalten von Herrn Y. thematisiert, vor allem im Hinblick auf soziale Medien. Diesbezüglich zeigte sich rasch, dass Herr Y. Defizite im Bereich Medienkompetenz aufweist, weshalb der Schwerpunkt des Programms auf diesen Bereich gelegt wurde. Für Herrn Y. war es besonders interessant zu erfahren, wie „Echokammern" und „Filterblasen" entstehen und wie diese unsere Wahrnehmung beeinflussen. Auch, dass „Fake News" im Internet weit verbreitet sind, war für ihn neu. Wie man Nachrichten auf ihre Authentizität überprüfen lassen kann, wird im Laufe der nächsten Termine thematisiert werden. Auch eine Auseinandersetzung mit dem Thema „Opfer und Opferempathie" steht auf dem Programm.

Hinsichtlich seines Postings übernahm Herr Y. von Beginn an die Verantwortung – er konnte seine Gefühlslage zum damaligen Zeitpunkt gut verbalisieren und in Verbindung mit seiner emotionalen Belastung durch die Scheidung bringen.

IV. Fazit – Erkenntnisse aus dem Projekt

Das Ergebnis des Projekts kann insgesamt durchaus positiv bewertet werden: Das quantitative Ziel, insgesamt 60 Fälle im Projektzeitraum zugewiesen zu bekommen, konnte erreicht werden. Allerdings zeigte sich, dass die Anzahl der Zuweisungen an den verschiedenen Standorten unterschiedlich erreicht werden konnte. In Wien und der Steiermark konnten deutlich mehr als die 15 angepeilten Zuweisungen bearbeitet werden, womit überkompensiert werden konnte, dass in Oberösterreich und Tirol die Zuweisungen mit je 10 unter den angepeilten Zahlen lagen. In 6 der 73 zugewiesenen Fälle stimmten die Klientinnen oder Klienten dem Diversionsangebot nicht zu.

Die angepeilten 10 Abschlüsse pro Standort im Projektzeitraum konnten nicht erreicht werden: Das Programm dauerte durchschnittlich knapp 6 Monate, weshalb sich bei einem Teil der Fälle die Bearbeitung bis zum Abschluss über den Projektzeitraum hinaus erstreckt.

Die definierten Kriterien für eine erfolgreiche Durchführung des Programms konnten durchwegs erreicht werden:

- Es konnte im Projekt ein mittlerweile erfolgreich erprobtes und evaluiertes Programm für Klientinnen und Klienten mit Verhetzungsdelikten entwickelt werden.
- In zahlreichen Kontakten mit Staatsanwaltschaften und Gerichten sowie in der durchgeführten Resonanzgruppe waren die Rückmeldungen zu den Erfahrungen mit dem Programm durchwegs positiv: *Dialog statt Hass* stellt ein von der Justiz als sinnvoll erlebtes Angebot ergänzend zum bestehenden Reaktionsspektrum dar. Es wurde immer wieder das Interesse geäußert, *Dialog statt Hass* für andere Delikte aus ähnlichen Bereichen anzupassen und anzubieten. Vor allem im Bereich niederschwelliger Delikte aus dem Verbotsgesetzbereich, die über soziale Medien begangen werden, besteht Interesse an diesem Angebot.
- Die überwiegende Mehrzahl der Zuweisungen fand im diversionellen Kontext statt, aber auch Verurteilungen mit Weisung konnten bearbeitet werden.
- Das öffentliche Interesse am Projekt war eindeutig gegeben; sowohl von Seiten der Fach- als auch Medienöffentlichkeit ist die Resonanz auf *Dialog statt Hass* groß und positiv.

Bezüglich der angestrebten Wirkungen bei Klientinnen und Klienten kann ebenfalls ein positives Fazit gezogen werden:

- Die Auseinandersetzung mit dem Delikt und der dahinterstehenden Thematik wurde von Klientinnen- und Klientenseite im überwiegenden Teil intensiv geführt: Mehrere Monate lang reflektierten sie im Einzel- und Gruppensetting ihr Verhalten, dessen Hintergründe und künftige Handlungsalternativen, um keine gesetzlichen Normen mehr zu verletzen. Hier konnten bei allen bis auf zwei Teilnehmende ein Nachdenkprozess und Einsicht attestiert werden.

- Die Thematik der Diskriminierung wurde ausführlich behandelt und die Klientinnen und Klienten waren interessiert daran, im respektvollen Dialog bisherige Sichtweisen zu überdenken und erweitern.
- Vor allem was die Nutzung von sozialen Medien und deren Auswirkungen betrifft, war sowohl das Interesse als auch der Lerneffekt besonders groß.
- Es wurde sichtbar, dass eine überlegte und auf den Einzelfall abgestimmte Mischung von Einzelarbeit, Gruppenarbeit und Vorträgen unter Einbindung externer Expertise gut geeignet ist, um die Auseinandersetzung mit der Thematik der Verhetzung konstruktiv führen zu können.

V. Angebot *Dialog statt* Hass in ganz Österreich seit 1. Juli 2019

Da sich bereits im Lauf des Projekts herauskristallisierte, dass das Angebot *Dialog statt Hass* von Staatsanwaltschaften, Gerichten und Klientinnen und Klienten sehr positiv aufgenommen wird, hat die NEU**START** Bayern gemeinnützige GmbH bereits vor Vorliegen der Endergebnisse beschlossen, das Projekt über ein weiteres Jahr durchzuführen und den Verein NEU**START** damit zu beauftragen.

Dabei soll es die Möglichkeit geben, durchaus auch neue Deliktsbereiche in Abstimmung mit der Justiz zu erproben. Da wir Delikte nach dem Verbotsgesetz mit großer Sensibilität behandeln, wird es die Möglichkeit geben, auch hier geeignete Delikte zu identifizieren und eine Bearbeitung im Projekt *Dialog statt Hass* zu ermöglichen. Dabei wird darauf zu achten sein, dass es sich bei den Klientinnen und Klienten nicht um Personen mit verhärteter Ideologie handelt, da das Programm auf Verhaltensänderung und Normtreue als Folge von Sensibilisierung und Bewusstseinsbildung setzt.

Mittlerweile wurden die Projektergebnisse der Justiz vorgestellt und das Justizministerium unterstützte die flächendeckende Anwendung des Programms in ganz Österreich. Es wurden 25 neue Mitarbeiterinnen und Mitarbeiter für die Durchführung des Programms *Dialog statt Hass* ausgebildet. Seit 1. Juli 2019 können Zuweisungen österreichweit erfolgen und werden an allen Standorten von NEU**START** qualifiziert durchgeführt werden.

LINZER SCHRIFTEN ZU GENDER UND RECHT
HERAUSGEGEBEN VON
URSULA FLOSSMANN ■ SILVIA ULRICH ■ KARIN NEUWIRTH ■ ELISABETH GREIF

ab Band 52

zuvor

LINZER SCHRIFTEN ZUR FRAUENFORSCHUNG
HERAUSGEGEBEN VON URSULA FLOSSMANN

Band 1 – Band 51

Regina Nopp
Frau und Musik
Komponistinnen zur Zeit der Wiener Klassik
Band 1, 137 Seiten, ISBN 3-85320-800-2

Ilse Hackl
Das Recht auf (bezahlte) Arbeit
Die Arbeitsmarktsituation von Frauen in oberösterreichischen Krisenregionen
Band 2, 1997, 256 Seiten, ISBN 3-85320-812-6

Sabine Ziegler
Frauennachtarbeitsverbot in Österreich
Band 3, 1997, 256 Seiten, ISBN 3-85320-831-2

Sonja Tauber
Fristenlösung
Möglichkeiten und Grenzen für eine frauenfreundliche Regelung
Band 4, 1997, 120 Seiten, ISBN 3-85320-880-0

Ursula Floßmann (Hg.)
Recht, Geschlecht und Gerechtigkeit
Frauenforschung in der Rechtswissenschaft
Band 5, 1997, 490 Seiten, ISBN 3-85320-889-4

Andrea Heitz
Zeitsouveränität für ArbeitnehmerInnen
Ein Gestaltungsmerkmal der Arbeitszeit und eine personalwirtschaftliche Herausforderung
Band 6, 1998, 170 Seiten, ISBN 3-85320-927-0

Karin Neuwirth
Die sozialversicherungsrechtlichen Folgen der Ehescheidung
Historische Entwicklung, gegenwärtige Rechtslage und Reformüberlegungen
Band 7, 1998, 271 Seiten, ISBN 3-85320-962-9

Ursula Floßmann ▪ Ilse Hauder (Hg.)
Recht auf Teilzeitarbeit für Eltern
Band 8, 1998, 352 Seiten, ISBN 3-85320-970-X

Karoline Moldaschl
Die weibliche Unterrepräsentanz in Führungspositionen
Das weibliche Selbstkonzept als mögliche Ursache
Band 9, 1999, 178 Seiten, ISBN 3-85487-006-X

Andrea Freisler-Traub ▪ Sabine Indinger
Teilzeitarbeit – Risiko oder Chance?
Gestaltungsoptionen und Rahmenbedingungen in einer frauenspezifischen Betrachtungsweise
Band 10, 1999, 337 Seiten, ISBN 3-85487-007-8

Andrea Freisler-Traub ▪ Cäcilia Innreiter-Moser (Hg.)
„Zerreißproben"
Frauen im Spannungsfeld Gesellschaft – Beruf – Familie
Band 11, 1999, 164 Seiten, ISBN 3-85487-034-5

Ursula Floßmann (Hg.)
Nationalsozialistische Spuren im Recht
Ausgewählte Stolpersteine für ein selbstbestimmtes Frauenleben
Band 12, 1999, 224 Seiten, ISBN 3-85487-070-1

Susanne Pollinger
FrauenVolksBegehren
Hintergründe, Analysen und Erfahrungen einer Aktivistin
Band 13, 1999, 236 Seiten, ISBN 3-85487-071-X

Monika Schöffl
Der Kinderbetreuungsscheck
Das ideale Instrument, Beruf und Familie zu vereinbaren?
Band 14, 2000, 178 Seiten, ISBN 3-85487-141-4

Bacher ▪ Floßmann ▪ Innreiter-Moser ▪ Menschl ▪ Neuwirth (Hg.)
Wahnsinnsweiber?Weiberwahnsinn?Wer braucht Feminismus?
Erweiterte Dokumentation des 6. Linzer AbsolventInnentages
Band 15, 2000, 198 Seiten, ISBN 3-85487-182-1

Claudia Wolfsgruber
Gleichbehandlung und Frauenförderung im Arbeitsleben
Eine rechtshistorisch fundierte Untersuchung
Band 16, 2000, 276 Seiten, ISBN 3-85487-201-1

Ursula Floßmann (Hg.)
Sexualstrafrecht. Beiträge zum historischen und aktuellen Reformprozeß
Band 17, 2000, 278 Seiten, ISBN 3-85487-208-9

Eva-Maria Moser
Strafrechtliche und zivilrechtliche Aspekte der Fristenregelung
Die Entwicklung des Abtreibungsstrafrechts unter besonderer Berücksichtigung des NS-Zeitalters
Band 18, 2001, 142 Seiten, ISBN 3-85487-234-8

Susanne Balthasar
Die Tatbestände der Vergewaltigung und sexuellen Nötigung
Eine rechtsvergleichende Betrachtung des deutschen und österreichischen Rechts mit Schwerpunkt im 20. Jahrhundert
Band 19, 2001, 484 Seiten ISBN 3-85487-251-8

Elisabeth Greif
Embryopathische Indikation
Entwicklungsgeschichtliche und aktuelle Diskussion
Band 20, 2001, 123 Seiten, ISBN 3-85487-285-2

Karin Mader
Ehebruch als Scheidungstatbestand
Von den Anfängen staatlicher Ehegesetzgebung zum Eherechts-Änderungsgesetz 1999
Band 21, 2002, 230 Seiten, ISBN 3-85487-417-0

Ursula Floßmann (Hg.)
Fragen zum Geschlechterrecht
Band 22, 2002, 266 Seiten, ISBN 3-85487-377-8

Doris Allhutter
Europäische Chancengleichheit von Männern und Frauen im österreichischen Recht
Band 23, 2003, 160 Seiten, ISBN 3-85487-483-9

Ursula Floßmann (Hg.)
Probleme bei der Strafverfolgung von Gewalt in Familien
Empowerment der Opfer durch Sanktionen und Verfahrensrecht
Band 24, 2003, 158 Seiten, ISBN 3-85487-497-9

Elisabeth Greif ▪ Eva Schobesberger
Einführung in die Feministische Rechtswissenschaft
Ziele, Methoden, Theorien
Band 25, 2. Auflage 2007, 252 Seiten, ISBN 978-3-85499-359-9

Ursulan Floßmann
Frauenrechtsgeschichte
Ein Leitfaden für den Rechtsunterricht
Band 26, 2. Auflage 2006, 314 Seiten, ISBN 978-3-85499-115-1

Margit Wogowitsch
Das Frauenbild im Nationalsozialismus
Band 27, 2004, 134 Seiten, ISBN 3-85487-650-5

Ursula Floßmann (Hg.)
Universitäre Weiterbildung „Gender Studies"
Band 28, 2004, 266 Seiten, ISBN 3-85487-683-1

Elisabeth Greif
Doing Trans/Gender. Rechtliche Dimensionen
Band 29, 2005, 230 Seiten, ISBN 3-85487-832-X

Alice Sadoghi
Offene Rechtsfragen zur Prostitution in entwicklungsgeschichtlicher Perspektive
Band 30, 2005, 192 Seiten, ISBN 3-85847-826-5

Maria Buchmayr
Gender Mainstreaming in Oberösterreichs Regionen
Band 31, 2005, 330 Seiten, ISBN 3-85847-841-9

Doris Wakolbinger
Weibliche Genitalverstümmelung
Band 32, 2005, 136 Seiten, ISBN 3-85487-922-9

Elisabeth Greif (Hg.)
Körper que(e)r denken
Tagungsband des 11. AbsolventInnentages der Johannes Kepler Universität
Band 33, 2006, 150 Seiten, ISBN 978-3-85499-037-6

Christina Keinert
Die Menschenrechte der Frau in der Türkei 2006
Band 34, 2006, 176 Seiten, ISBN 978-3-85499-186-1

Gregor Strobl
Schutz vor Diskriminierungen aufgrund sexueller Ausrichtung
Europäisches Recht und österreichische Rechtsbezüge
Band 35, 2007, 122 Seiten, ISBN 978-3-85499-306-3

Martina Zimmermann
Das Anti-Stalking-Gesetz
Rechtslage und frauenspezifische Beratungspraxis
Band 36, 2007, 114 Seiten, ISBN 978-3-85499-380-3

Julia Schwarzenberger
Hebammen im Nationalsozialismus
Band 37, 2008, 118 Seiten, ISBN 978-3-85499-428-2

Michaela Harrer-Schütt
Kinderbetreuung, Ehe und Geschlechtergerechtigkeit
Band 38, 2008, 128 Seiten, ISBN 978-3-85499-444-2

Evelyn von Bülow
Das Kopftuchurteil des EGMR
Band 39, 2008, 156 Seiten, ISBN 978-3-85499-583-8

Karin Dietachmayr
Die Situation weiblicher Führungskräfte in OÖ Großunternehmen
Band 40, 2009, 270 Seiten, ISBN 978-3-85499-622-4

Elisabeth Winter
Die Notstandshilfe nach dem AlVG
Mittelbare Diskriminierung von Frauen
Band 41, 2009, 86 Seiten, ISBN 978-3-85499-647-7

Bettina Gradl
HIV/AIDS – eine gesellschaftspolitische Herausforderung
Prävention und Frauen im Blickpunkt
Band 42, 2009, 214 Seiten, ISBN 978-3-85499-704-7

Christopher Frank
Rechtsschutzwege im Antidiskriminierungsrecht
Band 43, 2010, 134 Seiten, ISBN 978-3-85499-514-2

Agnes Kaiser
Transkulturelle Kompetenz in der Geburtsbetreuung
Band 44, 2010, 212 Seiten, ISBN 978-3-85499-780-1

Karin Neuwirth (Hg.)
Familie neu?
Jüngste Familienrechtsänderungen im Hinblick auf Partnerschaft und gelebte Familienformen
Band 45, 2010, 124 Seiten, ISBN 978-3-85499-830-3

Regina Brigitte Matuschek
... und immer wieder an der „Ordnung der Welt“ rütteln!
Ein Beitrag zur Geschichte des Autonomen Frauenzentrums Linz
Band 46, 2011, 270 Seiten, ISBN 978-3-85499-607-1

Irene Kopf
Körperliche Selbstbestimmung von Menschen mit geistiger Behinderung
Band 47, 2011, 160 Seiten, ISBN 978-3-85499-874-7

Jasmine Senk
Gendersensibles Vergabeverfahren
Einbindung eines Sekundärzwecks
Band 48, 2011, 290 Seiten, ISBN 978-3-85499-523-4

Gisela Troppmair
Gewaltbetroffene Lebensgefährtinnen
Rechtsschutz in entwicklungsgeschichtlicher Perspektive
Band 49, 2012, 140 Seiten, ISBN 978-3-99033-017-3

Karin Neuwirth • Elisabeth Greif (Hg.)
Work in Progress
Geschlechtssensible Themen im Rahmen von Dissertationsprojekten
Bedenken, Erwartungen und Ergebnisse
Band 50, 2012, 220 Seiten, ISBN 978-3-99033-091-3

Elisabeth Greif (Hg.)
SexWork(s)
verbieten – erlauben – schützen?
Band 51, 2012, 204 Seiten, ISBN 978-3-99033-114-9

Jasmine Senk (Hg.)
Zwischen Gleichstellungserfolgen und Antifeminismus
Zwiespältige Tendenzen in der Modernisierung der Geschlechterverhältnisse
Band 52, 2013, 158 Seiten, ISBN 978-3-99033-183-5

Kristina Wascher
Das Übereinkommen des Europarats zur Verhütung und Bekämpfung von Gewalt gegen Frauen und häuslicher Gewalt
Band 53, 2013, 194 Seiten, ISBN 978-3-99033-275-7

Mariella Mayrhofer
Verfahrensrechte Minderjähriger
sowie Obsorgerechte und -pflichten gegenüber dem Kind
Band 54, 2014, 174 Seiten, ISBN 978-3-99033-322-8

Maria Schwarz-Schlöglmann ▪ Silvia Ulrich (Hg.)
Aktuelle Entwicklungen im Gewaltschutz
Band 55, 2014, 252 Seiten, ISBN 978-3-99033-451-5

Silvia Ulrich ▪ Karin Neuwirth (Hg.)
Zum Verhältnis von Reproduktion, Erwerbsarbeit und fairer Budgetpolitik
Band 56, 2015, 280 Seiten, ISBN 978-3-99033-497-3

Sabine Trost
Präimplantationsdiagnostik im österreichischen Recht
Band 57, 2015, 168 Seiten, ISBN 978-3-99033-528-4

Elisabeth Greif ▪ Silvia Ulrich
Legal Gender Studies und Antidiskriminierungsrecht
Band 58, 2017, 380 Seiten, ISBN 978-3-99062-208-7

Karin Neuwirth ▪ Ulrike Salinger ▪ Jasmine Senk (Hg.)
Gleichbehandlung UNTERNEHMEN
Möglichkeiten in und für Unternehmen
Band 59, 2016, 168 Seiten, ISBN 978-3-99033-993-0

Ursula Floßmann ▪ Karin Neuwirth
Frauenrechtsgeschichte und historische Geschlechterordnungen
Band 60, 2017, 366 Seiten, ISBN 978-3-99062-242-1

Silvia Ulrich ▪ Erika Rippatha (Hg.)
Glaubhaftmachung von Diskriminierung – Hilfe oder Hemmnis beim Rechtszugang?
Band 61, 2018, 132 Seiten, ISBN 978-3-99062-334-3

Elisabeth Greif (Hg.)
No Lessons from the Intersexed?
Anerkennung und Schutz intergeschlechtlicher Menschen durch Recht
Band 62, 2019, 272 Seiten, ISBN 978-3-99062-493-7

TRAUNER VERLAG UNIVERSITÄT
Köglstraße 14, 4020 Linz, Österreich/Austria
Tel. +43 732 77 82 41-0, Fax +43 732 77 82 41-400
www.trauner.at